フェミニスト現象学入門

経験から「普通」を問い直す

稲原美苗・川崎唯史
中澤　瞳・宮原　優 編

ナカニシヤ出版

　本書は、フェミニスト現象学の入門書である。本書はまた、日本で初めてフェミニスト現象学をメインテーマとする本でもある。

　フェミニスト現象学の始まりは、フランスの哲学者・作家シモーヌ・ド・ボーヴォワールの『第二の性』（1949）という著作にある。女性の抑圧された状況を克明に描いた『第二の性』は、家父長制や性差別から女性を解放することを目指すフェミニズムの古典である。『第二の性』が、フランスだけでなくアメリカや日本のフェミニズム運動を大いに力づけたことはよく知られている。他方で、『第二の性』の背景に現象学という哲学の方法があったことはあまり知られていない。現象学は、エトムント・フッサールによってドイツで生み出され、ジャン＝ポール・サルトルの『存在と無』（1943）やモーリス・メルロ＝ポンティの『知覚の現象学』（1945）によってフランスでも広がった哲学的潮流である。サルトルのパートナーにしてメルロ＝ポンティの友人であったボーヴォワールは、自らも学生時代から現象学を学んでいた。

　抽象的な論理的思考ではなく、現実の経験を具体的に記述することから哲学を始める現象学の方法は、『第二の性』の第2巻「生きられた経験」において存分に用いられている。そこでは、子ども時代から結婚、子育て、老年期までの一生において女性が体験する数々の出来事や、男性より劣った位置に追いやられ、男性という主体にとっての他者とみなされた女性が世界の中で取るさまざまな態度がこの上なく詳細に記述されている。

　『第二の性』のスピリットを受け継ぐフェミニスト現象学は、女性の体験する不自由や理不尽が個人ではなく社会の問題であることを指摘するフェミニズムの一種であると同時に、理念や理想ではなく実際の経験を記述し、女性という主体とその状況との関わりを明らかにする現象学的な研究でもある（詳しくは第1章「フェミニスト現象学とは何か？」を読んでみてほしい）。なお、現象学と聞くと、独自の術語が多用される敷居の高い分野という印象をもつ人もいるかもしれない。本書はボーヴォワールやメルロ＝ポンティなど現象学者の議論を紹介しつつも、できるかぎり専門用語を使わず、具体的な経験から出発することを心がけた。現象学の入門書としても活用してもらえれば幸いである。

さて、ボーヴォワールに続いてフェミニスト現象学を前進させたのは、アメリカの政治哲学者アイリス・マリオン・ヤングの論文「女の子みたいに投げる」(1980)に始まる英語圏の一連の研究であった。ヤングの論文集『女性の身体経験について』(2005) は、フェミニスト現象学のもう一つの古典である。本書の第Ⅰ部では、これらの研究も参照しつつ、身振り（第2章）、妊娠（第3章）、月経（第4章）、外見（第5章）、セクシュアル・ハラスメント（第6章）、家に住むこと（第7章）の経験を記述していく。ヤングの研究がそうであったように、これらの章も経験の本質（何があっても変わらないもの）を示そうとはしていない。私たちのさまざまな経験に共通する特徴や構造、そこで作動している規範や偏見が明らかにされるが、それらは事実としてこの社会でそのように存在しているにすぎない。現象学的な記述は、むしろそれらを変えていくための第一歩なのである（第1章を参照）。

　女性の経験の探究から始まったフェミニスト現象学だが、現在ではトランスジェンダー現象学や人種の現象学といった研究との交流を通じて、シスジェンダーの女性に限らずさまざまなマイノリティの経験、そして複数の差別や抑圧の構造が交差する経験を記述する活動となっている（第8章「なぜ今、フェミニスト現象学なのか？」を参照）。本書の第Ⅱ部では、もはやひとくくりにフェミニスト現象学と呼ぶべきではないかもしれないほど多様な研究の展開を伝えていく。取り上げるのは、ゲイ・アイデンティティ（第9章）、トランスジェンダー（第10章）、人種と「ハーフ」（第12章）、障害（第13章）、老い（第14章）の経験である。第Ⅱ部ではまた、マジョリティとしての男性の経験を現象学的に考えることにもチャレンジしている（第11章）。

　それぞれの章は独立しているので、どこからでも自由に読み始めてもらって問題ない。第Ⅰ部と第Ⅱ部の区別も、今述べたような研究史の流れを踏まえたものでしかなく、第Ⅰ部がより重要だという意味合いはまったくない。また、第Ⅰ部を「女性の経験」などと名づけなかったのは、シスジェンダーで異性愛者で健常で若い日本人女性だけを「女性」とみなしているわけではないからだが、本書の記述が抑圧的・排除的になってしまっていたらぜひご指摘いただきたい。なお、フェミニスト現象学の特徴や意義に関心のある方は、第1章と第8章から目を通してもらうとよいだろう。フェミニスト現象学が実際にどのような試みなのかを知りたい方は、その他の気になる章から読んでいってほしい。

　これらの章に加えて、本書には六つのコラムを収めている。コラムではまず、ドメスティック・バイオレンス（コラム2）、トランスジェンダーのセクシュアリティ

（コラム4）、トランス女性の排除（コラム5）といった、14の章の中では扱いきれなかったが重要なトピックを取り上げている（もちろん、本書で扱えなかった重要な問題は他にもたくさんある。特に、性的マイノリティのうちゲイとトランスジェンダーの経験しか取り上げられなかったのは、フェミニスト現象学における研究蓄積の不足と編者の非力によるものである）。残り三つのコラムでは、本質主義と構築主義（コラム1）、フェミニスト倫理学（コラム3）、トランスジェンダー現象学（コラム6）のそれぞれとフェミニスト現象学がどのような関係にあるのかについて、現時点でのアイディアが示されている。フェミニスト現象学の理論面を説明した第1章・第8章と、これらのコラムをぜひ一緒に読んでみてほしい。

　日本ではフェミニスト現象学の歴史は浅く、関与している研究者もまだ少ない。本書をきっかけに、より多くの方がこの動きに加わり、さらなる進展をもたらしてくれることを切望している。巻末の文献案内は、その手引きとして活用してもらえればありがたい。

　さて、フェミニスト現象学のキーワードとして「経験の記述」という言葉を連発してきたが、「ただ記述することに何の意味があるのか」と思った方もいるかもしれない。しかし、記述のもつ力はフェミニズムの歴史がすでに証明している。たとえば『第二の性』には、女性が自由になるための解決策は示されておらず、ひたすら女性の不自由な経験が記述されていた。最近では、韓国で100万部を超える売り上げを記録し、社会現象となったチョ・ナムジュ『82年生まれ、キム・ジヨン』（斎藤真理子［訳］, 筑摩書房, 2018年, 原著2016年）も、韓国の女性が生きる中で経験するさまざまな不平等と差別を一人の女性の経験として描いた作品であり、社会への処方箋が示されているわけではない。しかしいずれの著作も、多くの女性に力を与え、女性の生きやすい社会を目指す運動を後押ししている。

　日本でも、#MeToo運動をはじめとして、Twitterなどインターネット上で女性たちが経験を共有することで、性差別の問題として広く認識される事象が増えている。たとえば「#タクシーハラスメント」というハッシュタグで検索すると、女性だけでタクシーに乗った際に男性運転手から受けた被害（罵倒、説教、卑猥な言動、無視など）が多数共有されている。「自分は男だから気づかなかった」という反省を込めた驚きのツイートも見られるように、経験の記述にはそれまで見過ごされてきた問題を見えるようにし、争点化させる力がある。

　このように、あらゆる社会運動の起源には、問題を経験する人びとの「どうしてこんな目に遭わなければならないのか」「こんなことがあってはならない」という思

いがある。フェミニスト現象学は、そうした経験を記述することを通じて、問題のありかとありようを明らかにする。社会学者の小宮友根がいうように、「現実をどう変えるべきかを考えるためには、私たちが生きている現実が、どのような意味で「悪い」のかをまず理解できなくてはならないだろう。〔…〕明確に言葉にはならなくとも、何らかの意味で不当だと感じられる現実を女性たちがすでに生きているからこそ、それを言葉にするためにフェミニズム理論は必要とされてきたのだろう」（小宮友根『実践の中のジェンダー──法システムの社会学的記述』新曜社、2011年、ix 頁）。フェミニスト現象学は、「その「現実」のありようへと接近する作業」（同上）に従事する。フェミニスト現象学が記述に専念するのは、社会批判を避けるためではなく、現にあった体験のもつ力を信じているからである。

それゆえ、本書を読むためにフェミニズムやジェンダー論の知識はまったく必要ない。哲学・倫理学や現象学に興味があるだけだという方も、気軽に本書を手に取ってほしい。共感する必要もない。フェミニスト現象学はただ、女性として、トランスジェンダーとして、ゲイとして、ハーフとして、そして障害をもってこの世界に生きることがどのような経験であるかということを見えるようにする。共感や同情（シンパシー）とは別ものとして、他人の身になって考えること（エンパシー）を、英語では「誰かの靴を履く（putting yourself in someone else's shoes）」とも表現する。いわく言い難い身体や感情の微細な動きまで言葉にする試みとして、フェミニスト現象学はあなたに近いようで遠い他人たちの靴を履く助けになるはずである。

そして誰より、本書の記述するさまざまな経験の当事者の方々に、「これは私の経験だ」と感じてもらえること、少しでも力になれることを願ってやまない。もちろん、「ここに私はいない」という声もぜひ届けてほしい。そして、もしよかったら記述の作業に加わってほしい。哲学そのものがそうであるように、フェミニスト現象学はいつでも未完成で、始まったばかりである。

編者を代表して　川崎唯史

本書を採用してくださる先生方へ

本書を用いる授業・講義をサポートする教師用資料をお分けしています。各章の内容を踏まえた対話やレポート作成のための問いのリストです。ご利用をご希望の方は、お名前・担当授業をご明記のうえ、manual@nakanishiya.co.jp までお問い合わせください。

I

フェミニスト現象学の始まり

　第1部では、フェミニスト現象学の出発点である女性の身体経験を主に取り上げる。導入となる第1章では、フェミニスト現象学の基本的な視点、理論面での特徴、向き合ってきた課題、そして意義を解説する。第2章では、ボールの投げ方のような「女の子らしい身振り」を取り上げて、社会の規範が身体の方向づけを通して生き方に与える影響を考察する。第3章では、妊娠という経験の一人称的記述を通して、日常生活の成り立ちと変化、そして「まだ現れていない誰か」との共存について考える。第4章では、月経を隠すという負担が女性に課されていることから出発して、労働の場が望む人間像と現実に生きる人間との隔たりを問う。第5章は、外見やボディ・イメージにおいてはたらく社会規範との闘いを記述し、なぜ外見がときに命に関わる問題になるのかを考える。第6章では、年齢を聞く、恋人の有無を聞くといった言動がなぜセクシュアル・ハラスメントになりうるのかを考え、より開かれたコミュニケーションへの道を探る。第7章では、家に住むという経験の多様な意味を明らかにすることで、自由とは何か、自立とは何かを問い直していく。コラムでは、セックス／ジェンダーの区別（コラム1）、ドメスティック・バイオレンスと愛の関係（コラム2）、グローバルな現代社会においてケアをお金で買うこと（コラム3）について考える。ふだんはやり過ごしがちなありふれた経験を見つめることで、「当たり前」を考え直すフェミニスト現象学をともに始めよう。

01 フェミニスト現象学とは何か？

基本的な視点と意義

中澤　瞳

　フェミニスト現象学とは何か。本章では、フェミニスト現象学をその出発点、基本的な視点、課題、特徴、そして意義という五つの観点から解説する。

1　出発点としての女性の経験

　1996 年に出版された『フェミニズム入門』の中で、哲学者の大越愛子は 2 ページ程のわずかな紹介ではあるが、フェミニスト現象学をフェミニズムの潮流の一つとして位置づけ、次のように説明している。

> フッサールによって創成され、ハイデガー、メルロ゠ポンティによって展開された現象学は、価値判断を停止し、生活世界のあるがままの状態を記述することを目指している。とはいえ、男性哲学者たちの記述は、男性的経験に基づくものらしく、抽象的世界の記述にとどまるが、この方法論を女性の経験の記述分析に応用して、女性のリアルな現実を明らかにしていくことを狙ったのが、現象学フェミニズムである。（大越, 1999: 77）

　フェミニスト現象学（大越の言い方では現象学フェミニズム）は、現象学の方法論を用いながら、主流の現象学が見落としていた女性の経験を考察の中心に据える、いわばフェミニズムと現象学の両者の考え方を併せもつというのが大越のまとめである。
　フェミニズムは女性の自由や平等を求める思想、実践として始まった。フェミニズムの内実、主張はフェミニズムの進展につれてさまざまな形をとっており「フェミニズム」というたった一つの思想があるわけではない。またフェミニズムは女性

の自由と平等に関わる思想として出発したが、「女性のためだけ」の思想にとどまっているわけではない。フェミニズムは人間を男女という二つのカテゴリーで捉える区分、この既存の区分の自明性を問い直し、多様な性のあり方、その自由と平等についても考えてきた。したがって、フェミニズムとは現実に体験され、生きづらさのもととなっている性差別の構造はもとより、その他のさまざまな差別を生み出す規範や制度の批判、解体を射程に収める領域横断的な思想であるとまとめることができるだろう。

　一方、現象学は日常的な経験についての一人称の記述から出発する。私たちは通常、自分の日々の暮らしの経験をじっくりと省みることはない。日々の暮らしは習慣的に進行していく。だから自分の経験の一つ一つが、なぜそのように経験されているのかについて内省することはあまりない。現象学が一人称での記述を重視するのは、日常的に、特に深く考えずなんとなく経験しているせいで、意識されず、忘れ去られてしまった原初的な経験を呼び戻すためである。素朴な経験についての記述を通して、世界との根源的な関わり方を明るみに出すことを目指すのだ。それは、世界と私との関わり方を変える試みともいえる。

　こうしたフェミニズムと現象学両者のエッセンスを併せもつフェミニスト現象学は、生きられた経験を当事者の視点から記述することを特徴とする。フェミニスト現象学は、たしかに大越がいうように、女性の生きられた経験について当事者の視点から記述し、考察することから始まった（有坂（2004: 162）を参照）。性が異なるがゆえに生じる経験の違いに着目することが、世界との根源的な関わり方を明るみに出すために重要であると考えたからである。その後、生きられた経験に開かれたフェミニスト現象学は、現在では女性の経験に限定せず、さまざまな性的存在の生きられた経験について、さらには「マイノリティ」と呼ばれる人々の経験について当事者の視点から探求する学として展開している（この点に関しては第Ⅱ部第8章を参照してほしい）。

2　反自然主義、反本質主義という視点

　フェミニスト現象学の基本的な考え方は、ボーヴォワールやメルロ＝ポンティに多くを負っている。そもそもボーヴォワールこそが、女性の生きられた経験の記述から出発して、女性について哲学的に考察した端緒に位置する人物である。ここで

は、フェミニスト現象学の基本的な視点のひとつをみるために、関連するボーヴォワールとメルロ゠ポンティの見解を説明する。

先にも示したように、現在のフェミニスト現象学は、さまざまな存在者の経験を探求するものへと拡がりをみせているのだが、ここでは出発点に戻り、女性という存在者をフェミニスト現象学がどのように捉えているかという点から話を進めたい。

ボーヴォワールの『第二の性』（1949）は、女性とは何かという問いをめぐる哲学的論考であるが、ここでボーヴォワールは女性という存在者を生成という見方で捉えた。実際の記述を見てみよう。

> 人間を定義すると、人間とは与えられた存在ではなく、自ら自分が現にあるところのものになる存在である。メルロ゠ポンティがきわめて的確に述べているように、人間とは自然の種ではなく、歴史的観念なのだ。女は固定した現実ではなく、生成である。女を男と比較する場合も女を生成として捉えねばならない。（ボーヴォワール, 2001: 88）

文中で「メルロ゠ポンティがきわめて的確に述べているように」とあるが、これはメルロ゠ポンティの『知覚の現象学』（1945）の次の部分を指している。

> あらゆるものが人間にとっては偶然である。なぜなら、人間の存在の仕方は誕生の時に受け取ったというなんらかの本質によって、あらゆる人間の子どもに保証されているわけではないからであり、客観的な身体に生じる偶然の出来事を通して、継続的に作り直されなければならないからである。人間とは歴史的観念であり、自然的な種ではない。（Merleau-Ponty, [1945]1999: 199）

人間のあり方を決定するような本質はなく、あらゆる偶然の中から、継続的に何かを選び取って、決断することで人間のあり方は形作られていくというのが、メルロ゠ポンティの基本的な考えである。

先に見たボーヴォワールの記述と重ねてみてほしい。内容がそっくりなのがわかるだろう。ただし、ボーヴォワールは人間一般の捉え方を提示した後、それを女性という存在者の捉え方へと敷衍している。他方、メルロ゠ポンティは人間の存在の仕方には言及しているが、女性という存在について特に考慮していない。ここがメルロ゠ポンティとボーヴォワールの違いである（後に見るように、この点がフェミニズ

ムの文脈において批判されてきた)。

　ここからはボーヴォワールの記述に注目し、その内容を精査してみよう。まず「人間とは与えられた存在ではなく、自ら自分が現にあるところのものになる存在」という表現が見られる。これは自分の生き方は、自ら思い描き、選択し、行動することで決まるという意味である。自分の生き方を決めるものが、生まれたときからあるわけではない。こうした考え方を反本質主義という。たとえば、研究者として今生きているならば、それはその人間の中にあった研究者という本質が開花してそうなったのではなく、その人間が研究者になろうとして自ら決断し行動したからである。

　これと対立するのは本質主義と呼ばれる立場である。一般に、本質主義は人間が考えたり、理解したりする活動に先立って、対象をまさにその対象たらしめているような本質が対象に備わっていると考える。この本質主義の考え方に立てば、人間がどのように生きるかは本質によって初めから決まっていて、変更されることはない。たとえば、研究者として今生きているならば、その人間に研究者という本質が予めあったからということになる。

　引用したボーヴォワールの記述には、反本質主義に加えて、反自然主義という面も表れている。一般に、自然的なものを根拠にして物事を捉える仕方を自然主義という。人間のあり方が問題になる場合、生物学的な根拠をもとにして、人間のあり方を決める立場がこれに相当する。男女のあり方が問題であれば、生殖機能などの違いを根拠として、そのあり方を決めようとする。しかしボーヴォワールはこの考え方には与しない。「人間は自然の種ではなく、歴史的に作られた観念」と述べているように、人間は自然的なものだけを根拠にして考えることができる存在ではない。歴史の網の目の中で捉えられるものなのである。

　この反自然主義的、反本質主義的見方が女性という存在者に拡張される。ボーヴォワールによれば、自然的で、本質的な「女性性」があたかもあるかのようにさまざまな学問分野でこれまで語られてきたが、女性のあり方は自然的なもの（生物学的根拠）によって決まっているのではない。また女性のあり方を前もって、固定的に決めてしまうような、生まれながらの本質（女性性という本質）もない。その代わり、女性という存在者は「生成する（成る）」。つまり、女性のあり方は社会的、経済的、文化的条件のもとで生成してくるのだ。このように、生成という見方は女性のあり方を社会制度や社会規範とともに考える視点でもある。

　ボーヴォワールは男女という区分を正当化し固定する既存の枠組みを反省し、それを取り去ることで、女性を生成するものとして、反自然主義的、反本質主義的に

捉えた。フェミニスト現象学も同様に、女性のあり方はこの世界の中で社会的、経済的、文化的条件の相互作用の中で作られると考える。女性に限らず、さまざまな性的存在者、またさまざまな「マイノリティ」と呼ばれる存在者たちについても、この反自然主義的、反本質主義的視点で捉えることから始めている。

3　フェミニスト現象学が向き合ってきた課題

　ボーヴォワールやメルロ゠ポンティの考え方に対して、フェミニスト理論家たちから多くの批判が向けられてきた。このことが意味するのは、ボーヴォワールやメルロ゠ポンティに多くを負っているフェミニスト現象学が、両者の考え方をそのまま受容したり、活用したりするのには問題があるということだ。両者への批判は、フェミニスト現象学にとっても看過できない課題といえる。では、これまでどのような批判がなされてきたのか。以下、三点ほど挙げる。

　一点目は、メルロ゠ポンティが男性存在を想定し、男性の経験をモデルとしていることに無自覚なまま、それを一般化して理論を構築しているという批判である。たとえば、ある研究者は「フェミニスト哲学者たちがこれまで注意してきたように、メルロ゠ポンティの理論にあらわれている身体にはジェンダーが考慮されておらず、男性中心のものである」(Sullivan, 1997: 1) と批判したし、また別の研究者は「女性の身体の固有性——すなわち性的に成熟した女性の身体には月経があり、その身体にはふたつの乳房があり、また妊娠するということ——は見過ごされた。この固有性が看過されているという限りでは、伝統的な現象学がこっそりと男性身体を身体一般の代表とみなしたのは明らかである」(Bartky, 2009: 41) と批判した。つまり、メルロ゠ポンティは個別の生きられた経験（男性の経験）をモデルとしていることに無自覚で、それがすべての経験に当てはまるとみなしたのである。つまり、経験の差異に十分な注意を払わなかったのである[1]。

　二点目は、ボーヴォワールが「西洋の、高等教育を受けた白人女性の経験」を暗にモデルとしていながら、それを一般化してしまったという批判である。ボーヴォワールはたしかに女性とは何かということについて考察した。しかし一言で「女

---

1) 現象学者のフィッシャーが "Phenomenology and Feminism: Perspectives on their Relation" という論文の注において、多数の批判を取り挙げている（Fisher, 2000）。

性」といっても、それぞれ色々な考えをもち、さまざまな状況を生きているはずである。だから「女性」の名のもとに、あらゆる女性を同じように扱うことは不可能である。こうしたことが、有色女性（フックス, 2017）、非西洋を生きる女性（モーハンティー, 2012）、レズビアンとして生きる女性（Wittig, 1992）たちによって指摘された。「女性」という言葉で一括りにしてしまえば、女性のさまざまな生きられた経験を取り逃してしまうのだ。女性とは何かという問いは、性差だけではなく、階級、人種、年齢、セクシュアリティ、病、障害といった差異からなる、複雑で、錯綜した網の目のもとで捉えられなければならない。もしも、性差だけから女性の経験を記述できると考えるのであれば、それは暗に、経験を記述する上で性差を特権的な「本質」とみなしていることになる。これは性差本質主義へと陥ることになる。

　三点目は、ジェンダー化されていない主体の想定という批判である。哲学者のジュディス・バトラーは、従来、自然主義的に解釈されてきたセクシュアリティが、歴史的に構築されてきたことを明らかにしたフーコーの系譜学をもとに、私たちのアイデンティティが社会的な相互作用の中で生成されていくことを論じた。この立場に立つバトラーは、一方でボーヴォワールとメルロ゠ポンティの考え方は、自然主義的な説明に反対する示唆に富んだ指摘を与えるものであり、自由を奪う規範の誤りを糾弾する政治的な試みにとっても有用な理論と評価する（Butler, 1989: 85）。しかし他方で歴史的、社会的、言説的に構築されたカテゴリーに先立って実在する主体を暗に想定しているように見えるとも述べる（Butler, 1988: 520-521）[2]。バトラーによれば、ジェンダー化されていない純粋な主体を想定することは哲学的に誤りである。

　以上のように、ボーヴォワールやメルロ゠ポンティの考え方には、女性の固有性という問題、ジェンダー化されていない主体という問題、そして性差本質主義、異性愛主義、西洋中心主義といった問題が指摘され、批判が加えられてきた。ボーヴォワールやメルロ゠ポンティに向けられた批判は、両者に多くを負うフェミニスト現象学にとっても看過できない課題となっていた。

　もちろん、フェミニスト現象学は提出されてきた課題を見て見ぬ振りをしてきたわけではない。自身の問題として受け取り、その課題にかなりの程度取り組んできた。第Ⅱ部第8章で言及されているアルコフの研究などはこれにあたる。また、本書の特に第Ⅱ部「フェミニスト現象学の拡がり」を見てもらえれば、フェミニスト

2）バトラーはこれを「現在身に帯びているものとは別のジェンダーを装備することも可能であるような行為者」（バトラー, 1999: 31）と呼び、その誤りを指摘する。

現象学が女性の経験の考察だけではなく、広く性的存在者の経験、またさまざまな存在者の経験に着目し、考察を試みているのがわかるだろう。

4　人間と世界をその事実性から出発して了解する

　フェミニスト現象学は、何よりも生きられた経験を当事者の視点から記述することを特徴とする。本章でもこのことは繰り返し指摘してきた。では、そもそも生きられた経験とはどのような経験だろう。それは、意識的ではない知覚を通じて世界と関わっている経験といえる[3]。意識的ではない知覚とは「見るともなく、聞くともなく」といった表現が当てはまるような知覚経験だと考えてみてほしい。生きられた経験とは、○○を見ている、△△を聞いているというように、何かを明確に、知的に理解している経験ではなく、むしろそれに先立つ経験である（前反省的経験と呼んだりする）。

　知的理解に先立つ経験というのはわかりにくいかもしれない。そこでこのように考えてみてほしい。私たちは日々の暮らしの中で、自分に起こっていることを常に知的にクリアに理解し、把握しているわけではない。興味や関心が強い経験であるなら、経験の最中でしっかりと何が起こっているか理解しようと努めるだろう。しかしそうではない場合、□□を経験していると明確に意識する前に、私たちはすでにその経験を生きてしまっている。先ほど、知的理解に先立つ経験といったのはこの意味である。私たちはすでに経験を生きてしまっている。だから、どのような経験であったか遅れて気づいたりすることがあるのだ。生きられた経験とは、まだ知的な反省作業の始まっていない経験であり、意識的により分けられずに、色々なものがごった煮になっている経験ともいえる。この生きられた経験を当事者の視点から記述することで、経験についての抽象的な定義に終始するのではなく、現実の人間のありよう、現実の世界のありように接近することができるとフェミニスト現象学は考える。

　メルロ゠ポンティは『知覚の現象学』の中で、現象学とは「本質の研究であって、一切の問題は、現象学によれば、結局は本質を定義することに帰着する。しかしま

3）メルロ゠ポンティの『知覚の現象学』の主題は、この生きられた経験を現象学的に解明することである（松葉・本郷・廣瀬, 2018: 43）。

た、現象学とは本質を実存へと連れ戻す哲学でもあり、人間と世界とはその事実性から出発するのでなければ了解できないものだと考える哲学でもある」（メルロ゠ポンティ, 1945: 1）と述べた。フェミニスト現象学もこの考え方を受け継いでいる。人間と世界とはその事実性から出発するのでなければ了解できないものだと考えるからこそ、何よりも生きられた経験を当事者の視点から記述することを重視する。しかし、それは記述のための記述ではなく、その経験がいかなるものであるかを理解するために行われる記述である。反省以前の経験を私の視点から記述するのと同時に、私の経験を反省して突き詰めて考える、この相反する手綱の両方を離さないようにすることをフェミニスト現象学は目指している[4]。

5 フェミニスト現象学の意義

　政治哲学者であり、またフェミニスト現象学者でもあるアイリス・マリオン・ヤングの興味深い指摘を紹介したい。ヤングはある論文の中で、女性の経験に対する二つのアプローチ——いずれの方法もヤングは重要なものと考えている——ジェンダー論と現象学の方法を比較した。ヤングによれば、ジェンダーというカテゴリーなしで性差のある経験を分析することはできない。歴史的に形成されてきたジェンダーの構造は、個人の行動や意識を条件づけている。経験を分析する際に、制度や規範そのものに対して意識を向けるためにはジェンダーは有用なカテゴリーである。

　他方、ジェンダーの構造は個人の経験の中に現れる。ジェンダーの構造は、個々人が共有する属性の集合として体験されるのではなく、常に個人の経験的な応答を通じて経験されるのだ（Young, 2005: 25-26）。つまり、その構造は経験の外にあるのではなく、日常の生きられた経験を通して、何らか具体的な形で現れている。たとえば、肌身で感じる違和といった形で。苦悩、不安、期待といった形で。あるいはまた、世界の片隅でつぶやかれるような、いわく言い難い気持ちとして。ここにアプローチするのが現象学の記述である。

　この指摘が興味深いのは、歴史的に形成されてきたジェンダーの構造は、個人の経

4）なぜなら、物事を突き詰めて考える（物事の本質を探究する）ためには、日々の暮らしの態度を変更して考えなければならないのだが、生きられた経験の記述のためには、日々の暮らしの態度そのままを私の視点から記述しなければならない。この困難な作業にとどまろうとするのがフェミニスト現象学でもある。

験の中で具体的な形で表れているという点である。このヤングの指摘を踏まえれば、個人において経験されるものは、文字通りの個人的経験に閉じてしまうものではなく、制度や規範といったものへの回路に開かれている。そうすると、生きられた経験を当事者の視点から記述することは、個人的状況における違和感などの描出を超えて、その個人が生きている社会の状況、問題の開示にもつながると見込まれる。

　個人的な経験に基づく記述が、マクロな社会問題、政治問題につながることについて、ここで再び大越の見解を参照して考えてみたい。

　大越は、フェミニスト現象学が行う女性の経験の現象学的記述、分析を意識覚醒（Consciousness Raising）と重ねて考えている[5]。60 年代後半に始まる第二波フェミニズムは、制度改革だけでなく女性の意識改革も同時に目指した。そこで行われたのが意識覚醒である。それは、日々の生活を営む中で「普通」と思われているがゆえに、批判的に考えを深めたりすることのない既存の思考の枠組みを洗い出す作業である。女性たちは、人間関係やセクシュアリティ、あるいは「もやもやしたもの」についての考えや気持ちをグループで話し合い、強く内面化している（ことにすら気づいていない場合も多々ある）「女らしさ」から自由になるために、経験を意識化し、共有した。これが「個人的なことは政治的である」という宣言につながっていく（井上ほか, 2002: 265-266 参照）。

　大越によると、意識覚醒はフェミニズムの原点といえるものだが、覚醒していく意識がどのような経験を介しているかということについて看過されていた。「あるべき解放の理念が掲げられても、そこに向かう現実の意識は様々な葛藤をくぐりぬけねばならないし、その葛藤や体験の差異によって、各自が出す答えも多様である」（大越, 1996: 77）。そこで経験の記述の役割が重要になってくる。

　たとえば、規範や差別に抵抗するためには、自分自身がいかなる経験をしているかということに気づかなくてはならないが、それに気づくことは実は簡単ではない（たとえばセクハラの経験などについては第 6 章を参照してほしい）。そもそも自分が「何（いかなる規範）に対して」違和感があるのか、もやもやが「何に向かっているか」を知る必要があるのだ。このとき、自分の経験の記述のみならず、他人の経験の記述も、自分の経験が何なのかということに気づかせる作用をもつ。さらに、規範に単に従うのではない可能性に気づかせる作用ももつ。

　ボーヴォワールの『第二の性』には、出版当初、猛烈な批判と敵意が向けられ

5）この際、大越が参照しているのはバートキーの研究である（Bartky, 1990）。

た。しかしアメリカだけでも 100 万部は売れたといわれるこの書は、今なおフェミニストのバイブルのひとつである (シュヴァルツァー, 1994: 101)。後の批判者たちがいうように、たしかにボーヴォワールの女性経験の記述は「西洋の、高等教育を受けた白人女性の経験」という限定的な経験の記述だったかもしれない。しかしながら本当にそれに尽きてしまうのであれば、なぜ今日に至るまで多くの人に気づきや覚醒を与え続けているのかわからないだろう。ここには、私の経験があなたの経験、また私たちの経験へと開かれる可能性が含まれているのではないだろうか。もちろん、私の経験があなたの経験、私たちの経験へと必ずしも開かれていくわけではない。それはいつも保障されているわけではない。フェミニスト現象学は、ただその見込みをもちながら、私の経験を記述する作業を続ける。

　この章では、フェミニスト現象学の出発点、基本的な視点、課題、特徴、そして意義という五つの観点からフェミニスト現象学を解説してきた。最後に簡単にまとめておこう。フェミニスト現象学は、従来の現象学が見過ごしていたテーマであった女性の経験の記述と考察を行ったところに出発点がある。現在では女性のみならず、さまざまな性的存在、さまざまな「マイノリティ」と呼ばれる人たちの経験の記述と考察を行っている。フェミニスト現象学の基本的視点は反自然主義、反本質主義にある。これは人々を社会的、経済的、文化的条件の相互作用の中で、生成されるものとして捉える観点でもある。フェミニスト現象学の課題はいくつかあるが、ここではフェミニスト現象学が多くを負っているボーヴォワールやメルロ＝ポンティに向けられた批判から、間接的に受け取ったものを三点挙げた。しかし、これらの課題は一定程度乗り越えられている。フェミニスト現象学の特徴についていえば、それは生きられた経験を当事者の視点から記述するところにあるが、これは人間と世界とはその事実性から出発するのでなければ了解できないものだと考えるからである。最後に、フェミニスト現象学は、記述を通して、個人が何を経験しているのかということだけではなく、その個人が生きている社会の状況、問題への覚醒に努めるところに意義があるといえる。

●引用文献

有坂陽子 (2004),「世界内存在と女性の身体をめぐって」長滝祥司 [編]『現象学と二十一世紀の知』ナカニシヤ出版, 162–187 頁.

井上輝子・上野千鶴子・江原由美子・大沢真理・加納実紀代［編］(2002),『岩波女性学事典』岩波書店.

大越愛子 (1996),『フェミニズム入門』筑摩書房.

シュヴァルツァー, A. (1994), 福井美津子［訳］『ボーヴォワールは語る──『第二の性』その後』平凡社.

バトラー, J. (1999), 竹村和子［訳］『ジェンダー・トラブル──フェミニズムとアイデンティティの攪乱』青土社.

フックス, b. (2017), 野﨑佐和・毛塚　翠［訳］『ベル・フックスの「フェミニズム理論」──周辺から中心へ』あけび書房.

ボーヴォワール, S. de (2001),『第二の性』を原文で読み直す会［訳］『[決定版] 第二の性 I──事実と神話』新潮社.

松葉祥一・本郷　均・廣瀬浩司［編］(2018),『メルロ゠ポンティ読本』法政大学出版局.

モーハンティー, C. T. (2012), 堀田　碧［監訳］『境界なきフェミニズム』法政大学出版局.

Bartky, S. L. (1990), "Toward a Phenomenology of Feminist Consciousness," *Femininity and Domination: Studies in the Phenomenology of Oppression*, Routledge, pp. 11–21.

Bartky, S. L. (2009), "Iris Young and the Gendering of Phenomenology," A. Ferguson and M. Nagel (eds.), *Dancing with Iris: The Philosophy of Iris Marion Young*, Oxford University Press, pp. 41–51.

Butler, J. (1988), "Performative Acts and Gender Constitution: An Essay in Phenomenology and Feminist Theory," *Theatre Journal*, 40(4): 519–531.

Butler, J. (1989), "Sexual Ideology and Phenomenological Description: A Feminist Critique of Merleau-Ponty's Phenomenology of Perception," J. Allen and I. M. Young (eds.), *The Thinking Muse: Feminism and Modern French Philosophy*, Indiana University Press, pp. 85–100.

Fisher, L. (2010), "Phenomenology and Feminism: Perspectives on their Relation," L. Fisher and L. Embree (eds.), *Feminist Phenomenology*, Springer/Kluwer Academic Publishers, pp. 17–38.

Merleau-Ponty, M. [1945] (1999), *Phénoménologie de la perception*. coll. « tel », Gallimard (メルロ゠ポンティ (1967, 1974) 竹内芳郎・小木貞孝・木田　元・宮本忠雄［訳］『知覚の現象学 1, 2』みすず書房) (メルロ゠ポンティ (1982) 中島盛夫［訳］『知覚の現象学』法政大学出版局).

Sullivan, S. (1997), "Domination and Dialogue in Merleau-Ponty's Phenomenology of Perception," *Hypatia*, 12(1): 1–19.

Wittig, M. (1992), "One is Not Born a Woman," *The Straight Mind and Other Essays*, Beacon Press, pp. 9–20.

Young, I. M. (2005), *On Female Body Experience: "Throwing Like a Girl" and Other Essays*, Oxford University Press.

02 女の子らしい身振りとは何か？

身振りについてのフェミニスト現象学

中澤　瞳

　女の子らしい身振りとは何だろう？　「女の子なんだから足を閉じて座りなさい」「女のくせにそんな笑い方するの？」（あるいは「男の子なんだから、そんなことで泣くな」「がまんしなよ、男でしょ」等々）、このようなことを人から言われたことはないだろうか。あるいは、このようなセリフを聞いたことはないだろうか。私たちが生活する世界には、身振りに「らしさ」を求めるさまざまなルールがある。そのルールは当たり前の顔をして、「なんとなく、そういうものだ」という形で、私たちの経験のいたるところに染み込んでいる。この当たり前から外れてしまうと、変わり者というレッテルを貼られることもある。

　もちろん、このルールを守る必要は必ずしもない。しかしあなたが守る、守らないに関係なく、私たちの住む世界の中には「らしさ」を要求してくるルールが当たり前の顔をして存在している。当たり前の力はとても強い。誰が、いつ、どのようにして決めたことなのかは知らないが、そのルールによって私たちの仕草は方向づけられる。より正確にいえば、方向づけられていることにすら気づかないままに、方向づけられている。振る舞いが方向づけられてしまうというのは、実はとても重要なことだ。フェミニスト現象学の考えでは、その方向づけは単なる運動の次元を超えて、その身振りをする人の生き方全体に関わっているものだからだ。この身振りについて、とりわけ女の子らしい身振りと考えられているものについて、この章ではシモーヌ・ド・ボーヴォワールと、アイリス・マリオン・ヤングという二人のフェミニスト現象学者の視線を借りて考えてみたい。

1　当たり前を作っているのは体の作りか習慣か

　女性には女性らしい振る舞いを、そして男性には男性らしい振る舞いを求めることは一見当たり前の要求に思える。しかし、なぜ当たり前だと感じるのだろう。

　あなたは女性には女性らしい振る舞いが、そして男性には男性らしい振る舞いがふさわしいのは、体の作りが違うから当たり前だと考えるだろうか。たしかに、一般的にいって、女性と男性では骨格や筋力に違いがある。男性の肉体は女性の肉体よりも強く頑丈にできているのだから、力強い仕草こそふさわしいのであり、これとは反対に、女性の肉体は男性に比べて弱くできているから穏やかな仕草が適当だというのはひとつの答え方だろう。この肉体の作りの違いに根拠をおいた考え方は根強い。だから、肉体の作りと振る舞いがマッチしていないと判断されるやいなや、男性に対しては女々しい、また女性に対しては男まさり（おとこ女）などというからかい（イジり）が当たり前のように始まるのだ。

　しかし、骨格や筋力の違いだけを根拠にして語られる当たり前はどうも疑わしい。近代の名女方（女形）と称される六代目尾上梅幸の次の談話を参考にしてみよう。女方とは、歌舞伎の役柄の用語で、女性の役を務める男性の役者を指す。梅幸の発言は、体の作りだけが身振りの違いの根拠になるのか、そうではないのかを考えるうえでとても興味深い。

　　　男の役者が女形になるといふことは、土台の身体の骨組みが違ってゐるので、もちろんそれに成切るわけには行かないのですが、さうらしく見せることに工夫をつけるのに、昔からの役者がどのくらい苦心を払って来たかわかりません。それ故、昔の役者は前々にものべた通り、子供の時分から女の着物を着せられて、女の髪を結はせられ、立居振舞言葉の使ひ方、世間からみれば男の子とは思へないやうな育て方をされて、身体を慣らしてきたものです。（尾上, 2014: 139）

　この発言を見ると、骨格や筋力の違いを跳ね除けて、観客に女性として見てもらわなければならない女方という仕事の裏には、幼い頃からの習慣づけがあることがわかる。加えて、幼少時から長い間、時間をかけて仕草を習慣化すれば、たとえ骨格や筋力に違いがあっても女性として見られるようになるということも同時にわか

る。梅幸は、身体を大きく使わないで、なるべく自分の身体の周りで小さく動くことを心がければ、女性のように見せることができると語る。また他にも、女性のように見せるためのさまざまな所作の工夫があることも語っている。つまり女性の仕草は、繰り返し訓練することによって手に入るわけだ。

　梅幸の例を手掛かりにして考えると、体の作りの違いを振る舞いの違いの根拠に据えるのは、事柄を単純化しすぎていることになる。梅幸は、女方として舞台に立つために、幼少時から訓練を通して体の使い方を習得し「女になった」。これと同じことが女性の場合にも当てはまる。つまり女性は、幼少時から日常生活の中で体の使い方を方向づけられ、習慣化し「女になった」といえるのだ。

　ボーヴォワールは『第二の性』で「人は女に生まれるのではない、女になるのだ。社会において人間の雌が取っている形態を定めているのは生理的宿命、心理的宿命、経済的宿命のどれでもない。文明全体が女と呼ばれる者を作り上げる」（ボーヴォワール, 2001: 12）と述べた。つまり男性が男っぽい仕草をしたり、女性が女っぽい仕草をしたりするのが当たり前のように思われているのは、肉体の作りのせいではなく、家庭、学校、会社、メディアといったさまざまな環境や、さまざまな制度、規範、要するに文明全体が当たり前を作り出し、維持しているからである。

　こうしたことは、これまで多くのジェンダー研究が論じ、明らかにしてきたことでもある。ボーヴォワールもこのことに気づいていた。実際、『第二の性』の中で「「女らしい」女の基本的特徴とみなされる受動性は、ごく小さい頃から、女の中で培われる特徴なのだ。それを生物学的条件であると主張するのは間違いである」（ボーヴォワール, 2001: 33）と指摘している。ここでいわれている受動性とは、自分から物事を企画したり、主体的に決めたりしない態度を指す。この特徴が「女らしい」特徴なのは、生まれつき備わっている特徴だからなのではなく、それをまさに「女らしい」特徴とみなしている周囲の考え方によって決められているということだ。「女らしさ」は生まれついてのものではない。「女らしさ」は文明全体によって作られた後で、あたかも生まれつきそうであったかのように、当たり前の顔をするのだ。

2　女らしい仕草と生き方

　振る舞いへの方向づけは、その身振りをする人の生き方全体に大きな影響を与え

るとボーヴォワール、そしてヤングらフェミニスト現象学者は考える。このことを次に取り挙げてみよう。

　ボーヴォワールは『第二の性』の中で、おおよそ次のような見立てをした。男の子は小さい頃、高いところによじ登ったり、そこから飛び降りたり、また友達と速さを競って坂を思いっきり駆け下りていったり、プロレスの技を掛けあったりする。実際にしなくてもよいが、もしも実行したとしても、周りから奇異の目で見られない、あるいはむしろ奨励されるということが重要なのだ。これに関連する友人のエピソードを挟もう。友人の子どもが通う保育園のクラスは、男女比が1:3というバランスである。そのため、男の子の母親たちは「（女の子ばかりの環境では）戦いごっこができないのではないか、やってほしいのに残念だ」とみな口を揃えて心配していたらしい。子どもが女の子の場合には、親にこうした心配は起こらないのではないだろうか。周囲と大人たちは、男の子が活発であることを暗に奨励するのだ。

　他方、男の子と比べて、女の子は溌剌とした行動をすることも、好奇心を発揮して自発的に、大胆に世界を探索していくこともあまり推奨されない。なにか大胆なことをしたとき「男の子はそれくらい元気があった方がよい」とは言われるだろうが（むしろ「男の子のくせに元気がない」と言われる可能性はある）、女の子に対して「女の子はそれくらい大胆な方がよい」という表現は使用されない。むしろ、冒頭にも挙げたように「女の子なんだから足を閉じて座りなさい」といった禁止を命令されたり、「女のくせにそんな笑い方するの？」と暗に揶揄されたりするのではないだろうか。

　この命令によって、女の子の身体は小さく慎ましやかな動きの方向へと導かれる（梅幸の話を思い出そう。梅幸は、身体を大きく使わず、自分の身体の周りで、小さく動くと、女性のように見えるといっていた。小さい動きと女性らしさが結びついているのだ）。もちろん、女の子の周りにいる大人の中には、大胆に闊達に振る舞うことを女の子に推奨する人間もいるだろう。しかしそういう大人も、周囲の別の大人たちから「女の子らしさを身に着けさせた方が、後々社会の中で得をする」というような指摘を受けることによって、その推奨を止める場合がある。また自由な方針のもとで育った女の子が、周囲から「あいつは変わってる」と見られることによって、そのように振る舞うのを止める場合がある。ボーヴォワールはこの点も示し、私たちに根づく当たり前が方向づけを行うことも指摘している。

　男の子は日常生活の中で活発に動くことを許され、その経験を通して自分の身体をバランスよく使うことを学習する。男の子はその身体を通して、未知の世界を探

索する手段として自分を捉えたり、戦うための道具として捉えたりすることができる。たとえば木登りの経験を通して、その身体は高く危険なところにも上がっていくことができるという力をもった身体であることが確認される。また友人との競争を通して、自分の身体が戦うことができる能力をもっていることが理解される。男の子は身体を使って「できる」ことをたくさん習得するのだ。「できる」という能力の総体として自分を捉えることは、具体的な計画を立てて実行していくときの後ろ盾になる。つまり単なる運動の次元を超えて、日常生活の中で何かを行うときの一般的なやり方につながっているのである。

他方、男の子と比べて、女の子は日常生活の中で自分の肉体をバランスよく使うことを学習しながら、世界を探求していく手段として自分自身を捉えたり、戦うための道具として捉えたりする機会が多くない。このため、自分を「できる」という能力の総体として捉えることが困難になる。大胆な運動を禁じられた女の子は、その結果、自分の身体の能力に対する信頼がうまく構築できないばかりではなく、自分で選択し、企画し、実行するというように主体性を発揮することも阻害されてしまう。つまり「できる」という能力の総体として自分を捉えて生きていくことができず、受動的な態度で生きることに甘んじてしまうのだ。ボーヴォワールはおおよそこのように考え、身振りへの方向づけが生き方に対して影響を与えることを論じた（より詳しくは、『第二の性』の第2部第1章を読むことをお勧めしたい）。

3　女の子みたいな投げ方：世界の現れ方の違い

これと同様の視点が、ヤングの考察の中にもあるので続けて見てみよう（Young, 2005, ch. 2）。ヤングは具体的に「女の子みたい」な投げ方を考察の対象にする。このヤングの考察を見る前に、まずあなたにイメージしてほしいことがある。「女の子みたいな投げ方」とは、一般的にいって、どのような投げ方だと思われているだろうか。また、「女の子みたいな走り方」とは、一般的にいって、どのような走り方だと思われているだろうか。イメージしてみてほしい。

実は、ある企業が、ちょうどこれと同じ質問を若い男女に投げかけるCMを作った[1]。このCMを参考にしてみよう。参加した男女は、「女の子みたいに走ってみて」と言われ、ある人は、とっさに足を内股ぎみにしてバタつかせる。またある人は、肘を脇に引きつけ、手をくねくねとさせながら走る振りをしてみせるし、風に

乱れた髪型を気にして、手櫛で直しながら走る振りをしてみせる人もいる。「女の子みたいに走ってみて」という要望に対して、参加者に共通していたのは、無駄の多い動きを見せ、とうてい速く走れるとは思えないような動作をする点である。また、「女の子みたいに投げてみて」と言われた場合にも、似たような状況が展開される。参加者それぞれは、とうてい遠くまで届くようには見えないような投げ方をする。ちょっとだけ手首だけをしならせたり、踏み込んだ足に体重が乗っていないような動きだったり、身体全体を連動させて投球せず、身体の部分だけを使って投球する。簡単にいえば、野球選手「ではない」投げ方だ。このCMは「女の子みたいな」投球、走法は、一般的には、適切とは言い難い身のこなし、ぎこちない運動をイメージさせるということを示している。

　さて、あなたの描いたイメージはどのようなものだっただろうか。実は、ヤングが分析の対象とした「女の子みたいな投げ方」は、ちょうどこのCMの参加者たちの多くが示したような動きであり、ヤングによれば、投げるという動作の目的を果たすために、身体の各部分が協働せず、ぎこちなさを伴う動きである。そこで、ここから先の考察はひとまず「女の子みたいな」動きとは、一般的にはぎこちない運動をイメージさせるという前提で進んでいく。

　しかしながら、あなたの描いたイメージがこれとはまったく異なるものだった可能性はある。この場合、なぜ身体全体が連動していない、ぎこちない運動を女の子らしい投球運動や、走法だと決めつけるのかと疑念を抱く人もいるだろう。だから、ここから先の考察に進む前に補足をしておきたい。まず当然のことながら、すべての女の子がCMに表現されたイメージの通りに運動しているといいたいわけではない。またすべての人が、CMに表現された「女の子みたいな」運動をイメージしているといいたいわけでもない。現実に生きている女の子たちの中には運動の得意な女の子たちがいて、上で見たような「女の子みたい」な投げ方や走り方とはまったく違う動きをしている。そうした動きを前提として、女の子らしい運動を、伸びやかで力強い運動だと最初にイメージする人ももちろんいるだろう。しかしここで問題にしたいのは、女の子が「実際に」ぎこちなく投げているかどうかではなく、「一般に」女の子はぎこちなく投げるのが当たり前だと大方の人がイメージしているということである。不思議なことに、すべての男の子が「実際に」野球を得意と

---

1)　"Always #LikeAGirl"〈https://www.youtube.com/watch?v=XjJQBjWYDTs（最終確認日：2020年3月19日）〉

しているわけではないのに「男の子みたいな」投げ方といっても、体の一部しか使わないような、小さな動きをイメージする人は少ないのではないだろうか。この意味で、ここでは一般的なイメージを問題にしたい。

　補足を踏まえたうえで再び考察に戻ろう。CMの参加者たちが身振りをしてみせたように「女の子みたいな」と形容される動きのイメージは、一般的には、運動の目的と照らし合わせて適切とは言い難い身のこなし、ぎこちなさを伴う。いわゆる「女の子投げ」としてイメージされるのは、投げるときに体全体を使わない投げ方だ。反対に、体全体を使った投げ方は、野球やソフトボールの投手をイメージすればわかりやすい。背と腕を大きく伸ばし、投げる方向とは反対側に腰をひねり、その腰の回転、肩、肘、手首の回転を連動させて投げる仕方である（「女の子みたい」な投げ方と聞いて、野球選手やソフトボール選手のような投げ方を最初にイメージする人は少ないだろう。もちろん身近にそうした選手がいれば別だが）。

　ヤングは「女の子みたいな」と形容される動きのぎこちなさに注目するが、ぎこちなさの原因を体の作りには求めない。女の子は乳房が発達しているから、投球の邪魔になっていると考える人もいるかもしれないが、ヤングは乳房が未発達な幼児の段階でもぎこちない動きがみられることから、体の作りの違いをぎこちなさの理由にするのは十分ではないと考える。

　これに対して、ヤングが考える理由は社会の状況と対象化である。ヤングによれば、ある社会の中では、女の子は人から身体能力を充分に活用するようには働きかけられない。またそのような社会の中では、少女の遊びとされているものは、少年の遊びよりも座って行うような動作の少ないものである（お人形遊びやおままごとなど）。学校などでも、一般的にいって、少女たちはスポーツや、明確な目的を達するように自分の身体を調整することに従事するように促されない。さらに少女たちは物を分解、操作することや、空間的技能を発達させることを周囲からあまり求められない。つまりある社会の中では、少女たちは少年に比べ身体的な努力や体力が要求される課題をこなすように、それほど求められてはいない状況の中で生きている。このため、おのずとその運動性に違いがあらわれるというわけである。

　もうひとつヤングが指摘する理由は対象化である。対象化とは、他人からあたかも物のように見られ、扱われること、また自分自身をそのように扱うことである。その結果、自分の身体を鏡に映し、他人の目にどのように映るか心配して、ダイエットしたり、着飾ったりしてしまう（Young, 2005: 44）。他人の目が常に意識されることによって、自分の意志と身振りにズレが生まれ、ぎこちなさが生じるのである。

　この対象化とほぼ同じ内容のことは、ボーヴォワールも指摘していた。ボーヴォワールによれば、子どもの身体から大人の身体へと変化する思春期（具体的には、体毛が生えてきたり、乳房が膨らみ身体全体が丸みを帯びてきたり、生理が始まったりといった変化が起こる時期）、女性は自分の身体がモノのように注視されることを意識する。体つきや容姿について他人から評価されたり、自己評価したりといったような具体的な事柄を通して、自分の身体が評価の対象となることを経験する。ここで自分の肉体への嫌悪が生まれると、思春期の少女に恥の感覚が現れ、行動にぎこちなさが生じる（ボーヴォワール, 2001: 84-91）。自分と一体化し、慣れ親しんでいたはずの活動の拠点としての身体が、どこかよそよそしいものとなってしまうのである。

　女の子のぎこちない動きは、目的に向かっていく部分と、それを差し控えてしまう（躊躇してしまう）部分とに行動全体を分断している。女の子は自分の身体を信頼し、目的を遂行することが「できる」と思って身体を働かせると同時に、「できない」あるいは「できないかもしれない」といった自信の無さによって、その能力を低く見積もってしまうのだ。このことによって、世界の現れ方は変わってくる。たとえば小川のような障害物を飛び越えようとするとき、また重い荷物を遠くまで運んでいこうとするとき、そうしたタスクをこなせるという自信をもっている人には、小川は狭く、また荷物を運ぶ距離はそれほど遠くない。しかし自分の身体に対しては文字通り荷が重すぎると想定してしまう人にとって、小川は大きく行く手を阻むものとなり、荷物は重すぎるし、道のりは遥かなものとなり、目的を阻害する。身体が「できる」身体か、それとも「できない」身体かによって、周囲の世界の現れ方が異なってくるのである。

4　「できる」身体と「できない（かもしれない）」身体

　ボーヴォワールもヤングも、女の子らしい身振りが社会のあり方や、評価のまなざしによって作られていること、さらにその作られた「らしさ」が女の子の生き方に影響を与えることを示したといえるが、なぜこのようにいえるのかもう少し考えてみよう。

　日常的に意識しているかどうかは別にして、私たちの生活する世界は、私たちが身体を動かす仕方に基づいて理解されているといえる。たとえば、何が動いていて、何が止まっているのか、真っ直ぐなもの、また上や前などは、身体の姿勢や運動と

リンクしている。当たり前すぎて、日常生活ではこのことにほとんど注意が払われない。しかし私たちは、私たちの身体が提供してくれる光景を頼りに、世界の中を動いている。「動静」「直立」「前後上下左右」といった言葉で抽象的に空間や運動を捉える前に、私たちはまず実践的に身体を動かし活動してから、そこでの理解をもとに言葉の中身を理解しているといえる。

　身体の姿勢や動きによって捉えられているのは、空間や運動だけではない。物の理解とも身体は密接なつながりがある。たとえば、生まれて初めて自転車に乗ったときのことを思い出してみよう（この例については第3章も参照）。最初は、ハンドルやブレーキやペダルといった自転車の各部分が個々別々に意識されてしまう。ハンドルやブレーキを持つ手、ペダルを踏む足、それらを制御し、操作しようとする自分の身体はちぐはぐになり、自転車に乗るという経験はぎこちないものになる。しかしあるときコツを掴み、自動車に乗るための身体の使い方を覚えれば、ハンドル、ブレーキ、ペダルは自転車を操作するという実践的な意味の中に配置される。それらは、方向を変えるためのもの（ハンドル）、止まるためのもの（ブレーキ）、進むためのもの（ペダル）といったような実践的な意味として現れる。ブレーキや、点灯の仕組みについて知識がなくても私たちはそれを使いこなす。必要であればその定義を探ることもできるが、行動がうまく進行しているときには物の定義は重要ではない。以上のことから、身体は物の理解を実践的な意味の了解という形で可能にする能力であるともいえる。

　こうした考え方は、メルロ゠ポンティという現象学者の身体論に基づいている（メルロ゠ポンティ, 1967; 1974; 1982）。メルロ゠ポンティは、物は客観的な定義や知識を介して私たちに与えられるより前に、まず実践的な意味として身体の動きと結びついて与えられると考えた。この観点からすると、身体の動きはとても重要で、私の身体の振る舞いは現に行おうとしている任務、あるいはこれから行おうとしている行動の目的という実践的な体系を環境内に作り出し、物はその中で意味あるものとして現れてくることになる。

　このように考えると、身振りの違いからは空間や運動の理解の仕方や、物の実践的な意味の与えられ方の違いが現れてくることになる。実は、先ほど取り上げたボーヴォワールやヤングの考え方は、このメルロ゠ポンティの身体論と結びついている。小川と重い荷物の例を思い出してほしい。客観的な見方に立てば、小川の大きさや荷物の重さは一定している。しかし小川を飛び越えようとか、荷物を遠くまで運ぼうといった実践的な場面において、それらの与えられ方は異なってくる。先ほ

ど見たように、ある身体にとって小川は狭く、乗り越えるのに容易い幅しかないが、ある身体にとっては大きく行く手を阻むという意味においては大河も同然である。ボーヴォワールやヤングの指摘によれば、大胆な運動を禁じられた女の子は、自分の身体の能力に対する信頼がうまく構築できなくなる。そのことがもたらすのは、身体を使った運動がうまくできないということだけではない。その身体を介して与えられる、空間や運動の意味、また物の実践的な意味が変わってくるということなのだ。周囲世界の現れ方が変われば、そこでの生き方も変わってくるだろう。だからボーヴォワールは、自分の身体を使って世界を積極的に探索することを禁じられる女の子は、その結果、自分で選択し、企画し、実行するというように主体性を発揮することが阻害されるというのである。

　しかしながら、である。ボーヴォワールやヤングがいうように女らしい身振りは「できない（かもしれない）」という特徴づけで本当によいのだろうか。たしかに、ある社会において、女性は身体能力を活用する機会を与えられていないし、他人から身体的な努力や体力が要求される課題をこなすように求められてはいない。ここでは、自分自身の身体は世界探索のための信頼のおける手段とはなり難い。しかし、女性が重要な労働力（たとえば水汲みや薪割りなどの担い手）とされている社会や、女性しかいない、あるいは女性がほとんどを占めるような環境（女子校や女性比率の多い職場など）では、むしろ身体能力を十全に使用することが求められるだろう。社会のあり方が異なっていれば、身体能力の活用度に関しても違いは出てくるのだ。したがって、女らしい身振りを「できない（かもしれない）」という特徴づけだけで一般化するわけにはいかないだろう。

　実は、前に言及したCMの後半部分では10代前半の少女たちが登場し、堂々たる態度で身振りを行い、前半とはまったく違う動きを見せる。ある女の子は「女の子みたいな走り方ってどんな走り方だと思いますか」と尋ねられると「なるべく早く走るっていう意味だと思う」と答え、大きく腕を振り、腿を高く上げて走ってみせる。その子は身振りを通して、女の子らしさはぎこちなさとは無縁のものであること（あるいは、ぎこちないという規範への抵抗）を示すのだ。CMは女の子みたいな身振りという表現が、たとえこの社会の中では侮辱的な意味（運動の目的に即していないようなぎこちない動きという意味）を含んでいようと、それに煩わされる必要はないとメッセージを送る。このCMを踏まえれば、女らしい身振りについての考察を「できない（かもしれない）」という特徴づけだけで終えるのは不十分なのだ。私たちに根づいてしまっている当たり前はとても強い。しかしそれを経験の中から捉

え直すことができる。この先は、私たち自身が自分の経験を振り返りながら考察を行っていくべきだろう。だから最初の問いにもう一度戻ろう。一体、女の子みたいな身振りとは何だろう？

●引用文献

尾上梅幸（六代目）（2014），秋山勝彦［編］『女形の事』中央公論新社．

中澤　瞳（2015），「「女性」の身体経験についての現象学」『精神科学』53: 73–90．

ボーヴォワール, S. de（2001），『第二の性』を原文で読み直す会［訳］『［決定版］第二の
　　性II——体験（上）』新潮社．

メルロ＝ポンティ, M.（1967），竹内芳郎・小木貞孝［訳］『知覚の現象学1』みすず書房．

メルロ＝ポンティ, M.（1974），竹内芳郎・木田　元・宮本忠雄［訳］『知覚の現象学2』
　　みすず書房．

メルロ＝ポンティ, M.（1982），中島盛夫［訳］『知覚の現象学』法政大学出版局．

Young, I. M.（2005），*On Female Body Experience: "Throwing Like a Girl" and Other
　　Essays*, Oxford University Press.

03　妊娠とは、お腹が大きくなること なのだろうか？

妊娠のフェミニスト現象学

宮原　優

　妊娠するということは、種の存続という観点、あるいは生理学的観点など、科学的な観点から考えると何ら不都合のない、「当たり前」の現象であるように思われる。しかし、日常生活の観点から見れば妊娠するということは「日常生活から外れていくこと」「日常から締め出されること」でもある。この章ではまず、妊娠が日常生活という観点からどのように経験されているのかを記述したい。みなさんにはぜひ、日常生活が何によって成り立っているのか、もし自分の身体が急激に変化したらどのようなことが起こるのかを考えながら読んでみてほしい。

　また生理学的、物理的に見れば、妊娠において胎児と母体は誰より近く、緊密に結びついている。しかしながら母体はたとえば、あなたが目の前にいる人を感じるように胎児を感じることはできない。目の前にいる人ならば、その人が顔をしかめたりゆがませたり、顔の前で手を振ったりしたときに「嫌なのかな」と感じることができる。ニコニコ笑ってはしゃいでいれば「嬉しいのかな」と感じることができる。けれど、母体はそのように胎児を感じることはできず、また胎児に対して介入できることもごく限られている。目の前にいる子どもとだったらいくらでも遊べるし、本を読んであげたり、「お野菜も食べなさい」と促すことができる。けれど、妊婦が胎児に対してやってあげられることは自分の食べたいものを我慢して体によいとされるものを食べることとか、適度に運動することなどごく限られていて、しかも胎児が喜んでいるのか嫌がっているのか、その手ごたえを感じることもできない。この章ではさらに、そうした妊婦と胎児の関係がどのように成り立ちうるかを生理学的、物理的ではない側面から記述したい。みなさんには、「それが何なのかわからないもの」「それがどのようなものであるのかわからないもの」と関わっていくとはどのようなことなのかを考えながら読んでほしい。それはみなさんにも必ず関係することだ。誰だって、「まだ知らない人」や「まだ知らないもの」、いわば「まだ現

れていないもの」と関係を取り始めることはあるはずなのだから。

1　変化する身体：習慣と知覚

　妊娠すると身体が急激に変化していくということは、多くの人が知っているだろう。とはいえ、妊娠による体の変化は個人によって大きく異なるし、ときには「妊娠してもほとんど変化を感じなかった」という人もいる。妊娠した身体の変化を一般化することはできない。だからここでは、「妊娠すると身体はどう変化するのか」というより、「予測できない形で身体が絶えず大きく変化していくとはどのようなことであるのか」に焦点を絞って私の経験から考えたい。

　まだ妊娠に気がつくまえから、私は自分の骨盤が広がっていっているように感じた。体重が増えたわけではないのだが、普段はいているパンツがどんどんきつくなっていって、腰の位置が変わり、もっている服が似合わなくなっていくような、しっくりいかないような違和感を覚えた[1]。やがて妊娠が判明してから私は食べ物の味の劇的な変化を経験した。この味覚の変化は私にとって大きな驚きをもたらすとともに、自分が自分でなくなってしまったような感覚を与えた。食べ物の味は以前と異なっていて、たとえば卵が食べたいと思って食べてみても、それは私の知っている卵の匂いや味ではなかった。そのうえ胸のむかつきを引き起こした。味覚や嗅覚は変化し続けた。あるときはそれまで特に好きでもなかった炭酸水が猛烈に飲みたくなり、それ以外のものは受け付けられない。ところが箱で買った数日後には吐き気の原因でしかなくなってしまう、というように。パソコンを使ったり本を読んだりといった、それまで習慣的に行っていた仕事はめまいを引き起こし、吐き気につながった。人ごみの中にいると目が回り、これもまた吐き気の原因となった。

　こうした「体の変化」についてもう少し考えてみよう。そもそも体、身体とは、生理学的なもの、物理的なものであるにとどまらない。私たちの体はさまざまな習慣や運動習慣を習得している。ここでいう習慣、運動習慣とは私たちにそれぞれに染み付いてしまっている振る舞い方や体の動かし方、物事の受け止め方であって、「食後には果物を食べないと落ち着かない」「毎朝犬の散歩をしている」といった「日

---

1) 普段はきなれていなかったので妊娠中にスカートをはくことはなかったが、「スカートは何と便利なのだろう」と産後一年まで思わされた。

課」とは異なる。習慣、運動習慣とは、歩き方、靴紐の結び方、眠るときの姿勢の取り方など、さまざまな態勢の取り方、物事のこなし方などだ。メルロ゠ポンティは、さまざまな振る舞い方を習得したものとしての身体を「習慣的身体」と呼ぶ。

　では「習慣的身体」とはどのようなものか。多くの大人にとって、歩くことは意識せずともできることである。私たちの多くは、左右の足のどちらをどう踏み出し、どう体重をかけるかなど考えることも気にすることもない。身体は、意識せずともできる運動、習慣を獲得する機能を備えていて、私たちはそのおかげでさまざまな動き方、運動のスタイルを獲得している。自転車に乗る運動を習得し初めの頃を思い出してみよう。私たちは意識してハンドルを握り、それを操作しようと格闘し、それと同時にどのようにペダルにかけた足に力をこめればよいのかわからず、悪戦苦闘したはずだ。しかし練習を重ねるにつれ、私たちは自分の体のバランスや力の入れ方を意識することはなくなり、ましてや「倒れずにいるにはどうしたらよいのか」を考えることもなくなる。歩く運動と同じように、自動的に、意識せずとも自転車に乗れるようになる[2]。このように、「意識すること」も「考えること」も必要なくなるのは、身体が「自転車に乗る」運動を習慣として獲得したためである。したがって身体は、物理的なものであるというだけでなく、「様々な習慣を獲得したもの」また「習慣を獲得する能力」であると考えられる。

　このように考えると、身体はさらに世界の出現の仕方をも形成しているものであることがわかるだろう。自転車に乗るという新たな運動の獲得によって、私による物事の受け止め方、知覚も変化する。たとえば歩くしかなかった以前には遠くに感じられた本屋は、自転車に乗れる今となってはより近い、近所として知覚される。今までは「これから本屋に行くことはできないな」と思われていた状況でも、「ちょっと行ってこようかな」と思えるようになったりする。ふしぎなことに、習慣や習慣を獲得する機能そのものは知覚されることはない。けれどその身体の機能は私たちが世界に参与するスタイルを作り上げ、また私たちに対する世界の出現の仕方、私たちの知覚や物事の意味を支えている。

　身体は単に物理的、生理学的なものであるにとどまらず、いうなれば世界における私たちの出現の仕方を形成して、また私に対する物事の出現の仕方を形成してい

2）このことはメルロ゠ポンティ自身が繰り返し強調しているように、意識や考察が習慣を可能にしていることを意味しはしない。習慣が獲得されていないからこそ私たちは自分の身体や運動を意識したり、考えたりしてしまうのである（メルロ゠ポンティ, 1967: 239–240）。

る。こう考えると、「体が変わる」ということはお腹が大きくなる、体が重たくなるといった物理的な変化、ホルモン分泌の変化によって吐き気が催されるといった生理学的変化だけではないことがわかるだろう。「体が変わる」ということはそれまで身に着けてきた「振る舞い方」「物事のこなし方」「世界の捉え方」が無効になっていったり、あるいは崩れていったりすることを意味する。

メルロ゠ポンティは、私たちの行動の前提となっている習慣や知覚の仕方としての身体、習慣的身体が、環境の変化や身体の変化に伴って繰り返し更新され、創り直されるものであると強調する。引っ越して新しい家に住むなど環境が変わればやがて身体は新しい習慣を身に着けるだろう。また目がわるくなるとか、息切れするようになっていくなど身体の変化が生じた場合、私たちは眼鏡やコンタクトレンズに慣れていったり、歩く速度がゆっくりになっていったりするなど、それまでの習慣、動き方や世界との関係は新しいものに更新されていく。私たちの身体や環境はしばしば変化し、それに応じて私たちの運動の仕方、世界の捉え方も変わっていっているのだ。

こうして、身体の変化および環境の変化は動き方、振る舞い方など習慣の更新を促す。しかしながら、妊娠期における「習慣の更新」「新たな習慣の獲得」はきわめて困難ではないだろうか。なぜなら、妊娠した身体およびその運動能力は絶えず予測できない形で変容し続けるからである。

2　妊娠期における習慣の解体：「不安定な身体」

妊娠中期を迎えると、私の身体の変化はさらに劇的になった。私の下腹部は日に日に大きくなり、二の腕や首もとがふくよかになり、体も重くなっていった。私のかつての習慣や運動スタイルは、変わり続ける身体にどんどん合わなくなっていった。かといって、日ごとに大きく変化する身体によって新しい習慣を獲得することもできなかった。

妊娠4、5か月ごろから、私はどんな姿勢で眠ればよいのかわからなくなった。仰向けになると下腹部が重く苦しい。うつ伏せになるとなおさら苦しいし、何より胎児をつぶしてしまいそうで怖い。仕方なく横向きになるが、骨盤が開きまた柔らかくなっているため、腰が安定せずに痛みを覚えた。友人に妊婦用の抱き枕をもらったとき、私は初めて、どのような姿勢なら痛みを覚えずに眠れるのかわかった。

　大きくなっていく胎児と子宮によって膀胱が圧迫され、トイレに行きたくなる回数がどんどん増えていった。一時間ごとに尿意を覚えるようになってから、初めて自分で頻尿に気が付いた。お腹が大きくなるにつれトイレの回数はますます多くって、ちょっとした距離であっても電車を途中下車したり、コンビニに寄ったりしなくてはならなかった。耐えられないような尿意に慌ててトイレに駆け込んでも、「あれだけ強い尿意に苦しめられてたったこれっぽっち……」と愕然とするほどの少量しか出ない。臨月に近づくと家の水道代は倍になった。

　また、以前の歩行スタイルではうまくバランスが取れず、腰痛にもなりそうに思われた。このため私はそれまでのように意識せずに歩くことはできなくなった。あまり体を動かしてしまうと下腹部の筋肉が収縮し始めてしまうのだが、下腹部のこの筋肉の収縮は流産や早産につながりかねない。どれくらいの、どんな運動によってこの収縮が起こってしまうのかは予測できず、そのつど異なるため、私は常に歩行スタイルや速度を探りながら歩かなければならなかった。加えて時折下腹部や股関節が痛んで、歩みを止めなければならないこともしばしばだった。こうして、かつては容易に横断していたはずの通りは恐くてとても渡ることのできないものになり、わざわざ遠回りして横断歩道を歩かなければならなかった。街中や駅では、人の流れを意識しなくてはならなかった。体が重くなったせいなのかぼんやりしているせいなのか、多くの場合その流れは私には早すぎてその流れに加わる機をうかがわなければならなかった。そうなって初めて、かつて自分が何も考えずにそこに加わっていたこと、当たり前すぎて意識することがなかったことに気がついた。私たちにとっての「当たり前」や「当たり前を作っているもの」は意識されない。「当たり前」はうまく機能しなくなったとき、つまり「当たり前」でなくなってしまったときにようやく意識されるのだ。

　これらの身体の変化や変調はまったく予測できなかった。かつての習慣が崩壊していき、刻々と身体が変容して新たな運動スタイルも構築できないということは、手探りで生活することを意味する。妊娠中期のあるとき階段を登っていると、下腹部と股関節にそれまでにない痛みかたを覚え、それ以上登れなくなってしまった。たまたま居合わせた知人にそれを訴えると、「自分の妹はそれくらいの時期に腹帯をしていた気がする。そうしたほうが楽なのではないか」と教えられた。私は腹帯が下腹部を支え、固定するものだと知っていたし、もってもいた。しかしそれより一週間ほど前に腹帯を試して一日中着けていたときには、まったくその意味や必要性を感じなかったのだ。それ以降、私は毎日腹帯をするようになり、その効力の大

きさに驚いた。

　すべてではないにせよ、初めて妊娠を経験する多くの人はかつての習慣が解体していき、環境が日々変容していくのを経験していると考えられる。かつての習慣は弱体化し無効化されるが、その一方で新たな運動のスタイルを身に着けようにも、身体やその運動能力は日ごとに変化するのだ。いうなれば運動や知覚を支え、あるいは新しい運動スタイルの習得を可能にするはずの身体の機能は解体にさらされ、きわめて不安定なものになる。とはいえ、習慣の解体や環境の現れ方の変容は私を無力化したわけではない。体のバランスが変化し、新たな習慣の獲得が不可能であったといっても、私は妊娠中に転んだり倒れたりしたことは一度もなかった。多くの場合、私は自分の目的を達成することができた。しかしわざわざ意識せずとも当たり前に可能であった習慣や習慣が失われたために、私は自分の行動や動きを意識し、図らなくてはならなかった[3]。このため、目的を達成するためには以前より一層の時間とエネルギーを費やさなくてはならなかった。

　人によって程度の差はあれ、妊娠期の大きなお腹やつわりといった身体症状が大きな負担となることはよく知られている。これらに加え、習慣やそれに伴う知覚の仕方、といった観点を導入して考えると、以下のことが明らかとなる。短期間で日々進行する身体の大きな変容は、それまでの習慣の多くの喪失や新たな習慣を身に着けることの不可能性を意味する。こうした場合、日常生活において目的を達成するために、いっそうのエネルギーや時間が費やされなくてはならない。またこうしたことは妊娠に固有のものではなく、長期の進行性の病や怪我を負った人たち[4]についてもいえるだろう。

3　胎児との共存

　私たちの習慣が更新される機会は、先にも述べたように身近に多くある。身体そのものの変化や環境の変化などである。これに加え、新たに誰かと「共存」しようとするときも習慣や知覚の仕方の更新を要するといえるだろう。誰かとの「共存」

3）ヤングもまた自身の妊娠の経験について、「何もかも意識しなくてはならなかった」と語っている（Young, 2005: 50–51）。
4）コールが脊髄損傷を負った人々へ行ったインタビューの中でも、かつての習慣が突然崩壊し、手探りで自分の運動や行動を探る人々の姿が示されている（コール, 2013）。

は、単に同じ空間の一部を他者が占めているということではなく、また家に何らか一つの物が増えるということでもない。私たちが新たなパートナー、あるいはペットや家族と暮らし始め「共存」し始めるとき、それまでの世界との関わり方、習慣は変更されるはずだ。たとえば、それまで意識することもなかったドアの閉め方は、新しいパートナーにとっては耳障りで不快なものかもしれない。それがパートナーにとって不快なのだとわかれば、人はたいてい、自分のドアの閉め方を気にするようになり、どうにかそれまでの習慣を変えようと苦戦するだろう。またこれに応じてドアは「気をつけなければならないもの」として現れるなど、知覚も変容であろう。誰かとの共存は、それまでの習慣や物事の受け止め方の更新を伴う。

　妊娠はいうなれば胎児という新しい家族あるいはパートナーとの「共存」として捉えられる。しかし先に見たように妊婦の身体や運動能力は変容し続け、新しい運動習慣や物事の受け止め方を構築するのは不可能であるように思われる。さらにまた、まだ現れていない胎児、感じることすらできない胎児との共存とは、いったいどのように果たされうるのであろうか。まだ感じられない何か、現れていない何か、欠如や不在に対して人はどのように関係することができるのだろう。

　前述のように、妊娠の初期段階において、私の身体の状態や味覚は日ごとに変化した。こうした変化は私に強い不安感を与えた。好きだったものを嫌いになっていくこと、できたことができなくなっていくことによって、自分が自分でなくなってしまうようにも思われて、自分が何かにのっとられていくようにも感じた。胎児が元気なのかどうか、どう過ごしているのかを感じることができなかったのがきわめて大きな不安だったのはいうまでもない。検診を受け、医者が「確かに赤ちゃんがいますよ」「とても元気ですよ」などと伝えてくれて、エコーの画像に映る小さな塊を眺めている間は、私は「胎児が自分のお腹にいるのだ」「元気であるらしい」と「思う」ことができた。しかし胎児は、私の眼前の、行動や知覚の領野で感じられるものではなかった。胎児は実感されないどころかまったく具体的に感じられず、私にとっては「想像上のもの」にすぎなかった。妊娠がわかってすぐ私は禁煙したが、禁煙のつらさは2、3週間続いた。その頃の日記メモを見ると、「赤ちゃんが具体的に感じられれば、もうちょっと禁煙が楽になるのでは」と（ほぼ毎日のように）綴られている。禁煙の目的である当の胎児が実感できないこと、体調不良の原因である胎児が感じられないことは、それらの症状をつらく感じさせ、せめて少しでも胎児を感じることができたならばもう少し容易に耐えられるのに、と思わずにはいられなかった[5]。

　これから先どんな変化が生じるのかわからないまま、感じることもできない胎児を半年以上全力で守っていかなくてはならないと思うと、出産の日は想像もつかないほどの遠い将来に感じられた。胎児の実感や具体性の欠落は、それまでに経験したことのない自身の身体の変化や環境の変化に対する不安、胎児についての不安をますます増幅させた。不安とは、喜ぶべきなのか、愛すべきなのか、忌むべきなのか、何なのかわからない対象、現れていないものへの関係として生じる。もし胎児が私にとって明確に現れ、感じられていたなら、私が覚えるのは不安ではなく、喜びや楽しさ、胎児の弱々しさへの恐怖であっただろう。

　私は胎児の実感や具体性の欠落を何とか埋めようと、何とか胎児を感じられるよう努めた。というのは、多くの妊婦がそうしているように、まだまったく感じられない胎児にニックネームをつけ、パートナーとともに毎日自分の下腹部に向かって話しかけたのである。胎児に話しかけていると、何ら反応があるわけではないのにそこに愛すべき何かがいるようにも感じられた。また、まったく感じられず、まだ想像上のものにすぎない胎児のために、私は不器用な手つきで何枚も肌着を縫った。肌着は長く着られるよう、新生児サイズより少し大きめに、型紙通りに作った。しかし最初の肌着を縫いあげたとき、その袖口や首周りのあまりの小ささに驚き、果たしてこの袖口に赤ん坊の腕を通すことができるものなのかと自分の祖母に尋ねなくてはならなかった。ミシンも使えないほど小さな袖口を縫い、赤ん坊の肌に当たらないようにと縫い目や折り返しがすべて外側に出るように縫っていると、赤ん坊の小さなちいさな握りこぶしや、柔らかく薄い肌が感じられるように思われた。こうした、行動や知覚の領野での一連の行為を通じて、胎児は何らか具体的に、現実的になっていくように感じられた。この具体的実感は胎児そのものによって得られたわけではなく、何とか胎児を感じ、胎児と関係しようとする行動によって得られたものである。しかしこうした実感によって、私の不安感は軽くなっていった。いまだ現れていないものへの不安の中で、胎児を感じようとする行動は、何かしら感じられるものを与えたのである。

　妊娠中期、実際の赤ん坊には程遠いとはいえ、胎児は徐々に具体的になっていった。最初は、小さな泡のような動きが下腹部に感じられた。こうした動きは日に

5）　その一方で、激しいつわりを通じて胎児を実感する人もいる。私がかつてインタビューを行ったＡさんは、水も飲めないほどの激しいつわりが臨月に入るまで続いた。このときのことをＡさんは「赤ちゃんと一緒に頑張っている気がした」と語っている。激しいつわりが「赤ちゃんと一緒という感覚を強めた」というのである。

日に強くなっていき、やがて私はまれに自分の下腹部に自分よりほかのものを感じるようにすらなっていった。けれど私はもっと強く具体的に胎児を実感したかった。そうでなければますます変化していく自分の身体や日常は私にとってただただつらいものにすぎなかった。私は家中のあらゆるところを徹底的に片づけ、掃除し始めた。赤ん坊の居場所を確保し、赤ん坊のための引き出しやガーゼ、タオルを準備した。赤ん坊がより具体的に感じられたためにこうした準備を行った、あるいは将来に備えてそうしたというよりは、赤ん坊をもっと具体的に、もっと強く感じるために、また、まだ現れていない将来に形を与えるためにこれらの行為が必要だった。赤ん坊のために整えられた部屋は、胎児を感じさせると同時に、未来を予感させ、赤ん坊が現実に近づいたように思われた。おびただしい数の産着やガーゼ、タオルを水通ししていると、将来私がその口や体をぬぐってやらなくてはならないような何ものかが感じられるように思われた。それらの行動はまだ存在していない「将来」に自ら近づき、関わっていく行動であるということもできるだろう。

　こうした一連の行為によって、私はかつての習慣の崩壊や喪失、環境の変化を「胎児との共存」として経験し始めていた。妊娠中期を過ぎた頃、自分の下腹部に向かって話しかけることは私にとって当たり前になり、買い物の場でもうっかり「今日は夕飯、何がいいかな？」とか、美しい花を見ると「ああ、きれいだねえ」など下腹部に話しかけてしまうこともしばしばだった。私の動きは日に日に鈍くなり、運動は不自由になっていき、環境の現れ方はますます狭くなって変容し続けていた。新しい習慣の獲得にいたっては、不可能であることは明らかに思われ、望むことすらなかった。その一方で私はまだ現れていない胎児の感じ方、胎児との関係の育み方を習得し始めていた。

　妊娠後期に入って臨月が近づくと、重いお腹や予期せぬ胎児の動きが感じられ、下腹部での胎児の運動を目視することができた。胎児が動くと下腹部などの部分ではなく、体全体で感じるようになっていった。下腹部の皮膚の下に胎児の頭の丸みやかかとを感じることができた。胎児はもはや想像上のものにすぎないとはいえなかった。この頃には私のかつての習慣は一層無力化され、このため動くのには細心の注意を払わなくてはならなかった。そして目的を達成するためにはかなりのエネルギーと時間を費やさなくてはならなかった。また大きくなった胎児に内臓を圧迫され、絶えず息苦しさを感じ、少し動くとすぐに息が切れた。しかしそれまでに育まれた胎児の具体性や生き生きとした実感はそうした消耗を喜ばしいものとして意味づけ、支えた。

　妊娠する、孕んでいるということは、単にお腹が大きくなること、食欲が増すということだけではない。それまでの身体や日常が崩れ、不安定になっていく中で、まだ現れていないもの、まだないものを手探りし、感じられるようにしていく行程であるということもできるだろう。おそらく胎児との「共存」は生理学的「事実」や、「考える」「思う」という形で果たされるのではない。胎児と何とか関係しようとする姿勢および行動によって、なんとか胎児を手繰り寄せ、感じられるものにしていくことによって「共存」が形成されていくということができる。

　私の知っている多くの人は、妊娠するとまだ胎児の段階にある赤ん坊のために小さな靴や帽子を作ったり、産着を縫ったりしていた。あるいはまだ早すぎる段階から「あまりにもかわいかったのでどうしても欲しかった」と赤ん坊用の服を買ったりする人も多い。自分自身が妊娠する前には、私はこうした人たちが胎児への愛ゆえにそれらの手仕事や現実的には思われない買い物をするのであり、手編みのソックスや手作りの産着、早すぎるベビー用品の買い物は一種の愛情表現なのだと思っていた。ひょっとしたら同じことの言い換えにすぎないのかもしれないが、今となっては、こうした人たちはより強く、より具体的に胎児を感じたがっているのかもしれないと思うようになった。自分の運動を通じて、自分の眼前の領野で、胎児を具体的なもの、実感できるものにしようとしているのだと。

　こうして、「習慣的身体」という概念は私たちに新たな観点を与えてくれる。この観点の下では、妊娠は生理学的な説明あるいは物理的な変化の記述とは別の様相のもとに現れ、語られうるだろう。また、胎児とそれを待つ者との関係、まだ現れていないものとそれを求める者との関係について何かしら考えさせてくれるのである。

●引用文献

コール, J.（2013），河野哲也・松葉祥一［監訳］『スティル・ライヴズ──脊髄損傷と共に生きる人々の物語』法政大学出版局.
メルロ゠ポンティ, M.（1967），竹内芳郎・小木貞孝［訳］『知覚の現象学 1』みすず書房
Young, I. M.（2005），*On Female Body Experience: "Throwing Like a Girl" and Other Essays*, Oxford University Press.

04 なぜ月経を隠さなくてはいけないのだろうか？

月経のフェミニスト現象学

宮原　優

　月経というと、男性だけでなく、女性もなかなか容易には普段話題にできないテーマである。ここではその月経の「話しづらさ」を問題視したい。

　私はちょうど20歳くらいから20代後半にかけて、毎月の生理痛が本当にひどかった。就寝中に自分の叫び声で目を覚ましてしまったり、ライオンが自分のお腹に爪を立てている夢を見たりした。通学時無理して電車に乗って痛みをこらえていたら、力が入りすぎて戻してしまったりしたこともあった。そういうときは授業を欠席せざるをえなかったが、欠席理由を伝えるのに、かなり困惑した。私がとっている授業の教員は全員男性だった。また、同じ授業に出ている人も、ほとんどが男性だった。何と言って欠席すればよいのか、言葉選びに悩んだ。生理は病気ではないから、「病気です」とは言えない。余計な心配をさせてしまうことにもなる。「体調がわるい」というのが無難なようにも思えるけれど、私は、「生理は健康のバロメーター」であると教えられた。「体調がわるい」というのも何か嘘をついているような気がするが、とはいえ男性の教員や友人に「生理です」とは何とも言いにくい。中にはなぜか、「この人には言いたくないな」という人もいる。結局毎回「体調不良で」と伝えていた。それも私としてはとても不本意であった。

　さらに、「自分はまだいいけれど、他の人はどうしているんだろう」と考えた。というのは、もし大学院に進学していなければ私は社会人の1年目、2年目である。おそらく、毎月休むことはできないだろう。休んだとしたら、重要な仕事を任されたりはしないだろうし、そのほかの日にどんなに頑張ったとしても、社内で高い評価を受けるのは難しい。また学生であっても、私が学生だったときより出席の管理は厳しくなっているように思われる。きっとそんな中、月経で困っている人はたくさんいるはずだ。

1　現代社会において月経を隠すことが課す負担

　月経の期間中は定期的にトイレに立たなければならず、また出血しているのでうっとおしいものでもあり、よほど周期が規則的な人でなければ、いつやってくるかわからない。実際には月経でなくても、「あれ、ひょっとして……？」とひやりとしたことのある方もたくさんいるだろう。いつ月経になってしまうかと、いわば、びくびくして過ごしているのだ。個人差が大きいとはいうものの、だるさや眠気、痛みを伴うことが多い。またこれも個人差が大きいものの、月経前に、日常生活に支障をきたすくらいにイライラしてしまう人、大きく気持ちが落ち込んでしまう人もかなり多い[1]。こうしたことを考えるだけでも、月経というのはちょっとうっとおしいということがわかる。ヤングは、「隠さなければいけない」ということが、月経そのものよりも大きな負担を構成しているという（Young, 2005: 106）。

　現代、日本だけでなくどうやらアメリカやヨーロッパでも、月経は「隠すことがエチケット」とされている。家族からそう教わらなかったとしても、私たちは社会生活の中で「隠さないとだめなのかな」と学んでいくことになる。たとえば、コンビニやスーパーで生理用品を買うと、頼んでもいないのに目隠し用の紙袋に入れられる。友達から「ナプキン貸してくれない？」と頼まれるときも周囲に気を使って、小声で頼まれる。こういうコミュニケーションの中で人は、直接そう命じられたわけでなくても「隠さなきゃいけないのかな」と思うようになっていく。

　月経は社会や公的なコミュニケーションから排除されているといえる。つまり私たちは社会生活の中で、たとえ月経であっても月経でないふりをしなければいけない。社会生活の中に月経を持ち込めないようになっている。これはたしかに、非常に大きい負担といえるだろう。ちょっと想像してみよう。たとえば、足の小指を怪我しているときに、自分が怪我していることを人に伝えられなかったら、そしていつもと同じように振る舞わなければならなかったとしたら。非常に不便で、生活しづらいということがわかるだろう。怪我そのものよりも、それを隠さなければならないほうがしんどいというのは、そういうことだ。

　現代において月経を隠蔽することの負担をさらに具体的に考えてみよう。月経は

1）女性ホルモンの注射を毎月打っている人は、出血こそないものの「精神的な生理」があるという。つまり気分の落ち込みやイライラなどの周期があるという。

古来より「タブー視」されてきたため、現在でも「タブー」であり、したがって現在も隠されているのだ、という通説がある。たしかに、洋の東西を問わずかつて多くの社会で月経はタブー視されてきた。つまり「公の場に持ち込んではいけないもの」とされてきた。このため、女性のための「タブーの空間」が設けられ、月経中の女性は多くの場合隔離されているか、そもそも男女が別の空間で日常生活を送っていた。とはいえそれが現代の私たちの目指すべき社会であるとは思えないだろう。

　さらに、昔と現代とで決定的に異なるのは月経の頻度である。戦前は今と比べて多産であったうえ栄養状態もわるく、月経自体がそんなに頻繁にはなかったことが考慮されなくてはならない。たとえば大正時代に生まれた私の曾祖母はかなり多産で 9 人の子どもを産み、そのほかに 2 回流産したという。18 歳くらいで結婚し、妊娠すると当然生理はこない。当時であればその後授乳が 3 年ほど続くのだが、例外も多いとはいうものの、一般的に授乳していると月経にはなりづらい。曾祖母の場合は産後 3、4 年ほど月経がなく、閉経年齢も今より早かったと考えると、生涯での月経の回数は数えるほどしかなかったのではないかと祖母は語る。5 人出産すると仮定した場合戦前の女性の生涯の月経回数は現代の女性の半分以下だったとする試算もある（武谷, 2012: 216）。この百年で女性の立場だけではなく、月経の回数自体も劇的な変遷を遂げたといえるだろう。いうなれば「月経」は社会的な意味でも個人の経験という意味でも、新たなあり方を模索しなければいけない分岐点を迎えている。

　こうして、現代にあって「月経の隠蔽」には非常に無理がある。その「無理」は「生理休暇」という制度の破たんによく表れている。日本には生理休暇という制度があり、「生理日に就労が著しく困難な女子」がそれを理由に休暇を申請した場合、雇用側はこれを却下してはならない、という法律がある（田口, 2003）。これはすべての労働形態に該当するので、アルバイトでも契約社員でも申請することができる。1965 年の時点では就労女性の 26.2% が生理休暇を申請していたが[2]、2016 年度の調査では申請した就労女性はわずか 0.9% に落ち込んでいる[3]。別の機関の調査ではあるが、申請しない理由は複数回答で「人員の不足や仕事の多忙で職場の雰囲気として取りにくい」が全体の 44%、「苦痛でないので必要ない」が 28.7%、「はずかし

2）『労働省女子保護実施状況　昭和 40 年度』より。
3）厚生労働省「「平成 27 年度雇用均等基本調査」の結果概要」〈https://www.mhlw.go.jp/toukei/list/dl/71-27-07.pdf（最終確認日：2020 年 2 月 27 日）〉

い、生理であることを知られたくない」が 22.5% であった[4]。そもそも、よほど周期がはっきりしている人でない限り、生理休暇の申請は当日行うことになる。しかし休暇の当日申請というのは人員不足や多忙な職場にあっては現実的ではないように思われる。申請したとしても、その後とても働きづらい環境になってしまう可能性もある。「生理休暇」はもはや機能していない。むしろ「月経がつらいというなら仕事に来るな」「月経を社会に、労働の場に持ち込むな」と主張しているようにさえ思われる。そのかげで、とてもつらい思いをしながら働いている女性はたくさんいる。社会やコミュニケーションから月経が排除され無視されたまま女性が社会に参加していくのはあまりに無理があり、効率性を欠いているといえるだろう。「月経を隠すこと」がもたらす負担は、こうした社会参加の困難だけにはとどまらず、女性の性の受容、および自己受容にも大きく影響する。

　自分自身の体を「隠さなければならない」と教えこまれたら、子どもはどう思うだろうか。経血や生理用品を「恥ずかしいもの」「見られてはいけないきたならしいもの」と教えられると、初潮によって自分自身の体が恥ずかしいもの、汚らしい不快なものになってしまった、と感じてしまう場合も決して少なくない。そのように、「自分の体は汚い、いやなものになってしまった」と認識することは、その後の月経についての負担感に影響するという報告もある（川瀬, 2006: 23-26）。

　また、月経でつらい思いをしたことがない人、困ったことがないという女性は少ないだろう。つらい、困ったというときに、「恥ずかしい」から「エチケット」だからとそれを人に話せないこと、あるいは話しづらさを感じることによって、多くの女性が疎外感を感じることになる。そもそも自分の力でどうにもできないから苦痛を感じているのに、それを他人にも相談できないということは、非常に人を追い詰め、また無駄な孤独感を感じさせる状況だろう。物事を受け止めるにあたって、一つの見方に閉ざされてしまうことは必ず苦しみを生じさせる。それは人づきあいに関しても、研究についてもいえることだ。

　私たちの生活や経験は、実は多角的な観点、あるいは他者のまなざしによって支えられている。たとえば目の前に家があるとき、それが絵に描かれた絶壁や自分の行く手を阻む「障害物」ではなく、人が住まい、人を受け入れるための家であること

---

4)　全国労働組合総連合女性部「女性労働者の健康・労働実態及び雇用における男女平等調査報告書」（2007 年調査実施）〈http://www.zenroren.gr.jp/jp/jyosei/2008/data/tyousa/01-02_03.pdf（最終確認日：2020 年 2 月 27 日）〉

をどうして確信できるのだろうか。固定された真正面の視点から家を見るとき、それが自分の行く手を阻む絶壁や障害物であると思ってしまうことも十分にありえそうだ。しかし私たちはそう思わない。それは私たちが、向こう側や側面にいる人から見れば窓が見え、玄関が見え、ガレージや駐輪場が見えるだろう、とさまざまな観点から見ているからだ。世界には「この観点」だけではなく、さまざまな観点や多様なまなざしがあるということを前提しているからこそ、私たちはそこに「超えられない障害物」「絶壁」ではなく、「家」を見ることができる。他者のまなざしの介入があるから、他者のまなざしというものを信頼しているからこそ、それは「障害物」ではなく「誰か他の人にとっては大切なよりどころとなるもの、家であるのだ」と確信できるのだ。ところが他者のまなざしが一切介入せず、あるいは他者のまなざしを一切遮断するのであればそれは自分にとって味気ない、「邪魔なもの」あるいは「障害物」になってしまうかもしれない。実際には多角的であり、多くの見方ができるはずのものなのに、それを一面的にしか捉えられないことは、生きづらさや閉塞感、偏見や行き詰まりにつながってしまう。

　一面的な物事の見方が危険であるということは、モノばかりではなく、経験についてもいえるだろう。経験を一つの見方からしか捉えないこと、一つの側面からのみ捉えてしまうことは、生きづらさや閉塞状況をもたらす。精神分析やあるいはカウンセリング治療の意義はこうした閉塞感の打破にあるとメルロ＝ポンティはいう（メルロ＝ポンティ, 1974: 373）。患者は何らかのある一つの経験を、それが苦痛となるような一つの見方で捉えることしかできず、それに苦しめられている。医師やカウンセラーはこの患者の話を聞き、患者とともにこの経験を生き直す。いうなれば患者はそれまで固定されていた観点から解放され、医師やカウンセラーとともに、彼らのまなざしとともにこの経験を生き直すのである。これによって患者は自分の経験に一つの観点からぶつかって苦しむのではなく、「別の観点」を身に着け、自分の経験を別様に捉えられるようになっていく。

　こうした観点から見ても、女性が月経の経験を一人で抱え込み、閉塞的な状況に追い込まれていることは好ましくないといえるだろう。

2　月経に付与された意味と役割

　そもそもなぜ、月経は「語りづらいこと」「他者のまなざしから隠されなければな

らないもの」になってしまっているのだろうか。その一因として、月経が生殖と結びつけられて理解されてきたことが挙げられる。

　1980年代以降、多くの小学校や中学校では、月経は「子どもを産むために必要なもの」であると教えてきた。今現在もそのように教えている学校もあると聞く。「月経は子どもを産むためのもの」という理解は、女性のあり方や生き方を縛り付けるものとして機能している。「女性＝産む人」「子どもを産むことは女性の役割」といった固定観念につながるのだ。いうまでもなく、子どもを望むか望まないかは生き方の問題であり、ましてや妊娠や出産は「役割」として押し付けられてはならない。さらにいえば、月経があるからといって妊娠・出産できるとは限らない。パートナーに不妊の原因があることも多々あり、月経があっても排卵がなかったり、あるいはお腹の中で受精卵が育ちにくかったりと、不妊で悩んでいる人は多くいる。それにもかかわらず、「月経は子どもを産むためのもの」「月経があれば子どもが産める」という理解は根強く残っている。

　例として、80年代の小学校の性教育の指導案を見てみよう。この指導案は、もっぱら月経の手当や仕組みに重点を置く初潮指導が、女性としての性を「やっかいなもの」「不快なもの」としてマイナスに位置づけてしまうと指摘し、差別や性受容の困難をもたらすと指摘している（佐橋・山本・村瀬, 1983）。月経の手当てや仕組みにのみ言及する教育が植え付けるマイナスイメージについて述べた後、この指導案は次のような姿勢を提案する。

　　しかし、それでは困ります。どうしてもこれからは、新しい生命を生み育てる
　　能力ができたことに誇りを持ち、そこから主体的で明るく積極的な生き方を
　　考えさせる指導としての、月経教育でなくてはなりません。（佐橋・山本・村瀬,
　　1983: 204）

　多くの疑問点を残す記述であるが、一つ明確なのは、月経が「産む役割」に直結させられているという点だろう。小学校の指導例では、「女の子の体の学習は、生命を産み出すことの学習であり……」「女子のからだは、新しい生命を産み育てる大切な役目をもっていて……」といった強調の後、具体的な妊娠、出産の説明がなされている。そもそもこれは小学校中学校の指導案であるが、まだ幼い子どもは果たして「あなたは赤ちゃんが産めるのよ」と聞いてそれを喜び、誇ることができるのだろうか。たいていは強い恐怖や不安を与えてしまうように思えてならない。

　こうした一面的な説明とは対照的に、男子児童に対する精通、射精についての教育は遥かに多義的である。同じ指導書の中で、男性の性についての説明としてやはり生命創造の機能についての強調が見られはする。しかしながら、「君たちには性行為はまだ遠いもの」といったメッセージが随所に見られ、その身体現象の記述の仕方は非常に多角的だ。

　　しかし人間は、単に生殖を目的とした性だけでなく、社会・文化との関連における性、快楽を追う性、愛を確かめる性など多様にわたります。このように性行動が生殖とのかかわりよりも、それ以外で発展していることに注目しましょう。（佐橋・山本・村瀬, 1983: 169）

　月経が、「産む」という機能、あるいは役割に直結させられているのに対し、男性の性が単に生殖だけではない、多様なものとして語られているのが非常に印象的である。ここまで極端な見解ではないにせよ、「月経＝子どもを産むための機能」という理解は現在でも広く根づいている。
　こうして、得てして月経は「子どもを産むための機能」として捉えられがちである。もちろん実際、生理学的に考えればそうした側面があるのは事実だ。しかしそもそも生理学的にのみ身体を捉えることはできない。生理学的に考えれば食事は栄養の摂取による身体活動や維持のためのものだが、そのように理解しながら食事する人はあまり多くはいないだろう。食事は楽しみやコミュニケーションの場として理解され、また実際そのように機能していることも多い。排泄行為であってさえ、単なる生理的な排泄というよりはリラックスの場としてあるいはちょっとした喜びとして経験されることも多い。月経もそのように、さまざまな意義や経験をもたらす余地があるはずなのに、「産む」という生殖、ひいては「産む役割」と直結されがちである。こうした意味づけのため、女性には「産む役割」というプレッシャーが課され、しかも、閉経は「女でなくなった」とかいう大変おかしな言い方をされてしまう。こうして月経は社会によって「生殖」であるとか「産む役割」という、意味を与えられてしまっている。
　さらに、こうして月経が生殖と結びつけられることによって、女性にいわゆる「産む役割」が押し付けられてしまうだけではない。妊娠・生殖といったものと結びつけられることによって、月経は何かしら、セクシュアルな、性的な意味を課されてしまう。月経が性的なものでない、というわけではない。ただ通常、性的な意

味やエロティックな意味は、ある一定の関係や雰囲気、欲望や意志の中で表れる。たとえば、通常であれば何気ないしぐさや言葉であっても、特定の関係や状況のもとでは愛撫や愛情表現として現れる。けれど「妊娠・出産のための機能」と説明づけられることによって、月経は性行為と直結させられてしまう。この結びつきによって、否応もなく月経それ自体にエロティックで性的な意義が課せられてしまうのだ。すなわち社会生活や労働の場に持ち込むには、きわめて「プライベート」で「不適切なもの」になってしまう。

　このように月経に否応もなく性的な意味、エロティックな意味が課されてしまうことによって、女性の身体は一層弱く傷つきやすいものにさせられている。というのは、社会生活における月経の表現は、何らのふさわしい関係も、当人の意志も欲望も伴わないまま、女性を「エロティックなもの」「性的なもの」として意義づけてしまう。そのように、文脈にかかわらず女性を「性的なもの」にしてしまう月経の意義づけを踏まえると、月経が女性に性的羞恥を課す機能をもたされてしまっていることが指摘できる。男性がにやにや笑いながら何らの文脈もなく「生理なの？」と問いかけることがハラスメントでありうるのは、月経に課されてしまったこの性的な意味のためである。

　月経は多くの場合それ自体不快で、痛みを伴う。そのうえ、女性の身体を否応もなく「性的なもの」にして性的羞恥心を与える。女性を「傷つきやすいもの」「辱められうるもの」にしてしまうのだ。つまり、「弱さ」として機能する。

　人は社会において自らの「弱さ」「自らを傷つけるかもしれない自分の一部」にどう対応するだろうか。多くの場合人は自分の「弱さ」を他者から隠そうとする。自分が傷つかないために、自分を守るために、最も他者から攻撃されやすそうな点を、ひた隠すようになっていく。こうして女性は社会的要請とは別に、自ら月経を徹底的に隠蔽しようと、コミュニケーションや社会生活から月経を排除するようになっていく。すなわち排除と生きづらさの構造に自ら加担しこれを強化していくことになる。

　こうして、月経は何重にも女性を縛る、重しにされている。つまり「産む役割」を押し付け、さらにはエロティックな記号となって、文脈にかかわらず女性の体を何らか「性的なもの」として表す。だからこそ細心の注意を払って「隠さなければいけないもの」になってしまう。こうした月経の意味は、月経の経験そのものというよりは、社会の側によって付与されているものであることに注意しなければならない。

　こうしてさまざまな要因によって月経は隠蔽されなくてはならないものと位置づけられている。そしてそうした隠蔽や閉塞性は女性の生きづらさになっているともいえる。何より問題であるのは、こうした生きづらさについて女性自身が無自覚になってしまうこと、「仕方のないことだ」「こういうものなのだ」と感じさせてしまうことだ。性差別というと、たとえば「女に研究は向いてない」とか「女は見た目が第一」など、女性の多様な生き方を否定して決めつけるような発言であるとかあるいは尊厳を否定するような発言であるとか、そうしたものがすぐに思いつかれる。しかしながらこのように「隠すよう要求されている」「月経は子どもを産むためのものだと思われている」といった、あまりにも私たちの生活に溶け込み、長い時間かけて形成されてきた習慣や社会の形態がそもそも構造的に差別を形成してしまっていることがある。そしてこうした社会構造や風習として馴染んでしまっているものこそ、見えづらく、自覚もされづらい、やっかいな「差別」になってしまっている（堀田, 2016）。つまり私たちがみな、何の自覚も「差別意識」もないまま差別に加担し、差別を強化してしまっているのである。

3　人間の身体

　さて、少し話を戻そう。先ほど、生理休暇を例にとって、月経は労働の場・社会に持ち込めないということを示した。月経の身体は労働には向かないのだろうか。労働の場が長らく男性目線によって形成されてきたために、月経のある身体、妊娠する身体など、女性の身体性は労働から排除されるのだろうか（杉浦, 2009）。急いで結論づけるまえに、今一度確認してみよう。社会や労働の場が要請している人間とはどのような人間だろうか。どのような人間がより労働に適しているとされているだろうか。

　　・お腹が痛いとか、頭が痛いとか、だるいとか言わない人
　　・できるだけ休憩が少ない人（できれば休憩をとらないのが望ましい）
　　・毎日毎日同じように働ける人
　　・休まない人
　　・毎日、できるだけたくさんの仕事がこなせる人
　　・自分のことや家庭よりも仕事を優先することができる人（家庭や自分のことを

　　　まったく顧みない人がより望ましい）
・できるだけサービス残業できる人
・できるだけ早く出勤できる人
・できれば疲れない人が望ましい

　こうした条件を兼ね備えた人間が「労働の場が望む人間像」かもしれない。こういうふうになりたがっている人や、自分はこういう人間だと信じ込んでいる人は少なくない。けれど冷静に考えれば、これはもはや人間の姿ではないということがわかるだろう。そして、男性女性を問わず、労働する多くの人が、社会や労働の場が要請しているこのおかしな「人間像」に気づかないまま、これに近づこうとしていることにも気づかれるだろう。

　誰だってお腹が痛くなる。体調だってわるくなる。連日働いていれば疲れてくる。長年経てば体力だって落ちるし、病気にだってなる。当たり前の人間の姿である。けれど、そうならないのが「強い人間」であり、「社会や労働の場で高く評価される人間」であるかのように思われている。さらに厄介なのは、誰だって、強い人間でありたいと願ってしまうことだ。だから、必死に自分を取り繕い、人間として当たり前の弱さを隠そうとする。社会においてマイナス評価されてしまう自分の側面を、「弱さ」とみなされてしまう部分を、必死に覆い隠す。女性が月経を隠さずにはいられないのと同じように。それはときに必要な自己防衛でもある。

　しかし、そうした「人間ばなれした人間、もはや人間ではないような人間こそ、より望ましい人間である」とする社会構造は、果たして生きやすい社会だろうか。以前にある人と月経について話した際、とても印象的な言葉を耳にした。その人は胃腸が弱く、満員電車などに乗っているとすぐお腹が痛くなってしまうので、何度も電車を降りなくてはならないそうだ。だから仕事に行くにも毎日時間にかなりの余裕をもって、何本も前の電車に乗る。「だから生理くらい我慢しろと思う」とその人は締めくくった。月経に対するこの不寛容さの根底には、人間の身体に対する社会の不寛容さが透いて見える。お腹が痛くなってしまうこの人の話には、まさに人間らしい体に対する社会の不寛容さとその苦しさが表されているように思われる。疲れ、不調、痛みを尊重し受け入れる社会が作られなくてはならない。ひょっとしたら、「強い人間」であろうとするよりも、自分の「弱さ」「弱さにされてしまっているもの」を見つめ直したり、他者の「弱さ」を当たり前の人間の姿として受け入れたりするほうが、はるかに困難で「強さ」の必要なことなのかもしれない。

　一見すると、労働の場や社会は女性の身体を排除しているように見える。事実、そうだろう。だから女性は月経でないふり、更年期障害がないふり、つわりがないふりをしようとする。しかしながら私たちは、今一度考えなければならない。私たちはどんな社会を目指すべきだろうか。

●引用文献

川瀬良美（2006），『月経の研究──女性発達心理学の立場から』川島書店.

佐橋憲次・山本直英・村瀬幸治［編］（1983），『人間と性の教育1──月経と射精』あゆみ出版.

杉浦浩美（2009），『働く女性とマタニティ・ハラスメント──「労働する身体」と「産む身体」を生きる』大月書店.

田口亜紗（2003），『生理休暇の誕生』青弓社.

武谷雄二（2012），『月経のはなし──歴史・行動・メカニズム』中央公論新社.

堀田義太郎（2016），「性差別の構造について──江原由美子の性支配論をめぐって」『生存学研究センター報告』24: 207-225.

メルロ＝ポンティ, M.（1974），竹内芳郎・木田　元・宮本忠雄［訳］『知覚の現象学2』みすず書房.

Young, I. M.（2005），*On Female Body Experience: "Throwing Like a Girl" and Other Essays*, Oxford University Press.

セックス／ジェンダーの区別とフェミニスト現象学

　「セックス」は染色体や生殖器に見られる身体的・生物学的な性を指し、「ジェンダー」は、セックスに従って特定のコミュニティや時代が割り当てた社会的・文化的な性を指す。このコラムでは、セックスとジェンダーの区別に関する二つの立場を紹介したうえで、フェミスト現象学がこの区別をどう捉えるかを考えてみたい。

　ある立場は、男らしさや女らしさは生物学的性差によって決まるとみなす。それらは生物としての本質に従って自然に備わっているものであり、不可避の宿命だとみなされる。この立場を「生物学的本質主義」と呼ぶ。生物学的本質主義は性差を「不変／普遍的なもの」「正常なもの」として、性別違和をもつ人たちを含むすべての人々にその考え方を強制する。この立場には、男性は女性を、女性は男性を性愛の対象とするのが自然だという異性愛主義（ヘテロセクシズム）も含まれており、同性愛や両性愛は不自然なものとして異常視される。

　生物学的本質主義への批判として現れたのが社会構築主義である。社会構築主義とは、社会の現象や意味（規範）は自然に定められているものではなく、人々の関係性や交流の中で構築されるという立場である（詳しくは上野（2001））。フェミニズムやジェンダー理論では、性差を不変的・普遍的な現象として捉える生物学的本質主義を克服し、ジェンダー規範の変革を促す理論を打ち建てるために、社会構築主義が展開されてきた。

　セックスには、それぞれふさわしいとされる役割が重ね合わせられている。たとえば、女性は授乳を出発点として子育てから介護まで家庭内のあらゆるケア労働をし、男性は家庭外で働き経済的に女性や子どもを養うのが当たり前だと捉えられてきた。これは決して当たり前ではない。妊娠・出産する身体をもっていることと、家事・育児・介護をすることの間には、いかなる必然的関係もない。しかし、あらゆる社会は、何らかの形でジェンダー規範を構築し、割り当てられたジェンダーを実践するように管理し、規範からの逸脱に対して制裁を加える。性差別は、ジェンダーをセックスと混同させ、社会の中に潜む固定観念を使うことによって巧妙に構築されているのである。

　セクシュアリティに関する社会構築主義的な議論として、フランスの哲学者ミシェル・フーコーの仕事を見ておこう。フーコーは、現実の事象は言語や言説を通して認識されると述べるとともに、日常生活に潜む微細な権力のはたらきを明らかにした。セクシュアリティに関する権力を歴史的に考察した『性の

歴史』第一巻（フーコー, 1986）では、さまざまな言説を通して「主体」が形成される過程で、異性愛規範（性的欲望を異性愛主義に基づいてコントロールする規範）の装置が大きな役割を担うことが示されている。さらに、フーコーは、社会の中にある複雑な権力の働きについて分析し、言語や言説、科学や医学、そして、それらがもつ社会的な関係性を人間やその意識に先行するものとして重要視した。フーコーによると、誰もが当たり前にもっている「本能」であるかのように思われるセクシュアリティは、科学的言説を作る社会的実践から生まれてくるのであり、その実践は常に権力とつながっている。

　ジェンダーは、生物学的本質主義と社会構築主義の対立を通じて発生してきた概念である。前者は、性別は生物学的な要因によって先天的に決定されるという考え方であり、後者は、男性あるいは女性に特有の行動・思考パターン、性役割は日常生活の中で後天的に習得されるものであるという考え方である。女性を役割（家事労働、育児や介護、職場での雑務や補助的な役割）から解放することを主張するフェミニズムは、社会構築主義を理論的なベースとした。ジェンダーは後天的に習得される態度であり、本質的な根拠をもたない。だからこそ、文化によって、時代によって、変容し続けるものであるということになる。

　ジュディス・バトラーは、『ジェンダー・トラブル』において社会構築主義をさらに前進させた。上野千鶴子（上野ほか, 2001: 163–164）は、「バトラー以降、フェミニズム理論の中で一つのパラダイム・シフトが起きた」と述べ、バトラーの思想を「社会構築主義の一つの到達点」として評価している。バトラーは、生物学的本質主義を批判するためにフェミニズムが用いてきたセックスとジェンダーの区別を問題視した。バトラーによれば、この区別は、ジェンダーは社会的な構築物であり変えることができる一方で、セックスは人為的に操作できないという新たな宿命論に陥ってしまっている（バトラー, 1999: 27–29）。自然な存在とみなされてきたセックスも、ジェンダーと同様に言説であり、社会的に構築されたものであることをバトラーは明らかにした。フーコーがセクシュアリティの系譜学を行ったとすれば、バトラーはセックス／ジェンダーの系譜学に着手したといえるだろう。

　言説や社会制度ではなく身体経験から出発するフェミニスト現象学は、性差の実在を素朴に信じているように見えるかもしれない。そうだとすれば、フェミニスト現象学も一種の本質主義として、社会構築主義によって乗り越えられてしまうだろう。しかし、第1章で述べたように、ヤングはジェンダーという

1）歴史的に見ても、構築主義が成立する上で現象学は重要である。フーコーにせよバトラーにせよ、メルロ゠ポンティやボーヴォワールの現象学から影響を受けており、それを乗り越えることを通じて自分の思想を練り上げていった（廣瀬, 2011; 藤高, 2018）。
2）生物学的身体ではなく引き受けられた身体という観点から経験の意味を探究することの意義について、第10章とコラム6も参照。

社会構造が経験の分析に不可欠だと考えていた。フェミニスト現象学は反本質主義・反自然主義であり、個々の経験において社会構造がどのように生きられ、応答されるのかを明らかにしようとしている[1]。日常経験に着目するからといって、現象学者はその中で当たり前とされている性別を本質的なものとして受け取るわけではない。セックスにせよジェンダーにせよ、それがどのように経験において現れてくるかを記述し分析するのがフェミニスト現象学である。あるいは、私たちがさまざまな場面でセックスとジェンダーの区別をどう用いているかを分析することもできるだろう。

　それゆえ、フェミニスト現象学において性差は、世界を体験する仕方の違いとして、他人や物事に対する異なる向かい方として、つまり「志向的生のスタイル」の差異として捉えられる（Heinämaa, 2012: 236）。そのスタイルはもちろん、先天的に与えられた本質的なものではなく、私たちが世界や社会と結んできた関係性の「歴史的な表現」（Weiss, 2015）であり、法や制度の変革だけでなく日々の行動の積み重ねを通じても変えることのできるものである。体験は性差に基づく抑圧の現場であると同時に、抵抗と変革の拠点でもある（Stawarska, 2018）。どんな姿勢で電車やバスに座るのか、風邪をひいたらどうするのか、誰が先に子どもの異変に気づくのか、どのような話し方が総理大臣にふさわしいと感じるか──性差が今のところどのようなものであり、これからどのようになりうるのか、その答えはすべて、他のどこでもなく私たちの体験の中にある。一つ一つの知覚や行為において、私たちは性差を引き受け、ときに変容させる。それが、フェミニスト現象学の考え方である[2]。（稲原美苗・川崎唯史）

●引用文献 ──────────

上野千鶴子［編］（2001）,『構築主義とは何か』勁草書房.

上野千鶴子・大沢真理・河野貴代美・竹村和子・足立真理子（2001）,『ラディカルに語れば──上野千鶴子対談集』平凡社.

バトラー, J.（1999）, 竹村和子［訳］『ジェンダー・トラブル──フェミニズムとアイデンティティの攪乱』青土社.

廣瀬浩司（2011）,『後期フーコー──権力から主体へ』青土社.

フーコー, M.（1986）, 渡辺守章［訳］『性の歴史I ──知への意志』新潮社.

藤高和輝（2018）,『ジュディス・バトラー──生と哲学を賭けた闘い』以文社.

Heinämaa, S.（2012）, "Sex, Gender and Embodiment," D. Zahavi（ed.）, *The Oxford Handbook in Contemporary Phenomenology*, Oxford University Press, pp. 216–242.

Stawarska, B.（2018）, "Subject and Structure in Feminist Phenomenology: Re-reading Beauvoir with Butler," S. C. Shabot and C. Landry（eds.）, *Rethinking Feminist Phenomenology: Theoretical and Applied Perspectives*, Rowman & Littlefield, pp. 13–32.

Weiss, G.（2015）, "The Normal, the Natural, and the Normative: A Merleau-Pontian Legacy to Feminist Theory, Critical Race Theory, and Disability Studies," *Continental Philosophy Review*, 48（1）: 77–93.

05　外見を気にしてはいけないのか？
ボディ・イメージと雰囲気のフェミニスト現象学

佐藤　愛

　あなたは自分の「外見」について悩んだことがあるだろうか。人によっては、「そんなことで悩んでるの？」と笑い飛ばしたくなるような悩みかもしれない。他方では「外見」で深く苦しむ人がいる。「外見」について悩むことは、果たしてばかばかしいことなのだろうか。

　「外見」に高い価値を置くことを「ルッキズム」という。それは見た目の美しさやかっこよさでその人の社会的価値が高まるということであり、また「外見」に基づいて差別することも指す。しかもその美しさやかっこよさの基準は、明確には誰が決めたかわからないものだ。そんな曖昧で勝手な「ルッキズム」などというものは、社会からなくなるべきだ。そんな当たり前のことは誰でもわかっているはずなのに、私たちの生きる世界から「外見」で苦しむ人がいなくならないのはなぜだろう。どうして私たちは答えのわかっている問題で悩むのだろう。

1　摂食障害

　たとえば太ったり痩せたりすることについてから始めてみよう。ある人は、他人から「太っているね」と言われたことをきっかけにして。あるいは自分でそう思い込んだことをきっかけとして、あるいは気がついたらなんとなく。食べ物が手に入る環境にいるにもかかわらず、生命を落とすぎりぎりまで痩せてしまう人や、実際に生命を落としてしまう人がいる。なぜそこまで痩せてしまうのか。意志に反して食べられないのか。意志によって食べなかったり、食べても吐いてしまうのか。それすら自分でもわからなくなる人もいる。鏡の中の自分の「ボディ・イメージ」（詳しくは後述する）と、実際の体型との間にズレがある場合もある。ではそうなって

しまう原因とは何なのか。性的、あるいは生殖可能な存在になることへの拒否だという説がある。家庭の不和が原因であるケースもある。非凡であろうとすることや、誰かとつながろうとしすぎることに挫折したとき、食や体型のコントロールをしようとして、こうした摂食障害になるという見方もある。「ルッキズム」への反抗かもしれない。いずれにせよ、摂食障害に陥った人たちの側から私たちの世界を見れば、普通に食べられるということは、「なんでもないこと」に満足するということであり、世間が決めたさまざまな基準と折り合いをつける「洗脳」がうまくいった、ということなのかもしれない（エフ＝宝泉薫, 2016: 250）。

　「痩せろ、でも痩せすぎるな」「キレイでいろ、ただしやりすぎるな」「生殖可能な身体でいろ、だが性的でありすぎるな」。子どもから大人になる過程で、私たちはさまざまな「こうあるべき」を学習する。ときにはっきりと明言され、ときに明言されない。「世間と折り合いをつける」ということは、こうした無数の「外見」に対する「こうあるべき」に対し、そこそこの不満の後に納得するということであり、「洗脳」を受け入れるということだ。他方、摂食障害のように生命を危険にさらしてまで痩せるということは、誰かに押し付けられる「こうあるべき」を拒否し、自分だけの「外見」を獲得するための生命をかけた闘争なのかもしれない。

　あるべき「外見」をめぐって世間との折り合いがつかない場合、私たちは生命を賭けるしかないのか。そこまで劇的でない形でも、私たちは拒否の気持ちを表現できる。たとえば 2019 年には、女性だけが就職活動や職場で、かかとが高く歩き難い靴を強要されるのはおかしいとして、パンプス着用の義務づけに反対する運動が起こった（石川, 2019）。これも誰かの押し付けでない「外見」を獲得するための闘争の一つだ。だがちょっと待ってほしい。なぜ「外見」をめぐって闘うのは、女性が多いのだろう。摂食障害になる人も圧倒的に女性が多い。

2　ボディ・イメージ

　「ボディ・イメージ」という言葉がある。もともとは医学の分野で使われていた言葉だが今ではもっと広く、生物学的性やジェンダー、階級や年齢、家族や宗教、人種や民族的背景、さらには日々の生活の経験などを通して作られる、自分の身体のイメージという意味で使われている（Weiss, 1999: 167）。たとえば、日々の生活の経験から作られる「ボディ・イメージ」とは何かを考えてみよう。同じ体重で同じ

身長、同じ年齢で同じ国に住んでいても、日々運動をしている人とそうでない人とでは、筋肉や脂肪のつき方が異なるだけでなく、自分の身体の「重さ」のイメージが異なることは、容易に想像できるだろう。歩くスピードや歩き方といった身体の動かし方も、人によってまったく異なる。軽やかな身体や動きの「ボディ・イメージ」を可能にするのは、もしかしたら潤沢な資金や余裕のある住環境、運動することを許可してくれる家族のおかげかもしれない。持ち歩かなければならない荷物の量や重さも関係する。このように「ボディ・イメージ」とは、単純に視覚的な体型イメージにはおさまらない、さまざまな社会的・文化的要素が絡み合って作られる、自分の身体やその動かし方のイメージのことだ。

　では性やジェンダーは、「ボディ・イメージ」にどう影響するのだろう。アメリカのワイスという哲学者は、「ボディ・イメージ」について同僚たちと話しあった際に、ある人から次のような意見を言われた。自分たち男性は「ボディ・イメージ」をもたないから、「ボディ・イメージ」は女性だけに関係するものなのではないか、と。これに対し彼女は次のように考えた。彼が属している社会において、彼が人種や民族、階級や国籍、生物学的性において優位な立場にあるために、彼が「ボディ・イメージ」を意識しなくてよい状態にあるのではないか、と（Weiss, 1999: 166）。つまりその同僚の男性が自分のいる社会において優位な立場にあるからこそ、自分の身体を改めて意識したり、そのイメージに悩まされることなく過ごせたりしているのではないかと考えたのだ。

　このように「ボディ・イメージ」には、「外見」や体型からはみ出す定義がある。しかし他方では鏡越しに見る自分の「外見」や体型は、私たちの「ボディ・イメージ」に明確に影響している。すなわち「ボディ・イメージ」は、「外見」をはみ出す見えない背景と、「外見」との両方にまたがって出来上がるものであり、見える「外見」と見えない背景は、「ボディ・イメージ」を介して交流しているのだ[1]。だからこそ自分の「外見」に悩まざるをえない人たちは、すき好んで悩んでいるわけではなく、自分が身を置く社会の、性やジェンダーといったものを含む見えない背景から圧迫されている可能性があることを忘れてはならない。

---

1)「ボディ・イメージ」と似ている言葉として、「身体図式（body schema）」という言葉がある。これら二つの言葉は哲学や心理学、神経科学やロボット工学などの分野でその定義がさまざまに論じられているが、まだ未知の部分もある。ひとまず意識にのぼるものを「ボディ・イメージ」、のぼらないものを「身体図式」と呼ぶことが多いが、この分け方に当てはまらないケースもある（第10章を参照）。

　ではさまざまな社会的背景について優劣のない社会が実現すれば、誰も「外見」を気にかけなくなるのだろうか。摂食障害の人たちの中には、性的であったり生殖可能な存在に見られたりことを逃れる目的で、痩せることを選択する人がいる。性やジェンダーが多様化すれば、もしかしたら一部の摂食障害の人たちは、そこまで極端な痩せ方を選択しなくてよくなるかもしれない。しかしながら、こうも考えられる。健康管理以外の目的で痩せることや太ることについて、まったく気にかけなくなるということはないのではないだろうか。つまり、「外見」に優劣のない社会でこそ、機能に基づいた「外見」だけが目指されるのではなく、もっと「外見」に対する楽しさが増え、多様化していくのではないか。

　私たちは、強要されるのではない形で、高いヒールや短い丈のスカートや、タイトなシルエットの服装やスポーティな服装を、自ら当たり前に選択できる。コルセットを締めてウエストを細くすることも、その反対に心地のよい素材でゆったり過ごすこともできる。自分の着たい服のためにトレーニングをする人もいれば、自分らしいふくよかさや痩せた体型のままで過ごす人もいる。もうすでに公立高校の制服について、女性はスカートだけしか選べないという状況は変化しつつある。あるアメリカの有名な下着メーカーでは、2019年の10月、プラスサイズモデルを起用することを発表した。こういった変化の芽を摘まずより当たり前のものにするために、「外見」が誰かから強要されない世界では、私たちと「外見」の関係はどうなるのかについて考えてみたい。その想像力は、新しい世界をより強く形作るはずだ。この新しい世界では、私たちを圧迫してきた見えない背景は、むしろ私たちを支えるものになるかもしれない。どういうことか。

3　誰かの外見に巻き込まれる？

　朝、アイロンがけされたシャツを着た人が差し出してくれたコーヒーを飲むと、少しだけシャキッとした気持ちになる。夜遅く、疲れ切った表情をした人たちの中を歩いていると、疲れがますます増していく。このような経験は誰にでも少なからずあるのではないか。私たちは日常生活の中で、知らず知らずのうちに誰かの「外見」に巻き込まれたり、自分の「外見」に誰かを巻き込んだりしながら過ごしている。ここでは何が起きているのだろう。ドイツのベーメという哲学者は、私たちが誰かの「外見」に触れるときには、その人を取り巻く「雰囲気」に感化されると考

えた（ベーメ, 2006: 229）。私たちが誰かの「外見」に良かれ悪しかれ心を動かされるとき、実はその奥にあるその人の「色」や「雰囲気」に染められているというのだ。私たちは「外見」を通して、その人の奥にある見えない「雰囲気」に触れる。翻っていうなら、「雰囲気」という見えないものが、その人の「外見」を作る大きな要素の一つとなっているのだ。ならば自分だけの「外見」を獲得するためには、自分だけの「雰囲気」をまずもたなければならないことになる。では「雰囲気」はどうやって作られるのだろう。

　精神医学の分野では、「雰囲気」は匂いや味に関係するものであると考えられてきた。ミンコフスキーというフランスの精神医学者は、匂いが空気の中に広がり、染み込み、浸透することから、匂いとは「雰囲気」であると考えた（ミンコフスキー, 1983: 124）。だがこの匂いや香りは、お昼に食べたカレーの匂いや、さっきふりかけた香水の香りのように、物質的に出どころがはっきりしているものばかりではない。なぜなら匂いの中には、もっとあやふやなものが含まれているからだ。これに関しテレンバッハというドイツの精神医学者は、匂いや「雰囲気」と、flair（フレール）という特殊な感覚とを結びつけて考えた（テレンバッハ, 1980: 52）。フランス語の flair は嗅覚と訳されるが、これは同時に勘や第六感を意味する。特殊な感覚であり第六感だと聞くと、超能力のように思ってしまうかもしれないが、そうではない。英語には gut feeling（腹わた感）という言葉があり、これが第六感に当たる。近年ベルギーの大学で行われた調査によると、小児科の医師たちの gut feeling が、その後の精密検査などを通して重病に気づくことに貢献しているという結果が出た。医師の gut feeling を引き起こす背景には、養育者たちの子どもの様子に対する不安も関係するという（Van den Bruel et al., 2012）。ここから、不安などのうまく言い表せない感覚や「雰囲気」の違いに気づく感覚が、gut feeling を引き起こし、これが医療の現場で実際に使用されていることがわかる。

　なぜこうした第六感が匂いや腹わた感と呼ばれるかというと、鼻と口が喉の奥でつながっており、さらに口から肛門までが、食物の通る道として一つづきになっていることと関係する。これは匂いや味の感覚が、あらゆる生命にとって原初的であるが生活の中でほとんど意識されない、「内臓性」（三木, 1983: 46）の感覚であることを意味する。「内臓性」というと、動物しかこれをもっていないように聞こえるが、栄養の通り道となる管は植物ももつものだ。したがって「雰囲気」は、「あの人は空気が読めない」という言葉の中で使われる、人の期待感のようなものを意味する「空気」とはまったく異なるものである。なぜなら、「雰囲気」を通して環境や自分

の状態を察知する「内臓性」の機能は、植物や動物にも備っているものであり、生命活動の維持や調整に直結しているからだ。植物と違って動物や人間には、自分以外の保護対象にもこの能力を適用する場合があるにすぎない。「雰囲気」は「その場の空気」という人の期待感に似たものではなく、「内臓」に由来する生命的なものなのだ。

なぜ一部の精神医学者たちは、こうした感覚に敏感なのか。それは、彼らがしばしば嗅覚や味覚、空間の「雰囲気」の異様さについての患者たちからの訴えを聞くからであり、実際に自分たちが上の小児科医たちと同様に、患者の「雰囲気」の変化に触れざるをえないからだろう。緊急を要する現場や、子どもを含む自分の苦しみについてうまく伝えられない人と接する現場では、こうした感覚が役に立つ。そして「雰囲気」の変化を感じるために、顔色やツヤといった「外見」も手がかりの一つになる。

「雰囲気」が「外見」の奥にあるものであり、重要であることはわかった。ではこれにただ巻き込まれたり受け取ったりするだけでなく、もっと積極的に関わることはできないか。この問題を考えるためには、抽象芸術の実践について知ることが有効かもしれない。

4　見えないものを見る

私たちは常に何らかの「雰囲気」と関わっており、これから大きな影響を受けているにもかかわらず、それをはっきりと明確化したりコントロールしたりすることは、プロの俳優やメイクアップアーティストでない限り、難しく感じる。たとえば旅行先で感じた乾いた空気と日差し、葉の色が組み合わさって醸し出される雰囲気。季節の変わり目の匂い。あるいは体調がわるいときに感じる、空間全体の重苦しい変化。こういったものを誰かに伝えてみたい、あるいはあまりに圧倒されるので客観視してみたいと思ったときには、どうすればよいのか。絵で表現する人もいるかもしれない。

アンリというフランスの現象学者によれば、カンディンスキーという芸術家は、目に見えるものすなわち「外見」から、目に見えないものすなわち「雰囲気」を取り出し、表現することを試みたという。たとえば、図 5-1 を見てみよう。何も情報のないままこの絵を見たとしたら、どんなことを感じるだろうか。宇宙空間に漂う雲

図 5-1　Kandinsky, *Composition VII*, 1913.

やガスのように見えるかもしれない。超新星爆発や星間物質という言葉が思い浮か
ぶ。あるいは、何かが今まさに創造されたり、破壊されたりする瞬間のように見え
るかもしれない。怒りや喜びといった感情、あるいはボートや矢といった具体的な
形が見えるかもしれない。神話や宗教的世界、もしくは未知の生物を顕微鏡で覗い
た世界のようにも見えるかもしれない。これらのうちどれかが正解ということはな
い。重要なのは、絵を見たときに私たちの気持ちが揺れることであり、何かを「感
じる」ということだ。私たちが揺れ動いているときに、私たちが「自分のうちに感
じとるもの」こそが「生」（アンリ, 1999: 181）、英語でいう life だという。芸術作品
に触れなくとも、私たちはただ生きているだけで気持ちが揺れ動く。夕焼けや美味
しいスープに触れただけでも心が揺れる。忙しさや疲労の中で、こうした感覚が薄
まり、日々が味気なく感じることもあるだろう。だがこうした感覚がどんなに薄ま
ったとしても、完全にゼロになることは滅多にない。原液のように濃い感覚はなか
なか感じられないけれど、私たちはおそらく自分の中から湧き上がる life の感覚を、
自分を取り巻く「雰囲気」や匂いを通して薄く感じ続けているのだ。

　カンディンスキーに戻れば、彼は、世界に溢れるさまざまな「雰囲気」や匂いを
煮詰め、カルピスの原液のように濃くし、これを絵で表現しようとした。いわば彼
は、「生にもとづく世界」（川瀬, 2019: 107）を絵に描いたのだ。日々を味気なく感じ
るとき、彼の絵のように世界の匂いや「雰囲気」を煮詰めた表現に触れることは、自
分だけが感じる life の匂いを思い出すきっかけになることがある。そしてこの思い
出された匂いが、私たちの「外見」から滲む。

　カンディンスキーが試みた抽象芸術という表現は、見える「外見」と見えない「雰
囲気」の関係を一度切り離し、「雰囲気」だけを濃くすることによって、私たちに自
分と世界の匂いを思い出させようとするものである。だがこのときも、「外見」が

54

否定されるわけでは決してない。彼の試みは、匂いや「雰囲気」とつながっている「外見」をさらに輝かせるものでもあるからだ。

5　不思議な粘土細工

　精神医学者たちの見解に戻れば、「雰囲気」や匂いが非常に重苦しく感じられたり、あるいは反対にまったく感じられないようなときには、私たちの精神は危機的な状況にあるという。だからこそ彼らは、「雰囲気」や匂いに注意を払わなければなければならなかった。そこまで重い状況でなくても、自分の「雰囲気」や匂いについて迷子になれば、社会の誰かが示す「正しさ」にしたがい続けなければならなくなる。では自分の「外見」を支える「雰囲気」がよくわからなくなったとき、あるいは重苦しく異様な「雰囲気」に取り巻かれてしまったとき、これをどう再構築すればよいのか。芸術作品に触れることが、この再構築につながる可能性についてはすでに確認したが、精神医学の事例からも確認してみよう。

　ジゼラ・パンコフという精神医学者であり精神分析家の女性は、患者の「身体像（l'image du corps）」すなわち「ボディ・イメージ」に注目し、私たちがどのようにしてこれを再構築するかを探求した。「精神分析」という語は聞き慣れないかもしれないので、ここで簡単に説明しておきたい。これは19世紀の終わりから20世紀の初めにかけて起こった、患者の心を治療するための実践で、主にフランスやアメリカで発展した。薬などは使用せず、対話が基本となる。ただし明確なマニュアルなどがあるわけではないので、職人や芸術家の修行や実践に似ている部分もある。患者が意図せずに口に出してしてしまったことや、偶然見た夢、何となく作り出してしまった物をきっかけに、患者が過去の記憶を思い出すことを助け、何に苦しんでいるのかを一緒に考えることを得意とする。さっそく具体的に見てみよう。

　ある52歳の女性患者は、聞こえるはずのない警官の声の幻聴に悩まされていた。彼女はトルコの少数民族の出身で、迫害が原因で家族とともにかつての信仰を捨て、パリで暮らしていた。パンコフは治療として、彼女に何でもよいから絵を描いたり、粘土細工を作ったりするよう促した。二回目の面接のときに患者は、不思議な形態をした「赤い鎖」のような粘土細工を作成し、彼女のもとにもってきた。その赤い粘土細工は鎖のように編み込まれ、あらぬ方向によじれ、棒が横切るように付けられ、さらには切れ込みがあった。

その日の面接で患者はパンコフに、幼いときの記憶を語った。母への激しい怒りの感情の背景にある、母親とその恋人との確執による流血事件、さらにそれによって母親がトルコ人の警官に鎖をかけられ、連れ去られたことなどである。この告白を受けパンコフは、患者が作った作品を指さしながら次のように言った。「そう、これがあの鎖です。あなたのお母さんをつないだあの鎖なのです。これが赤いのは、あのときお母さんの手が血で染まっていたからです」（Pankow, 2010: 156）。そしてパンコフは、この患者の製作物である「赤い鎖」が、患者が意図せずに作ってしまった自分自身の「ボディ・イメージ」であるのみならず、見えない対人関係であると解釈する。

パンコフによれば、患者が作成した粘土細工は患者にとっての自分自身の身体であり、かつ母親との強すぎる絆であるという。患者がもう母親から愛されないと感じた七歳のとき、「自らの身体が女性の身体となること」（Pankow, 2010: 158, 159）を拒否したのであり、さらに同じ頃、母親にかけられ彼女を連れ去った鎖が、患者の身体と融合してしまったのだという。これによって、彼女は何度も結婚を断り、あるいはある男性と数年の婚姻関係後に離婚し、ようやく別の結婚をしても、階級上釣り合わない男性と結婚生活を送っていた。彼女は現在の結婚生活が始まる際に、友人から借りていた家具を取り除けたという。その頃から警官の声の幻聴が始まったのだが、パンコフによれば、この家具は彼女の身体に「借り物」がくっついていたことを示すものであった。だからこそ、これを遠ざけようとすればするほど、異様な「声」として戻ってきてしまうのだ。これを「赤い鎖」の身体として可視化し、自分自身の目の前に返したことで、彼女には変化が現れる。続く三度目の面接で、早くも「声」の幻聴が減少するという変化が現れたのである。

6 他者とともに作る自分だけの外見

さらに面接を続けるうちに患者はパンコフに、音楽家の女友達の足を踏んで、彼女の靴を破いてしまった夢を見たこと、28歳のときのパリへの出立直前、もはや少数民族用の女性公衆浴場で身体を洗いたくなかった記憶などを告げる。加えて面接中、彼女はパンコフの前でヴァイオリンを演奏するようになる。これらを受けてパンコフは、患者の身体が「赤い鎖」から、「足をもった身体」や「ヴァイオリンをもった身体」に変化したことを感じた。この変化は、パンコフによれば患者が女性の

身体であることを拒み、二つの性（男性と女性）をもった身体であることを示すものであるという。七回目の面接では、患者は火事の夢を見たこと、その夢の中で母親と並びながら、別の家族の母親に「男性への合意の拒否」について話しかけたことを語る。続く八回目の面接で、患者は当初悩まされていた「声」がほとんどなくなったことと、面接を終えたいことをパンコフに告げた（Pankow, 2010: 164）。

パンコフはこの一連の流れについて、患者がすでに52歳という年齢であったことから、これ以上の内的変化を望まなかったと考える。パンコフによれば、患者が「足をもった身体」を発見するに至ったことで症状は落ち着いたが、それは「足をもった身体」すなわち二つの性をもった身体が、彼女にとって最終的にしっくりくる身体であったからではなく、幼い頃に起こった一連の事件や葛藤の結果である可能性があるという。つまりパンコフは、「赤い鎖」の身体に続いて、二つの性をもった身体を患者がもっとはっきりと作品として可視化すれば、女性としての身体の受け入れもあったのかもしれないと考える。あるいはさらに、まったく別の身体や性が見出された可能性も捨てきれないだろう。しかしながら、症状の消失をもって面接は途中で中断された。

パンコフにとって途中で終わってしまったにせよ、この患者とパンコフとのやり取りには、「ボディ・イメージ」や「外見」についての多くの示唆がある。この患者に警官の声としてつきまとっていた見えない生き難さは、「ボディ・イメージ」としての「赤い鎖」によって可視化されたのだが、この作業は、彼女一人ではできなかった。いわば彼女は、自分だけの「ボディ・イメージ」を、パンコフという他者とともに作り上げたのである。その「ボディ・イメージ」は、いわゆる美しい理想的な「女性」の体型どころか、人間らしい形からも遠くかけ離れたグロテスクなものであったが、彼女はまず、そうした姿からしか出発することができなかった。そして、こうして作り上げたグロテスクな「ボディ・イメージ」がきっかけとなって、警官の声の幻聴が消えた。ここでもし、彼女が人形のように完璧な女性の身体を粘土で作り上げてしまったとしたら、何も変化しなかっただろう。

この例は、自分の生の匂いがわからなくなり苦しんでいるときには、一度現在の自分のちぐはぐな「ボディ・イメージ」を確認することが必要であることを示している。自分の「外見」と、見えない自分の背景が合わさって作られる「ボディ・イメージ」は、ときに自分にすら嘘をつく。本当はボロボロに傷ついているのに、その姿を自分にすら隠すことがあるのだ。まずはこのボロボロの姿を直視し、そこから再スタートすることが、私たちには必要なときがある。そしてこの再スタートこそ

が、自分を支える背景としての「雰囲気」と、そこから立ち上がる自分だけの「外見」とを獲得する近道になる。

したがって自分だけの「外見」は、ときに、この例のように誰かの助けを借りてしか作り出せないものなのかもしれない。その誰かは、自分の目に見える相手の姿からではなく、自分の「内臓」からやって来る匂いの感覚を手がかりに、目の前にいる人が、自分だけの生の匂いを見出すことを助けるだろう。

ここまで私たちは、見える「外見」とそれを支える「雰囲気」、さらにはそれらにまたがる「ボディ・イメージ」について考えてきた。「外見」を気にすることは決してくだらないことではない。そのように「外見」を気にしなければならない状況がどうやってできているのかについて、考えることこそが必要だ。これは「外見」に振り回されるべきだということではなく、その奥にある見えない何かや背景について考えなければならないということだ。「ルッキズム」のように「外見」で優劣をつけることがなく、「外見」が強要されることのない社会が当たり前のものになるためには、みなさん自身が考察を続けるということが最も大切な方法の一つになる。

あなたにはあなただけの「外見」と「雰囲気」があり、これらを譲らないためのあなただけの戦いがある。だがくだらないものとの戦いのために、あなたの生命まで賭ける必要はない。自分はどうしたいのか。ときに休み、ときに逃げながら、自分のごくごく小さな声を聞き続けることをやめないでほしい。

●引用文献

アンリ, M.（1999）, 青木研二［訳］『見えないものを見る──カンディンスキー論』法政大学出版局.

石川優実（2019）,『#KuToo──靴から考える本気のフェミニズム』現代書館.

エフ＝宝泉薫（2016）,『痩せ姫──生きづらさの果てに』ベストセラーズ.

川瀬雅也（2019）,『生の現象学とは何か──ミシェル・アンリと木村敏のクロスオーバー』法政大学出版局.

テレンバッハ, H.（1980）, 宮本忠雄・上田宣子［訳］『味と雰囲気』みすず書房.

ベーメ, G.（2006）, 梶谷真司・斉藤　渉・野村文宏［編訳］『雰囲気の美学──新しい現象学の挑戦』晃洋書房.

三木成夫（1983）,『胎児の世界──人類の生命記憶』中央公論新社.

ミンコフスキー, E.（1983）, 中村雄二郎・松本小四郎［訳］『精神のコスモロジーへ』人

文書院.

Pankow, G.（2010, 1ère édition 1956）, *Structuration dynamique dans la psychose*, Campagne Première（パンコフ, G.（1970）, 三好暁好［訳］『身体像の回復──精神分裂病の精神療法』岩崎学術出版社）.

Van den Bruel, A., Thompson, M., Buntinx, F. and Mant, D.（2012）, "Clinicians' gut feeling about serious infections in children: observational study," *British Medical Journal*, 345: e6144.

Weiss, G.（1999）, *Body Images: Embodiment as Intercorporeality*, Routledge.

06　どこまでがセクシュアル・ハラスメント？
ジェンダー視点の重要性

山本千晶

　「#MeToo」運動の盛り上がりに象徴されるように、近年、職場や教育の場におけるセクシュアル・ハラスメントが社会的に問題になっている。上司が食事やデートに執拗に誘ったり、必要がないのに身体に接触する、あるいは性体験について質問したり、性的体験談を聞かせるといった、力関係を利用して性的な行為や関係を強要したり、屈辱的な経験をさせること（狭義のセクシュアル・ハラスメント）に対しては、社会的な批判も厳しくなっている[1]。

　一方、あいかわらず「どこまでがセクハラ？」「このままでは男性上司による女性部下に対する言動はすべてセクハラになる」といった疑念や不信感もよく聞かれる。たしかに、体を触ったり、あからさまに卑猥なことを言ったりするような場面以外にも、よくある「雑談」程度にしか思えないような言動が、多くの女性を不快にする場合もある。後者については、発言をしている本人はまったくセクシュアル・ハラスメントと自覚をしていないだけに、指摘を受けると、「何でもかんでもセクハラと言われてはコミュニケーションが取れない」と不満に思う人もいるだろう。そこで、本章では、一見、性的な言動に思われない、むしろ「雑談」として捉えられることも多いある種の言動が、なぜ受け手によっては「セクシュアル（性的）」なものと感じられ、不快感や羞恥心を引き起こすのかについて考察してみたい。これは、どこまでがセクシュアル・ハラスメントになりうるのか、つまりセクシュアル・ハラスメントの「境界線」を捉える作業となるだろう。現在、セクシュアル・ハラスメントは境界に近くなればなるほど、ときには「大げさ」「自意識過剰」といった受け手側の問題に帰されかねない。そのようないくつかの経験を取り上げ、状況や文脈の中で生じる「意味」とともに分析することで、ある種の言動の「性的」になり

1）2019 年 9 月 20 日付日経新聞「就活セクハラ　男性も被害」。

うる側面について考えたいのである。この作業を通じて、なぜ居心地がわるかったり思わず身構えてしまったりするのか、必ずしも当人が説明できない自身の反応に語彙を与える可能性を開き、個人の経験をより豊かに記述すること、そしてそのことが関係性やコミュニケーションを狭めるよりむしろ、より多様性に開かれたコミュニケーションのあり方を探るヒントとなることを示したい。

1　「セクシュアル・ハラスメント」の大まかな説明

　2019 年 5 月 29 日に労働施策総合推進法[2] が改正され、「パワーハラスメント（以下、「パワハラ」という）」について防止措置義務を定めたことで、我が国で初めて「パワハラ」が法律上定義されるにいたった。一方、「セクシュアル・ハラスメント（以下、「セクハラ」という）」は、パワハラよりも社会の認識とそれに対する取組みは早く、1997 年に男女雇用機会均等法が改正された際に規定された。さらに、2006 年には女性労働者だけでなく、男性労働者に対する言動も、その対象となっている。均等法に沿ってセクハラの定義を簡単にまとめておくと、①職場で性的な言動を受けた場合、それに対する何らかの対応をしたことで労働条件に対して不利益を受けた場合（降格や退職させられるなど）、②職場で性的な言動を受けることで、その労働者の就業環境が害される場合である[3]。特に、①を「対価型」、②を「環境型」と呼ぶこともある。

　「セクハラ」という言葉自体新しく、日本では 80 年代後半になって社会の耳目を集めるようになった。では、なぜ新しく言葉を作る必要があったのだろうか。「セクハラ」という言葉の普及には、大きく二つの意義が考えられる。一つは、「視点の転換」、もう一つは「権力関係への配慮」である。通常、セクハラに該当するかどう

2）正式名称は、「労働施策の総合的な推進並びに労働者の雇用の安定及び職業生活の充実等に関する法律」である。

3）男女雇用機会均等法や労働施策総合推進法は、セクハラやパワハラ行為を禁止するものではなく、あくまで事業主（会社側）にこれらを防止する措置義務があることを定める、すなわち、事業主が積極的な防止措置を行わない場合に行政指導が行われることを定めた法律であることに留意する必要がある。この点について、さらに理解を深めたい人は、浅倉（2005）の 139 頁以下がわかりやすい。法律の解説や定義のほか、本章では取り扱わない、わいせつ行為をしたり、あきらかに性的で卑猥なことを言ったりするケースでの過去の裁判事例や、大学キャンパスでのセクハラ問題なども学ぶことができる。

かを考える際には、行為者に悪意があったかどうかではなく、被害者がその言動を
どう感じたのかを出発点とする。そもそも、コミュニケーションには、「そんなつも
りはなかった」という行き違いはよくあることで、行為者にいくら悪気がなくても、
被害者は不快感や深刻な精神的ダメージを受ける可能性は十分に考えられる。

　では、相手が不快に思えばすべてセクハラになるのかというと、そうではない。
もちろん、職場や学校などは、飲み会やコンパなど比較的インフォーマルな場面も
含め、そもそも性的な言動を行うこと自体が非常識であり、それによって誰かを不
快にさせたとしたら、上下関係の有無を問わず改めるべきであろう [4]。ただし、そ
れらが即「セクハラ」に該当すると判断されるかといえば、そうではない。その場
合、二つ目の「権力関係」に着目することが重要になる。上司や部下、先生と学生
のように上下関係がある場合、立場上弱い方は、そういった言動に対して、はっき
り断ったり、相手に意見できずに一方的に我慢を強いられたりすることがしばしば
起こりうるからである。したがって、もし性的な言動を上司や教員など立場上、よ
り権力のある者が行ったとしたら、客観的にセクハラに該当すると判断される可能
性は高い [5]。

　さて、ここまではセクハラの一般的な考え方と説明である。本章の問いは、ここ
でいう「性的」とはどこまでを含むのか、ということである。身体における一般に
性的と考えられる部分への言及（たとえば、女性の胸のサイズや、男性の性器のサイズ
など）は明らかに「性的」であるだろうし、しつこくデートや交際を迫るのも「性
的」だと考えられる。一方、（手続き上など必要性がある場合を除いて）年齢を聞く、髪
型や服装をほめる、恋人や子どもがいるかどうかを聞くといった言動はどうだろう
か。人によっては不快だとは思わないし、むしろ積極的に話題にしたい人もいるか
もしれないが、一般的には、職場においてこれらの質問はしないという暗黙の了解

---

4)「この言動はセクハラになりますか？」という質問をもらうことがよくある。性的な言
　動を行い、それによって相手を不快にしたのであれば、それがセクハラに該当するかど
　うかを問う以前に、態度を改めるべきであろう。誤解をしてほしくないが、たとえ「セ
　クハラ」に該当しないと判断されたとしても、その言動が必ずしも「（社会的に）許容
　されている」わけではない場合もある。非常識な言動や無礼な言動であれば、改めるべ
　きことは当然であろう。
5) セクハラを含むハラスメントの概念については、統一的な概念があるわけではないため、
　職場や大学に対応が委ねられているのが現状である。この点について、日本の大学のハ
　ラスメントガイドライン等をイギリスのそれと比較しながら分析し、その特徴と問題点
　を指摘した成瀬・川畑（2016）の論稿は興味深い。

があるのも事実である（少なくとも、筆者の職場ではそうである）。これらの質問がす
ぐさまセクハラに該当するとはいえないが[6]、人によってはそう受け止める人もい
る。以下では、これらの言動をいくつか取り上げながら、人によってそれが「性的」
な意味を帯びて受け止められる理由について考察したい。それにより、単なる個人
の受け止め方の問題と考えられてきたことが、私たちの社会における「性」「性差」
に対する考え方や、とりわけ女性に対する見方と関連していることが見えてくるだ
ろう。

2　女性に年齢を聞くのはタブー？

　みなさんは自分より上の年代の女性たちに、必要がある場合を除き、年齢を尋ね
ることはあまりしないのではないだろうか。国の文化や風習などにもよるが、少な
くとも日本では職場など公的な場面で、女性（特に中高年代）に年齢を聞くのは失礼
だと考えられる傾向がある。「年齢なんて気にしなければよい」と言うのは簡単で
あるが、これについて、セクハラとの関係で検討してみたい。
　年齢に対する受け止め方はしばしば、男性と女性に対してでは異なっており、女
性はより「若さ」が評価される傾向がある。一昔前までは現在よりもその傾向が顕
著であった。たとえば、1980年代頃まで、定年を男女別に定め、女性を男性よりも
早く定年とする規定をもつ会社があった[7]。また、先輩の女性たちから、「私たちの
時代は、女性は「クリスマスケーキ」に例えられていた」という話を聞くこともあ
る（その心は──25日（歳）過ぎたら「売れ残る」）。結婚を機に仕事を辞めることが
多かった80年代までの女性たちにとって、25歳を過ぎても独身で仕事を続けてい
るということは、しばしば「売れ残り」を意味していた。当時の女性たちにとって、
年齢というのは男性による評価の重要な一つの指標であり、恋愛や結婚の対象とし
て、すなわち性的な対象としての評価と関連性が高かったのである。実際、日本で

6）やめてほしいと拒否したにもかかわらず、しつこく当該質問を繰り返したり、そのこと
　で業務上あるいは学業上、他の人と異なる取扱いをしたりすれば、少なくとも不適切な
　行為と判断される可能性はあるだろう。
7）代表的な訴訟として、就業規則で定年を男性60歳、女性55歳と定めることが性別のみ
　による不合理な差別として無効とされた日産自動車定年差別訴訟（最三小判1981・3・
　24民集5巻2号, p.300）などがある。

初めてセクハラに関する大規模なアンケート調査をまとめた『女 6500 人の証言
働く女の胸のうち』という本では、職場で 21％（1362 人）の女性たちが「「若い女の
子がいるとやる気がおきる」などとあてつけを言われた」、同様に 22.3％（1447 人）
の女性たちが「「ババァ」「年増」などと言われた」、24％（1558 人）が「「お嫁にい
けないよ」などと言われた」経験があると回答している（働くことと性差別を考える
三多摩の会, 1991: 22, 28）。

　このような話は平均初婚年齢が女性 29.4 歳、男性 31.1 歳 [8] の現代にあっては信
じられないかもしれない。しかし、中には「お局」「オールドミス」といった言葉を
聞いたことがある人もいるのではないだろうか。いずれも、職場の中高年の独身女
性に対して用いられてきた言葉であり、こういったカテゴリーを指す言葉が女性に
対してのみ存在し、男性にはなかったという点は重要であろう。この当時の女性た
ちは、専門性が高い仕事や責任を伴う仕事を任されることが少なく、むしろ結婚を
機に退職することを想定した人事体制や雇用管理を敷く会社が多かった。このよう
にして、職場において独身のまま年齢を重ねることに日々負い目を感じさせる環境
が作り出される。このような状況にある場合、年齢を聞かれること自体が苦痛であ
ったり、「年齢を聞く」という行為を「嫌味」と受け止めてしまう経験は想像に難く
ないだろう。また、先のアンケートのように、年齢を聞く側にも、あてつけやからか
うことを意図して、あえて年齢を尋ねたり、若い／若くないという指標によって
女性を価値づけたりすることもあった [9]。

　では、今現在に目を転じてみよう。雇用上の性差別は一昔前に比べれば影を潜
め、逆に「女性活躍」が謳われる時代に突入した。一方、電車の中吊り広告やコン
ビニの雑誌売り場のポルノグラフィなど、男性と比して女性がより性的な対象とし

8) 厚生労働省「人口動態調査」（2018）（〈https://www.mhlw.go.jp/toukei/saikin/hw/
jinkou/kakutei18/index.html（最終確認日：2020 年 2 月 27 日）〉）を参照。
9) 年齢については、近年、「エイジハラスメント」という造語もあるが、ここでは、年齢
と「セクハラ」との関わりについてのみ考察の対象としたい。より一般的に、加齢と関
連して女性を貶める発言として、元東京都知事による「ババァ発言」訴訟は有名である。
2001 年に当時東京都知事であった石原慎太郎が、ある学者の言を借りたと釈明しつつ、
「「文明がもたらしたもっとも悪しき有害なものはババァ」なんだそうだ。「女性が生殖
能力を失っても生きてるってのは、無駄で罪です」って。男は 80、90 歳でも生殖能力
があるけれど、女は閉経してしまったら子供を生む力はない。そんな人間が、きんさん、
ぎんさん〔100 歳を超える高齢の双子として当時有名だった姉妹〕の年まで生きてるっ
てのは、地球にとって非常に悪しき弊害だって」と発言したことによって、名誉毀損を
争われた訴訟である（石原都知事の「ババァ発言」に怒り、謝罪を求める会, 2005）。

て消費される文化の中で生活をしている。また、性的な対象として象徴される男性
が比較的年齢の幅があり、かつ社会的地位の高さといった年齢以外の要素も重視さ
れる傾向があるのに対し（それがよいというわけではないが）、女性は 10 代 20 代の若
年層を中心とした、いずれも外見や容姿に焦点化した表象が多いのではないだろう
か。依然として、女性の性的な魅力にとって、若さが一つの重要な指標であり、逆
に加齢が性的な魅力の劣化と捉えられる傾向があるのであれば、年齢に関する質問
や「オバサン」という呼び方は、女性に対して、男性に対するものとは異なる意味
をもちうる [10]。すなわち、若い／若くないという指標が女性の性的な評価とより関
連づけられている文脈においては、「若いね」といった発言でさえ、女性によっては
まるで自分が性的な対象として見られているかのような不快感を覚える経験にもな
りかねない。逆にいえば、ある種の言動がしばしば「性的な」意味として受けとら
れるということは、その社会における女性の価値・意味と深く関わっているという
ことである。したがって、年齢を聞くという行為に対する考え方は世代によっても
異なるし、今後も変わっていくことは十分にありうる。「オバサン」「オジサン」と
いう呼び方に対する受け止め方や年齢に関する経験がもし女性と男性で異なるので
あれば、その違いが何に由来するのかを分析することは、私たちの社会におけるジェ
ンダー、すなわち「性」に対する見方や考え方を知ることでもあるのだ。

3　「つき合っている人いるの？」がときに相手にもたらす困惑

　比較的人数が多い場面で、「つき合っている人いるの？」という質問に、答えにく
いなと思った経験をした人はいるだろうか。自分がどう答えるかに周りの視線が注
がれている場合はなおさらである。「いない」と答えたら恋愛対象と考えられてし
まうのではないか、「いる」と答えたら根掘り葉掘りプライベートを詮索されないだ
ろうか、人によっては、同性とつき合っていて、どう答えようか戸惑う人もいるか
もしれない。
　つき合っている人がいるかいないかというのは、文字通りの単なる恋人の有無
の確認にとどまらず、その人の私生活上の性行為の経験を証明しているかのような

---

10) ここでの議論はいずれも、性的な対象が異性であることを想定した議論であることは
　留意する必要がある。

受け止められ方をされることも多い。たとえば、つき合っている人の人数を聞かれ、どう答えたらよいか戸惑った経験がある人もいるのではないだろうか。恋人がいるという事実は、その人が現にその恋人とセックスをしているかいないかにかかわらず、その人が日常的に性行為を行っているというイメージを連想させる。そのことが、少なからず、この類の質問にどう答えるかを戸惑ったり、ためらったりする理由の一つとなっているのではないだろうか。

　これらの言動がセクハラとして問題化されてきた背景には、恋人の有無によって、しばしば性的な「からかい」（あるいは「イジり」）として不快な、あるいは屈辱的な経験をした人が多いという事情もある。以下では、このような経験について、とりわけ男性と女性に対するジェンダー観に関連させて分析してみたい。

　社会学者の江原由美子は「からかいの政治学」において、「からかい」という言説空間の構造を分析している。「からかい」の一つの特徴は、「からかわれる側」の行為の意図や動機を、当人の思っているのではない、通常、それよりもより「通俗的」な動機を付与することである（江原, 1985: 179）。たとえば、先の『女6500人の証言』では、仕事で疲れていたり寝不足だったりした場合でも、女性に恋人がいたり新婚だったりすると、「デートの疲れ？」とからかわれたり、あたかも寝不足の原因が毎晩セックスをしているかのように言われるといった経験が綴られている（働くことと性差別を考える三多摩の会, 1991: 45–46）。このように、「からかい」は、ある人の言動（まったく性的な事柄と関連していないような言動であっても）をしばしば性的な事柄と結びつけて揶揄する形態がとられる。江原（1985: 189）が指摘するように、人間にとって、「性」は最もプライベートな事柄であるがゆえに、日常生活の中で表現されることがタブーとされる領域である。だからこそ、性的な意図や動機を相手側の言動に付与することで、それによって「からかわれる側」が当惑したり困惑したりする姿を笑いのネタにしようとする意図がある。

　また、ここには、女性と男性で違いも見られる。女性の場合、恋人がいることやつき合った人数が多いことが積極的にからかいのネタにされるのに対し、男性の場合は、逆につき合った経験がないことがからかいのネタにされやすい。それは、性行為の経験の有無が男女で異なる評価を与えられているからである。女性は性的に消極的なイメージが作られており、性行為の経験があること、とりわけその経験が多いことはマイナスの評価が与えられる傾向にある。したがって、女性の言動に対して、わざと性行為を喚起するような方法でからかうことによって、女性をより困惑させ、その様子を笑いのネタにするのである[11]。一方、男性は性的に積極的なイ

メージが作られており、性的な経験がないということは男として恥ずかしいこととされているため、よりからかいのネタにされやすい。

　これに対して、からかわれた側が異議申立てをすることは難しい。なぜなら、「からかい」は「遊び」の文脈に位置づけられており、「からかい」の言葉は、余裕やゆとりをもって受け止められるべきであり、けっしてその言葉どおりの「真面目」な意味に受け取られてはならない性質のものであるとされているからである。「遊び」として位置づけられているがゆえに、その言葉は「日常生活における言葉の責任を免れている」（江原, 1985: 176）。「冗談で言ったのに、いちいち目くじらを立てるなんて……」といった場面を想像するとイメージがしやすいかもしれない。

　江原の分析では、「からかい」が「遊び」である以上、それに対して本当に怒ることは「おとなげない」こととみなされるのである。したがって、そうした抗議は、おとなげない行為、あるいは場を白けさせる行為として、失笑を引きおこすか沈黙の非難を受けるかであろう。いわゆる、「空気が読めない」というレッテルを貼られてしまい、「からかい」という隠れ蓑の下で人を傷つける言動を行ったとしても、その行為者ではなくむしろ抗議をする者が「引かれる」、場合によっては責められさえする構造が見えてくる。このように、「からかい」への抗議によって、むしろ自らがさらなる苦境に立たされることを予想し、抗議への意欲は薄れ、「最良の策は「からかい」を全く無視することだとさとるのである」（江原, 1985: 188）。

4　「お子さんは？」という質問の「性的（セクシュアル）」な側面

　子どもがほしいのにできない不妊のカップルがこの質問によって苦しめられるというのは想像に難くない。一方で、子どもがいる、いない、あるいは何人いるといった生殖に関わる質問が、「からかい」という文脈の中で、セクシュアル・ハラスメ

11）「セクハラ」という言葉が広まるきっかけとなった福岡セクシュアル・ハラスメント裁判では、仕事ができる原告をねたんだ編集長が、原告の評価を落とすために「夜遊びがお盛ん」「結婚もせず男遊び」「男出入りが激しい」、仕事関係の男性たちと「肉体関係がある」といった虚偽の噂を社内外に吹聴することで、原告を追い込んでいった一連の嫌がらせが問題になった。女性は男性よりも貞操を守ることが期待されている文化においては、性的に積極的であるという噂は男性より女性によりダメージを与える手段となる（晴野, 2001）。

ントになりうるような現象について考えてみたい。

　子どもがいる／いないということは、単なる家族構成に関する情報だけでなく、その夫婦やカップルの日常的な性行為の有無についての情報を含むものともなりうる。というのも、妊娠する／しないという現象は、そのカップルの性行為の帰結であることが多く、したがって、妊娠するという現象が日常的な性行為があることと同義と考えられたり、逆に妊娠しないということが、性行為の不在やそれがうまくいっていないことだと理解されることがしばしばある。『女6500人の証言』（1991: 48）では、4.2％（271人）が「妊娠したことをからかわれた」という経験がある。たとえば、子どもが4人いる女性に対して、頻繁にセックスをしているかのように言われて傷ついた経験などが記述されている。逆に、結婚しても子どもがいないような場合は、7.2％（466人）が「「子供の作り方を教えてやろうか」などと言われた」という嫌がらせが報告されている。

　特に、不妊の場合、男性側の「性的能力」（「生殖能力」ではなく）が問題にされることが多い。田中俊之は、「男性問題」として不妊を主題化することを試みた論稿の中で、次のように指摘する。

　　結婚してから一定の期間がたっても子どもがいない場合、男性は「生殖能力」ではなく、「性的能力」を疑われることになる。それは、典型的には「ちゃんとやることやっているのか」「子作りのヒケツ教えてもらったら」というような、同性である男性からの「からかい」として表現される。（田中, 2004: 208）

　田中（2004: 213）によれば、産む／産まないといった生殖の問題は「女性の問題」という社会通念が存在し[12]、男性は必ずしも「産ませる性」という役割を自覚して生活しているわけではない。男性にとってのセクシュアリティとは、男性同士のコ

12）かつては、子どもができない場合、妻の側に問題があるとされ、「石女（うまずめ）」と蔑まされることもあった。1948年に改正されるまで、当時の民法（明治民法）は「家」制度を基礎とし、たとえば、結婚すると妻は夫の家に入る（旧788条）とされていた。家の風習によっては、妻が第1子を無事に出産して初めて妻を戸籍に入れることを認める場合もあった。つまり、妻は第1子を出産することで自身の生殖能力を「証明」しないかぎり、「家」に入ることが許されなかったのである。現に、筆者の伯母は、第1子を出産する前に若くして亡くなってしまったが、夫婦としての生活実態があったにもかかわらず、戸籍上は「未婚」のままであった。

ミュニケーションにおける性体験の豊富さや男性器の大小といった話題に示されているように、「性的能力」と関連づけられる傾向が強く、日常生活ではあたかも「生殖のないセクシュアリティ」であるかのように認識し、行為をしている。したがって、子どもをもたない男性に対する「からかい」は、「生殖能力」とは関連づけられず、「性的能力の欠如」というスティグマとして顕在化することになる。

　子どもの有無を聞くことが常に「性的＝セクシュアル」な意味を伴うわけではないが、「からかい」の文脈において、性行為や性的能力と関連づけられる可能性が高いということを経験上あるいは知識として理解している場合、この手の質問そのものが歓迎されないであろう。そして、人によっては、この手の質問に対して「性的」な意図を読み込む場合もあるかもしれない。

5 「経験」からはじまる

　年齢や恋人の有無、あるいは子どもの有無は、単なるその人の属性や家族構成の問題にとどまらず、からかいのネタとして、過剰に性的な意味を読み込むことがなされてきた。そして、性的なからかいは、不愉快であるだけでなく、それが最もプライベートな領域であるだけに、屈辱的な経験ともなりうる。このような経験の蓄積の中で、いつしか、年齢を聞かれること、恋人や子どもの有無を聞かれることに対して、「身構える」ようになってしまう。これらの質問が常に「性的＝セクシュアル」な意味をもつわけではないが、一度でも性的な「からかい」の対象となったことがある人にとって、これらの質問は性的な事柄とより強い関わりをもつものとして経験されてしまうのである。場合によっては、この手の質問をするというその行為そのものに何か性的な意図があるのではないか、という誤解や不信感を与えてしまうこともある。したがって、職場や教育現場などの公的な場面で、聞く必要がないにもかかわらず、立場上優位な者がこの手の質問をするとしたら、やはりセクハラに該当してくるのではないだろうか。

　一方で、ジェンダー観や性に対する社会通念が変わることで、この状況も変わりうる。たとえば、「若さ」が女性の性的な魅力の要素としてそれほど重要とは考えられなくなるとき、年齢は単なる属性以上の意味をもつことはなくなるだろう。性行為の経験に対する女性への評価が変われば、恋人がいることに対する過剰に性的な意味づけをなされることもなくなるかもしれない。あるいは、不妊についての理解

や共感が広まる中で、そのことをからかうような言動自体が社会的に受け入れられなくなるだろう。

　ここまで、セクハラの「境界線」に近い言動を取り上げながら、その「性的な」意味づけの可能性について考察を進めてきた。従来、「もやもやしたもの」と言い表すよりほかなかった経験は、フェミニスト現象学によって積極的に分析の対象とされ、私たちの社会の、とりわけジェンダー構造を明らかにするための一つの重要な経験とさえなりうる。それは、すでに多様なあり方をしている私たち一人一人の生が尊重されるための、より豊かな言葉や思想へと道を開くものである。

●引用文献

浅倉むつ子［監修］（2005），『導入対話によるジェンダー法学［第2版］』不磨書房.
石原都知事の「ババァ発言」に怒り、謝罪を求める会［編］（2005），『131人の女たちの告発──石原都知事の「ババァ発言」裁判から見えてきたもの』明石書店.
江原由美子（1985），「からかいの政治学」『女性解放という思想』勁草書房，172–194頁.
田中俊之（2004），「「男性問題」としての不妊──〈男らしさ〉と生殖能力の関係をめぐって」村岡　潔・岩崎　皓・西村理恵・白井千晶・田中俊之『不妊と男性』青弓社，193–224頁.
成瀬麻夕・川畑智子（2016），「日本の大学におけるハラスメント関連資料から見えた特徴──テキスト分析を用いたセクシュアル・ハラスメント事例の検討」『現代社会学研究』29: 43–61.
働くことと性差別を考える三多摩の会［編］（1991），『女6500人の証言──働く女の胸のうち』学陽書房.
晴野まゆみ（2001），『さらば、原告A子──福岡セクシュアル・ハラスメント裁判手記』海鳥社.

Column2　「愛の証」とドメスティック・バイオレンス

　DV（ドメスティック・バイオレンス）、つまり家庭内暴力は、児童虐待と異なり、主に配偶者などの親しい関係の中で起きる暴力を指す言葉である。これには身体的暴力だけでなく、精神的暴力（パートナーを貶す、監視する、脅すなど）、経済的暴力（生活費を渡さないなど）、性的暴力（性行為を強要する、避妊しないなど）などが含まれる[1]。DV は、パートナーの自由を侵害し、人格を貶め、安心感を損ない、相手がもつさまざまな成長の可能性を潰してしまう行為である。「結婚なんてまだ先、DV なんて自分には関係がない」と思う人がいるかもしれないが、それは違う。恋人間の DV、デート DV というものもあり、その被害は、実は若い世代ほど多いのだ[2]。

　デート DV には、たとえば、交際相手の嫌がる場所で身体接触を強いる、長期間無視する、デート代を無理やり払わせる、別れ話に対し「死ぬ」と脅すなどがある。そのようなひどい事例ではなくとも、たとえば、恋人が他の人たちと遊びに行くのが許せなかったり、メッセージの返信がすぐに来ないと腹をたてたり、といったことも DV の入り口になる。軽い程度なら可愛らしいと笑えるこのような行為も、された側に苦痛や恐怖を与えるレベルまで行き過ぎれば DV になりうる。それを聞いて、「好きだからこそ、相手が他の人と仲良くしていれば嫉妬する」とか、「愛しているのなら、その証として即座に返信してくれるはずだ」と、反発する人もいるだろう。そこで、このコラムでは DV 未満の行為も含めて、「好きだからこそ嫉妬してしまう」「〇〇してくれるのが、愛の証だ」といった言説について、メルロ゠ポンティの議論[3]をもとに考えてみたい。愛＝嫉妬なのか？　恋人の要求に応えることは「愛の証」なのか？

　嫉妬は必ずしも愛に伴って生じるものではない（たとえば容姿や成績に対する嫉妬）。メルロ゠ポンティによれば、嫉妬は他人と自分を区別できていない人に生

---

1) もっと知りたい人は、伊田（2018）、中村（2001）などを読んでみるとよいだろう。
2) 2017 年の内閣府男女共同参画局のアンケートによると、女性では二十代から四十代までの 25% 以上、男性では二十代、三十代の 17% 以上が交際相手からの DV を経験しており、特に、二十代女性では 36.0% もの人が被害を受けていた（内閣府男女共同参画局『男女間における暴力に関する調査』〈http://www.gender.go.jp/policy/no_violence/e-vaw/chousa/pdf/h29danjokan-5.pdf（最終確認日：2019 年 11 月 30 日）〉）。
3) 以下の議論の一部はメルロ゠ポンティ（1966）で読むことができるが、大部分は未邦訳である。この議論については酒井（2017）で論じた。
4) たとえば「献身的愛」を楯に、加害者が被害者にさらなる献身を要求するような事態も考えうる。

じる。嫉妬する人は、「自分は自分、他人は他人」ということができず、他人にあって自分にないものばかりを見てしまうのだ。メルロ＝ポンティは、そのような嫉妬に支配された愛を「独占的愛」と呼んだ。「独占的愛」を生きている人は、パートナーを排他的に所有しようとする。そして、相手が自分から離れて自由を謳歌することが許せず、相手を見張り、自分の見える範囲に閉じ込めようとする。さらに、「独占的愛」を生きる人は、自分が愛されていないのではないかという不安からパートナーに愛を証明することを執拗に求めるとされる。だがそもそも愛とは、何らかの手段（性行為、お金、デート、愛の言葉など）で証明可能なものだろうか？　メルロ＝ポンティにいわせれば、これらの行為によって愛を絶対的に証明できるわけではない。実際問題、人は愛する人のためだけに全人生を捧げるわけにはいかない。学業、仕事、趣味もあれば、恋人以外との交友関係もあるし、病気や怪我で会いに行けないことだってある。しかし、「独占的愛」を生きる人々にとっては、こうした当然の現実すら愛の拒絶と感じられる。DVの背後にもこうした「独占的愛」の態度が横たわっているといえるかもしれない。

　メルロ＝ポンティは、すべての人間が幼児期にこの「独占的」な愛し方をしていると述べる。これは相手に愛されることを望み、相手にすべてを期待する、受動的な愛である。しかし同時に、彼は、このような「独占的愛」に、相手の自由を認め、その自由を高めるために自分のもっているものを相手に与える「献身的愛」を対置している。もちろん、「献身的愛」を持ち出しただけでDVの問題が解決するわけではない[4]。とはいえ以上のような彼の議論は、DVに陥らない成熟した愛とは何かを考える手がかりになるかもしれない。（酒井麻依子）

●引用文献

伊田広行（2018）,『シングル単位思考法でわかるデートDV予防学』かもがわ出版.
酒井麻依子（2017）,「メルロ＝ポンティにおける嫉妬と愛」『立命館大学人文科学研究所紀要』112: 45–70.
中村　正（2001）,『ドメスティック・バイオレンスと家族の病理』作品社.
メルロ＝ポンティ, M.（1966）,「幼児の対人関係」滝浦静雄・木田　元［訳］『眼と精神』みすず書房, 97–192頁.

07 一人暮らししなければ一人前じゃないのか？

〈家に住むこと〉のフェミニスト現象学

池田　喬

四月に新入生を大学に迎えると、初めての一人暮らしに戸惑っている学生に出会う。親元を離れて一人で生活し始めるのは大きな変化だ。何時に出かけたってよいし、友達や恋人を家に呼ぶことに何の障害もない。身の回りのことを自分だけでやっていく大変さはあるが、「あこがれの一人暮らし」といわれることもある。自由があるからだ。

親元から大学に通っている学生は、一人暮らしをしている友達を自由で羨ましいと思うとは限らず、大変でかわいそうと思うこともあるようだ。しかし、そういう学生も、いつかは自分も親元を離れて暮らすことになるとか、そうならないとだめだと思っていることは多い。いつまでも親に面倒を見てもらっているようでは半人前で自立していない、と。

親元で暮らしているのか一人暮らしをしているのか、つまりどこにどのように住むのかは、自由や自立（さらに、不自由、成長、自尊など）といった人生の大問題に深く関係している。〈家に住む〉とはどういうことか。以下では、フェミニスト現象学の観点を取り入れながら考察していく。

1　時空の中心、世界の拠点としての家

まず、家の中を見回してみよう。さまざまなものがあるが、そのなかでも家になくてはならないものは何だろう。トイレ、風呂、あるいはキッチンだろうか。いや、これらは場合によってはなくてもよい。かつてはトイレ共同のアパートは多く、家に風呂はなく銭湯に行く人も多かった。現在ではまったく自炊せずに買って済ます人もいる。

　ボルノー（1978）は、外界から遮断されて安心して横になれる寝床を家の中心と考えた。たしかに、そこで寝ることができないような場を「家」とは呼びにくい。寝られることはある空間が家であることの最小の条件である。このことは、野宿者が作る簡素な家（段ボールハウスなど）が、それ以外のものがほとんどなくても最低限横になれる場所であることが示唆していよう。また、自分の家ではなく恋人の家で寝泊まりすることが増えれば、恋人の家に同居しているも同然と感じられる。どんなに頻繁に訪問しても寝るときには自分の家に帰るのであれば、同居しているとは言い難い。

　では寝床とは何だろうか。なぜそんなに重要なのか。ボルノーによれば、寝床とはそこから一日が始まり、そこで一日が終わる場所である。寝床から起き出すことで一日が始まり、学校や仕事などに出かけたり、遊びに行ったりする。しかし、最後には寝床に横になり、それで一日が終わる。

　生活の始点であり終点であるものとしての家は、それぞれの人にとって空間感覚の中心だといえよう。学校、仕事場、友人の家、駅、店、何であれたいていのものは「自分の家からこれくらい」という距離感で理解されている。旅先の街で、気に入ったカフェを「ホテルからこれくらい」という風に理解したとしても、その街自体は、旅行が終わったら帰っていくはずの家（あるいは、そこから出たときに旅行がはじまった始点としての家）からこれくらいという風に理解されている。

　さらに、家は時間感覚の中心だともいえる。「自宅からこれくらい」と言うとき、私たちはたいてい、3キロといった空間的表現よりも30分といった時間的表現を用いる。自分の学校や最寄り駅までの距離を、何分くらいとは言えても何キロかは言えない人もいるだろう。私たちは、世界のさまざまな場所や地点を、どういう手段（徒歩、自転車、電車など）を使えば家からどれくらいで到達できるかという風に時間的に理解している。

　私たちは、地図を俯瞰するように時空を経験しているわけではなく、その内で活動する中で実践的に理解する。その世界の中心は身体ではなく家であろう。身体は旅先も含めてあちこちに移動するが、家はその身体がそこへと帰ってくる場所としてこの世界の一部で動かずにいる。身体はどこに行くにしてもこの家から出てこの家に帰るという意味で、家を中心に回っている。「自分の家」とはそれぞれの人がこの世界で生きるための拠点である。逆に、住処を失った（ホームレスの）状態になるとは、最も基本的な方向感覚を失う——路頭に迷う——ことを意味していよう。

　ただし、「自分の家」は「私の家」と同じではない。むしろ、誰もが人生の長い間

「誰かの家」を「自分の家」にしているはずだ。

　人間は生まれたらすぐに自分で生きていける存在ではない。だから、親やそれ以外に世話をしてくれる大人の家に誰もがまずは住む。そのうち、そこが（契約上は大人の誰かのものであっても）「自分の家」になる。そして、どこそこは「自分の家からこれくらい」というような時空感覚をもつようになる。大人との関係がよくなく、こんなのは「自分の家だと思えない」としても、そこを寝床にしている以上、その家を中心とした時空感覚は何らかの仕方で生じてくる。

　大人の誰かの家が自分の家として定着した後には、そこから「出たい」という願望が生じうる。あるいは、大人との関係がよくない場合などには、そこから出ることが人生の第一目標になることもありうる。家といえば、血縁でつながった「家族」を単位とした生活の場というイメージがあるが、それは狭い見方だ。さまざまなかたちの里親がいるし、児童養護施設で育つ子どももいる。そもそも世話をしてくれる大人は親に限られない。のみならず、「家に住む」という事柄に即していえば、「親元を離れて」「一人暮らしすること」など、原家族の囲いを脱することは人生の重要な出来事として位置づけられる。もともとの家とは別の場所に世界拠点を作ることは、しばしば自由や自立へのステップと見なされている。

2　親と同じ家に住む：自立へのステップとその影

　子どもの自立のために大人たちは大なり小なり工夫する。身の回りのことを自分でできるようにしたり、人とコミュニケーションして社会の中で生きていけるように言葉を教えたりする（たとえば、お礼や謝罪のマナーを教える）。それとともに、暮らしの場の様子も変わっていく。子どもにとって「自分のもの」が増え、サイズも大きくなっていく。

　子どもの自立に関わる、家の何よりも大きな変化は「一人部屋」の登場だろう。成長途中の子どもに一人部屋を設けることは、子どもが外部から遮断された内部空間で時間を一人で過ごせる場所を作ることだ。キッチンやトイレなどはないが寝床は必ずある。それ以外にも「自分のもの」で埋めつくされている。その意味で小さな「自分の家」のようである。

　自分の家では外ではしにくいことができるが（たとえば、楽な格好で横になること）、それは外部から他人が突然入ってきたりしないはずの空間だからである。同じよう

に、自分の部屋にいる子どもは、自分だけの空間だからこそ安心して、思いにふけったり、自分の肉体と向き合ったり、大人には知られたくない何かを見たり読んだりしているかもしれない。だから、一人部屋をもった子どもは大人が勝手に入ることを干渉だとして嫌がる。大人は、何をしているのかわからず不安になるが、一人部屋を与えた以上、子どもには自分が立ち入るべきでない領域があること、一人の独立した人間になりつつあることを認めるしかない。家が小さいなどの理由で一人部屋をもらえない子どももいる。そういう子どもは一人部屋をもつ子どもを羨ましがり、まったくもらえないことがわかれば一人暮らしへの願望を高めるかもしれない。自分だけの空間をもつことは人間としての独立と関係している。

　ここで、産みの親かどうかはともかく、親と子どもが住む家の内部を思い描いてみよう。台所、風呂トイレのほかに、食事をするための部屋（リビングなど）がきっとあるだろう。子どもの一人部屋があるかもしれない。父親が一緒に住んでいる場合は、趣味のグッズで溢れた部屋とか書斎があるかもしれない。しかし、母親が住んでいる場合でも、その一人部屋や書斎を思い浮かべた人は多くないかもしれない。母親の趣味が発揮されることがあっても、それは居間、玄関、廊下などの共有部分であることが多い。母親は趣味や読書で時間を過ごしているときも、いわれてみれば居間のテーブルでしている、と気がついた人もいるだろう。

　自立へのステップとして子どもに必要とされる空間が多くの母親にはない。だから、他人に干渉されずに思いにふけったり、他人に何を見たり読んだりしているのかを知られる心配なく動画を見たり本を読んだりできる自由が母親には十分に保証されていない。伝統的に、女性は家事や子どもの世話のようなケアワークが本分であり、男性のような自由も知性も必要ないと考えられてきた。この発想が家の内部構造に反映されているようだ。

　かつてイギリスの小説家ヴァージニア・ウルフは『自分ひとりの部屋』（2015）（原著は1929年）で、女性が小説を書くための条件として自分だけの部屋をもつことを挙げた。小説を書くかどうかはともかく、ゆっくりと邪魔されずに考えることが人間には必要だという点にだけ限定しても、それが可能な「自分ひとりの部屋」を男性や子どもと暮らす多くの女性がもっているだろうか。たしかに100年前に比べれば家事の分業も進み、教育や就労機会の男女差も小さくなってきた。だが、家の内部はたいして変わっていないように思われる。

　かつて一人部屋を与えられて自由で独立した人間として認められ始めた女性も、大人になって男性や子どもと住むとまた自分の空間を失ってしまうことがある。だ

が、干渉されずに自由に考えるために必要な時空間が欠けていることには問題がある。というのも、親と子どもが同じ家に住むということは、親が子どもの衣食住を確保して世話をするという・・・ケアの面だけではなく、世の中や人生について率直に語り合うという（こういってよければ）・・・ロゴスの面もあるからだ。

　ルディックは、母親の仕事として、子どもの生存維持とともに、「子どもの成長を促すこと」と「社会的に受け入れられるように子どもをしつけること」を挙げている（Ruddick, 1989: 17）。言葉を教えることは明らかにケアの実践の一部であり、その中には何が正しく何が間違っているかを教えることも含まれる。だから、生存維持のための世話だけに限定して知や対話を除外するケアの理解は狭すぎるのであり、まさにケアする親であるために、知識を吟味したり、自分の考えをまとめたりする時間と空間の余裕がないことは問題なのである。また、社会的に不利な立場に置かれたマイノリティの家族の場合、学校が自分たちを侮辱する内容を子どもに伝えていたり、子どもが攻撃されたりしている場合がある。そうした経験を子どもが親に語ったとき、社会に流通するステレオタイプや歪曲された情報を正せる可能性が親にはある。この最後の点については後で戻ってこよう。

3　一人暮らしへの挑戦：孤立は自立ではない

　「一人暮らし」とは、文字通りとれば、「一人」で暮らすことだ。親元で暮らしているときには自分以外にも誰かがそこに住んでいた。だが今や自分しかいない。一人でご飯を食べたりひっそりした家に帰ってきたりしたときには孤独を感じるかもしれない。しかし、「一人」とは「独り」のことで、「自立」とは「孤立」のことだろうか。そうだとしたら、欲しかったはずの自由とはずいぶん寂しいもので、活力よりも憂鬱をもたらすもののようだ。

　一人暮らしの自立は、たった独りで誰にも頼らず生きる、という悲壮な決意のイメージではうまく理解できない。発想の転換が必要だろう。むしろ、一人暮らしとは、自分自身で世界との関係を構築し直すことであり、その関係構築の重要な部分には、助けを求めたり頼ったりできる人や居心地のよい場所を見出すことも含まれる。そういう世界との新たな関係の中で自分自身を立て直すことに「自立」が発揮されるのではないか、と。

　こういったからといって困難が減るわけではない。この世に生まれ落ち、最初に

大人の家で暮らし始めたときには、すでに親などが構築済みの出来合いの人間関係に投げ込まれ、次第にその周りの環境に適応していっただろう。だが今度は、信頼できる他人との関係を作ったり、用事を済ませたり落ち着いていられたりする場所を見つけて、周囲環境に慣れることを自分で——それも幼いときに比べると格段に短期間に——実現しなくてはならない。とはいえ、それをするための自由は大きい（何時に出かけてもよいし、誰をいつ家にあげてもよい）。一人暮らしの自立とはこのように、新たな世界の拠点を作ってそこから世界と自分なりにつながることであるとすれば、孤立とは、世界とつながりを欠き、つまりは家が新たな世界拠点（そこから出かけてそこに帰って休息する場所として、あるいは人を迎え入れ見送る場所）になり損ねることだといえるかもしれない。そうしたときには、親元に帰りたいという願望が高まることもあるだろう。

　自立とは、誰にも頼らないことではなく、むしろ、助けを求めたり頼ったりすることも含めてむしろ〈つながる技法〉だという見方は、障害者自立生活運動の文脈を参考にするとはっきりする。

　1970 年代からはじまった脳性麻痺当事者の自立生活運動は、地域社会で自ら暮らすことを「自立」として掲げてきた。脳性麻痺をもつ身体障害者は親（実際には常に母親）や施設での世話がなければ生きていけないと思われてきた。しかし、ケアの関係において、ケアを受ける側はケアをする側の都合に振り回されやすい。それゆえ、親元と離れて生きていくことは自分で好きな時間にやりたいことをやるという自己決定の自由を享受するのにしばしば必要である。

　脳性麻痺をもつ人は、全身の動作の制御が効かない。健常者向けのアパートの部屋にそのまま住むことは困難であり、手すりなどの必要なサポート機具を取り付けるなどして、自分の身体にフィットするように環境を改変していく必要が生じる。しかし、賃貸アパートであればこれには大家の理解が必要であり、そのための交渉が必要になる。障害者は世界とのつながりの再構築が健常者よりも必要であるだけでなく健常者よりも困難である。

　障害者自立生活の活動拠点としてまさに「自立の家」という名称を掲げたところもある。東京都世田谷区に 1979 年に誕生した「自立の家」（1999 年 NPO 法人化）は、介助者に支えながらアパート生活を始めた重度障害者 O 氏の住まいを「自立の家」として活用し、さまざまな障害をもつ人が生活をともにするようになった場所だったという。介助者とともに家の中や地域社会を生活の場としていったわけだが、その中で、（自立の家の正式発足以前から）最寄駅の改修を求めたり周辺の喫茶店にスロ

ープをつけるように頼んで実現したりするなど、時間をかけて、事物の改変や他人との交渉など世界へのつながりを作り出してきた[1]。

　熊谷（2012）は、こうした障害者自立生活の歴史を踏まえて、自立とは何にも依存しないことであるばかりか、むしろ依存先が十分に分散していることだと捉える。この捉え方は、障害者は周囲に依存している（自立していない）が、健常者は依存していない（自立している）という通念を覆す。熊谷の例でいうと、地震が起きたとき、電動車椅子ユーザーの彼にとってエレベーターが故障したらもはや五階にある研究室から降りることはできない。けれども、健常者はエレベーターが使えなくてもエスカレーターがあるし、エスカレーターが壊れても非常階段があるなど、移動するための依存先がたくさんある。障害者は依存先が一極集中して（この場合はエレベーターのみ）、そのため、それがなくなるともうダメだという風になりがちである。健常者は依存先が十分に分散しているので自由度が高いが、それは何にも依存していないからではなくむしろたっぷりと依存できているからでる。もっとも、エレベーターが壊れても、車椅子ユーザーの人を別の誰かがおぶって階段を降りるなどすれば、移動は可能である。この場合、その誰かがおぶって降りることをエレベーターだけでなく階段とその誰かが依存先として増え、移動の自由が高まっている。自立は、依存先が一極集中している状態から依存先が十分に分散している状態への移行にある。

　この洞察は一人暮らしにおける自立について多くを教えてくれる。障害者の自立生活がとりわけ大変な理由に、自由に行為するために、アパートの部屋の改造や介助者の手配など、世界を十分依存可能な空間にするのに健常者よりも必要な事柄が多いということがある。健常者の場合でも、たとえば、引越し先にもともと知り合いがいる場合といない場合では、新たに世界とつながるためのハードルの高さが異なってくるだろう。また、熊谷は、自立生活によって障害者は家族のケアへの一極集中を脱して、別の場所に生きるルートを確保するという局面にも注目している。このとき、親子の関係は以前とは別ものになるだろう。一般に、新たな世界拠点を築いたとき、子どもは親とケア中心ではない関係に入ると思われる。

　ケアの関係性が薄まると、人生や世界について対話する相手という親のもう一つの面が以前よりはっきり見えてくることがある。一人暮らし先から実家に電話する

---

1)「自立の家」（1999 年 NPO 法人化）ホームページ内、「自立の家ができるまで」を参照（〈http://www.jiritsunoie.com/history/（最終確認日：2020 年 2 月 28 日）〉）。なお、ホームページ上で O 氏や小佐野氏として登場する小佐野彰氏の考えについては小佐野（1998）を見よ。

とき、日常生活のケアや経済的支援の要請を訴えることもあるかもしれないが、それのみではなく、自分が別の地でしている経験について聞いてほしくて話していることがあるだろう。あるいは、ケアの関係が薄まったからこそ、ケアの関係が強かった過去をそれとして振り返り、あのときは心配したとか、あのときはこういうつもりだった、などと「今だからできる」内容へと話が展開して、相互の理解が深まったり、わるかった関係がいくらか修復されたりするかもしれない。また、仕事がつらいとき、仕事のことを利害関係を気にせずに話せる貴重な話し相手に親がなることもある。自分の人生だけでなく、社会について批判的に語ったりすることもある。大学の授業でこれまで知らなかったことを学んだ学生はしばしば親にそのことを話す。こうしたケアからロゴスへの重心移動は、子どもの世界が広がり、ケアの依存度が低くなると、実家暮らしでも生じるが、親元を離れるときに特に鮮明になることがある。

　これまで自分に物を教えてきた親が、世の中の知識を欠いていたり、ありきたりな見解しかもっていなかったりすることを知って、幻滅したり、馬鹿にしたりし始めることがある。しかしそのとき、親はともかくもケアの担い手ではなく世界の語り手（として期待外れだ）と見なされている。重要なのは、ケアの関係が保護者と被保護者という一種の上下関係を必然的に含むのに対して、対話において関係はより対等になるということだ。その意味で、子どもが自立するに従って親は友人に近い存在に変わりうる。普通、私たちは性格や趣味の合う人と友人になるが、性格が実は合わなかったり物の見方が対立したりすると、距離が出てくる。親子が対等なロゴスの関係に入るとき、拘束力が減る代わりに、特有のこじれやすさが生じることになる[2]。

　ところで、新たな世界構築は容易ではなく、結局、ここが自分の居場所だと思えるような場所を見出したり他人との信頼関係を作ったりもできなかった、ということもある。自立ではなく孤立である。ところで、自立とは依存先が分散していることだとすれば、依存先がゼロになるより一つでもあったほうがよい。自立しているとは世界に十分に依存できることであり、その意味で独りじゃないことなのであれば、「一人暮らししなければ自立できないのか」という問いには、「孤立」してどうにもならないくらいなら、頼れるのなら親を頼ったほうがよいという答えになるだろう。

2）子どもは親とすぐにロゴスの関係に入れるわけではない。親の見解が自分よりも素朴であることを知って馬鹿にし始めるような場合には、友人関係とは違って親子関係は何を言っても壊れないという信があり、ロゴスの対等な関係を本当に作れたわけではない。

　一人暮らしのもつさまざまなラディカルな変化について語った後でこういうと拍子抜けするかもしれないが、親元にとどまるという選択は社会的に見ても不合理だとはいえない。子どもと親が長く一緒に住むほうが、電気やガスなどのエネルギー消費という点では明らかに無駄が少なく、エコである。そもそも、子どもは親とは別の家政を営むべきだとか、成人したら子ども数人と両親で（核家族を典型とする）別世帯を形成するべきだとかという思想は、歴史的に見ればかなり最近のものだ。しかも、こうした思想は、人々を賃金労働者やケア無償労働者（父は会社勤め、母は専業主婦またはパートなど）に割り振り、社会的な有用性や生産性の観点から第一に把握する傾向がある。自営業で親から子が仕事を継承するような労働モデルであれば、親子の別居が前提にはならない。これらの事情はそれ自体興味深いが、その検討はここではできない [3]。

4　語りの場としての家：物質化されたアイデンティティ

　一人暮らしは〈親元から社会へ〉という方向のみで考えられがちである。ケアの関係が薄まるという面ではそうだが、つらい仕事のことを遠慮なく話せる語りの関係において〈社会から親元へ〉という方向もある。親元にいるときでも、たとえば学校でいじめにあうなど社会が敵対的なとき、親には重要な話し相手という役割がある。

　フェミニズムの中で「家」は女性をケア労働に縛り付けるものとして否定的に言及され、女性の〈社会進出〉を推進するという方向が重視されることが多い。しかし、家はケアの場であるだけでなくロゴスの場でもあること、あるいはルディックの論点を踏まえていえば、語り合うことがケアに含まれること、また、家から出て進出するはずの社会が自分たちに敵意を向けて妨害してくるようなマイノリティに自らが属していることを考慮したときはどうだろうか。アフリカン・アメリカンのフェミニストであるベル・フックスはこう述べている。

　　歴史的にいえば、アフリカン・アメリカンの人々は、住まいの場を打ち建てる

---

3)「ひきこもり名人」の異名をとる勝山実（2011）の著作は、エネルギーの節約など、自活せずに親と同居し続けることのいくつかの積極的意味を提示している。

　　ことは、どんなにもろくて弱々しくても（奴隷小屋、木製の掘建て小屋）、根本的
　　に政治的な次元をもっていると信じていた。人種隔離政策や支配の残酷な現実
　　にもかかわらず、人が住まう場は人間性の問題に自由に向き合い、抵抗するこ
　　とのできる一つの場所であった。（hooks, 1990: 160）

　ここでは語りの空間としての家に光が当てられている。一人部屋で邪魔されずに
考える自由に触れたが、独りで考えるだけでなく、ともに語り合いながら考えると
いうこともある。特に社会が自分たちに敵意を向けている場合には、家が自分を取
り巻く世界や歴史について自由に語れる場所になることがある。
　『家族写真をめぐる私たちの歴史──在日朝鮮人、被差別部落、アイヌ、沖縄、外
国人女性』（2016）では、日本で差別されてきた親の家庭に生まれ、自身も差別を経
験してきた人たちが、家族写真を手がかりに、教科書の日本史年表には載っていな
い〈自分たちの歴史〉を探っている。その中には、日本社会における自分の境遇の
意味を、両親や祖父母との会話の中で知ったという記述が少なくない。また、言葉
が通じないために、親や祖父母と話したかったことが話せなかった、聞きたかった
ことが聞けなかった、という痛恨の回想もある。
　けれども、この本からはっきりしてくるのは、家という空間は、言葉だけで自分
が何者であるかというアイデンティティを作り出すわけではない、ということであ
る。家族写真には人が写っているだけではない。写真に写っている人たちは服を着
ている。背景には、食べ物があり、机や食器があり、装飾品がある。そしてそれら
には生活様式が現れており、それぞれのルーツを反映しているものもある。
　たとえば、朴理紗の「はじめてのチョゴリ」には、四歳のときに母親にはじめて
チョゴリを着せてもらい、家の中でその姿を撮ってもらった写真がある。綺麗な衣
装に身を包んだ朴は、嬉しくて写真を撮り終わった後、七五三のときに着物を見せ
に来た友達にチョゴリ姿を見せに家の外で出ようとした。すると、鋭い声で母親に
止められたことを回想している（ミリネ, 2016: 62-64）。その意味を理解するには時
間が必要だっただろう。服という存在があり、それについての語りがあり、そして
その意味について時間をかけた思考が生じていく。
　ヤング（Young, 2005）は家をアイデンティティが物質化する現場として考察して
いる。家の中の多くの事物には時間をかけて沈殿したパーソナルな意味があり、そ
れがその人のパーソナルな物語（ナラティブ）を成り立たせている。ヤングが挙げ
る例は、母親に苛立ってはさみで切りつけたたんすの傷である。このような傷はそ

の時間の印であり、それを見るたびにそのときの母親の気持ちを考えたり、母親との関係を考えたり、あるいは、それをめぐって母親と話したりする機会を与えるかもしれない。また、家の中にある事物には、自分以外にそこに住んでいる人の時間が刻印されていることがある。ヤングの記述では、たんすの傷から、自分の息子が高校のときに読んでいた本や、彼が獲得したトロフィーへと視線が移っていく（Young, 2005: 140）。

　マイノリティの境遇にあるかないかにかかわらず、自分の人生をそれとして紡ぐための手がかりとなるパーソナルな事物が（世界の他の場所に対して際立って）家にはたくさんあり、いつでもそれについて思いをはせたり、考えたり、話したりできるように一部のものは大切に保管されていたりする。そうした事物は、代替可能な物品に尽きず、「私の一部」だといっても言い過ぎではない。このことは、自然災害や火事でこれらが失われたときの深い喪失感を考えれば、わかるだろう（東日本大震災後、津波で流された家の事物について「これは瓦礫ではない」という訴えもあった）。

5　家に住むことと自分であること

　人はみな最初、大人の誰かの家に住みながら世界の方向感覚を得ていく。そのうち、大人が一人部屋を設けるなどして子どもが独立した人間になる工夫をしたり、子どもがその大人の元を離れて世界の拠点を新たに作り直したりするとき、大人と子どもの関係もケアの関係だけでなく（幸福な結果になるかはともかく）ロゴスの対等な関係に移行していく。

　一人暮らししなければ人は自立できないのだろうか。簡単にそうとはいえない。まず、一人暮らしによって孤立を深めるなら自立には結びつかない。なぜなら、自立とは依存先を分散させながら世界とつながることであり、孤立はその逆だからである。また、親などの大人と暮らしているならば、依存していて自立していないという見方は、大人と子どもの関係をケアの関係に限定し、しかも、世界や人生について語るというロゴスの面をケアから切り離した、狭隘な見方に陥っている可能性がある。

　子どもは、自分がともに暮らしている人に単に生活の世話をしてもらっているだけではない。むしろその生活を通じて自分が何者であるかを了解していく。家は、時空の中心であるだけでなく、さまざまな事物に沈殿していくパーソナルな意味を

通じてナラティブを紡ぐための重大な空間でもある。そこでは、人生の出来事を回想したり、その意味を後から了解したり、あるいは、境遇をともにする者同士で語り合うとき、一般社会とは異なる仕方で世界を見る視点を獲得したりすることも生じる。同じ家にいるということは、世界の中での自分の方向づけが更新されないということではない。親元にいても、その関係が対等なロゴスの関係へと重心移動することは可能であろう。

　ハサミの傷がついたたんすの感傷的意味を語るヤングの母親は、ネグレクト（育児放棄）で捕まったこともあるそうだ。ヤングが親元で過ごした生活は困難であり、たんすの傷とそこに刻まれた記憶は彼女自身の傷でもあろう。親元を離れて世界拠点を再構築することも困難さを伴う。だが、大人の家の中でアイデンティティをもった自分自身になっていくプロセスもやはり容易ではない。

　家は寝床という休息の時を与えてくれる（べき）場所であると同時に、人生の複雑さが経験される難所だ。死が近づいたとき、（どんなに最新の設備とサービスが整っていようと）病棟のベッドではなく自分の家で寝たいという人は多い。家は、各自にとって代えの効かない時空の中心であり、世界のどこにいても結局はそこに帰る場所という意味があるからだろう。どんなに不幸であったとしてもその人生の意味を知りたいというのは根源的欲求である。家は、過去を振り返りながら人生のナラティブを編むための色んな事物が集まった世界で唯一の場所として現れうるのだ。

●引用文献

ウルフ, V.（2015）, 片山亜紀［訳］『自分ひとりの部屋』平凡社.

小佐野彰（1998）,「「障害者」にとって「自立」とは何か」『現代思想』26（2）: 74–83.

勝山　実（2011）,『安心ひきこもりライフ』太田出版.

熊谷晋一郎（2012）, インタビュー「自立は、依存先を増やすこと　希望は、絶望を分かち合うこと」『TOKYO人権』56〈https://www.tokyo-jinken.or.jp/publication/tj_56_interview.html（最終確認日：2020年4月23日）〉.

ボルノウ, O. F.（1978）, 大塚恵一・池川健司・中村浩平［訳］『人間と空間』せりか書房.

ミリネ［編］（2016）,『家族写真をめぐる私たちの歴史——在日朝鮮人、被差別部落、アイヌ、沖縄、外国人女性』御茶の水書房.

hooks, b.（1990）, *Yearning: Race, Gender and Cultural Politics*, South End Press.

Ruddick, S.（1989）, *Maternal Thinking: Toward a Politics of Peace*, Ballantine Books.

Young, I. M.（2005）, *On Female Body Experience: "Throwing Like a Girl" and Other Essays*, Oxford University Press.

Column3 ケアをお金で買うってどういうこと？

　　　　　グローバル化する現代社会の中で世界中に広がっている
　　　　　移住ケアワークの実態を手がかりに、ケアをお金で買うとは
どういうことか、そのことが何をもたらすのか、一緒に考えてみよう。

ケアワークとは何か

　ひとは生きるためにケアを必要とし、ケアなしでは生き延びてくることはできなかったはずである。やけっぱちになったとき、「誰も自分のことをケア（大事に）してくれない！」と叫んだり心の中でつぶやいたりしたことのある人は少なくないだろう。ケアという言葉には、大きく分けると二つの意味がある。ひとつは、思いやるとか大事にするとかといった、気遣いという意味でのケア。もうひとつは、そうした気遣いが行為にうつされた、世話という身体接触を伴う関わりの総称のこと。小さな頃、泣くしかできない自分たちを誰かが世話してくれたからこうしてこの本を読めるくらいになるまでみなさんが育つことができたわけである。これら二つの側面は分かち難く結びついていて、人間が生きていく上で必要なケアという行為が仕事（work）としてなされるものが「ケアワーク」である。

　ひとは、誰かに気にかけて大事にして（ケアして）もらい、世話されなければ生き延びることすらできない。小さな頃や年を重ねてからはもちろんのこと、思いがけず病や障害を得ることで、誰かの世話を今まで以上に必要とするようになることもある。哲学者のエヴァ・フェダー・キテイは、こうした世話を必要とするというニーズを依存性と呼び、「人間の条件」のひとつとして位置づけた（キテイ, 2010: 81）。また、そうした状況になくとも、多くのひとは自分でできることであっても、日々誰かに頼り、世話をされて生きている。ケアは単に生存のためだけでなく、人間がその生をより善く生きるためにも必要不可欠なものなのである。

ケアワークのグローバリゼーション：アメリカ合衆国とフィリピンの間で

　第二波フェミニズムという世界的な女性解放運動の中で、訴えられたのは次の主に二つのことであった。ひとつは、性別役割分業というケアワーク（再生産労働ともいう）が女性に偏って課せられる家父長制という制度への批判。もうひ

とつは、ひとつめと関連するが、ケアワークを押し付けられることで女性が自分のやりたいことを実現する自由が保障されていないことへの批判。こうした二つの批判を通じた女性による自由の獲得を目指した運動の進展によって、女性が家を出て外で働く自由というものがすべての人にではないにしろ、得られるようになってきた。しかし、人が暮らしていく上で必要不可欠なケアに関わる仕事というものは依然として家庭の中に残る。家庭内で他の構成員とその負担をうまく分担できればよいのだが、多くの家庭ではうまくいかず、女性が外での仕事に加えてそうしたケアワークを担うことでなんとか家庭を維持しているのが現状である。経済的に裕福な家庭は、ケアサービスを購入することで楽に家庭を維持しようとする。しかし、それはできる限り低コストで抑えたい。

　そんな中、経済的に貧しい途上国の状況では、何とかして外貨を獲得してより豊かになりたいとみな思う。たとえばその中でも、フィリピンという国は高学歴な女性が多いのだが、国内で働くだけでは子どもに十分な教育を受けさせるだけの賃金が得られないというしんどい状況にある。そのため、大学を卒業し英語も堪能な女性たちは、自身の語学力を活かして移住ケアワーカーとして経済的に豊かな国で働いて外貨を自国の家族に送ろうとする。ただ、そうして自国を離れてしまうと自分の子どもや家族を直接世話したり愛情を注いだりすることが物理的にできなくなる。そのため、自分の仕送りの中から現地の安価なケアサービスを購入して自分の家族をケアしようとする。このような、グローバリゼーション下での移住ケア労働の様子を丁寧に調査したのがラセル・パレーニャスというひとだ（Parreñas, 2001）。彼女はこうした現象を「グローバルなケアの連鎖」あるいは「再生産労働の国際分業」と呼ぶ。そこで明らかになったのは、先進国の特権階級の裕福な女性が移住ケアワーカーによるケアサービスを低価格で購入して自身や家族のケアに充て、そのケアサービスを提供する移住ケア労働者は、そこで得た収入で家族のために自分より貧しい人によるより低賃金のケアサービスを購入するという構造である。

ケアというグローバルな愛の移植

　感情社会学を専門とするアリー・ラッセル・ホックシールドは、パレーニャスによって描き出された国境を越えた家事労働、そのひとつであるケアワーク実践にさらなる分析を加えている。ケアワークとは、相手のことを大事にし、気遣い、世話する仕事である。とりわけ、子守りという仕事はその雇い主の子どもへ愛情を注ぐ。そうした〈愛〉を、彼女は「グローバルな愛の移植（Global Heart Transplant）」と名づけた。いうまでもなく、この "Heart transplant" は心臓移植のたとえである。それなしでは死んでしまう「心臓（heart）」という、臓器の中でも最も重要なものと、人間にとって大切な愛情とをかけて、それが国境を越え

て、途上国から先進国へと、金銭を媒介にして移転・移植されてしまう様子を見事に表したたとえだ。そして、こう続ける。「この仕事をすることのある種の不正義というものは、先進国の子どもたちが〔移住ケアワーカーによるケアと家族によるケアとの両方の〕過剰な愛情を享受していることと、〔移住ケアワーカーの〕子どもたちにとっての情緒剥奪がつながっている」(Hochschild, 2002: 22,〔〕内は引用者による補足)、と。

　移民ケアワーカーの仕事には、多くの場合子守りが含まれる。それが意味するのは、自分の子どもに充てるはずだった時間とエネルギーが雇い主の子どもへと流用されるというだけではなく、愛もまた流用されていることから、ホックシールドは「愛は不公平に分配された資源」であるという。

　子守りを頼むなら、自分の子どもにたっぷりと愛を注いでくれる人と思わない人はいないだろう。ホックシールドはこうした移民ケアワーカーによる愛を先進国の親が歓迎していることに注目する。彼女らの深い愛情は、暖かい家族の結びつきや強いコミュニティの絆といった第三世界の文化の産物である。そのため、「先進国の親たちは第三世界の「家族価値」のもたらす効用を輸入している」ことになる。そして、かつて先進国の男性中心的帝国主義が金や象牙を第三世界から収奪して豊かになったが、今日ではその中心には女性がいて、「愛とケアが「新しい金（new gold）」となった」と現状を鋭く描き出している(Hochschild, 2002: 23–26)。

　このような、ケアワークをお金で買うことに付随して発生するケアと愛をめぐる不正義と呼ぶべき事態が、ケアワークのグローバリゼーションという現実のもとに生じている。こうした状況、つまりはジェンダー不平等と階層差を背景とした地点で移住ケアワークを選ぶという選択は正義にかなうかと問うのがフェミニスト倫理学という学問である。ヒルデ・リンダマンは、フェミニスト倫理学とは単に「倫理学の一部門」というよりはむしろ「倫理学をするための方法」であるという（Lindemann, 2005: 4）。そしてそれは、ジェンダーというものがいかにしてわれわれの道徳的信念や道徳的諸実践に影響を及ぼしているのかを理解し、批評し、補正することを目標としているという（Lindemann, 2005: 11）。

　では、フェミニスト現象学とは何か。フェミニスト現象学もまた、単に「現象学の一部門」というよりはむしろ、「現象学をするための方法」の一つといえるのではないだろうか。そして、それはいわゆる現象学者と呼ばれる人の理論を援用あるいは応用することだけが現象学なのか、という問いを根底から問い直す営みでもある。身体とりわけ女性の身体という「事象そのもの」に立ち返り、考え、記述する営みがフェミニスト現象学の出発点にある。こうした、現象学固有の方法論でもって現実社会を記述しそこにある問題を析出するという営みは、フェミニスト倫理学による規範的な観点からの分析との共同作業によってもまた深化し発展し続けるものであろう。このコラムは、こうした未来に向かって

書かれたものである。（佐藤靜）

●引用文献

キテイ, E. F.（2010）, 岡野八代・牟田和恵［監訳］『愛の労働あるいは依存とケアの正義論』白澤社.

佐藤　靜（2017）,「ケアワークと性差別──性別役割分業・人種間分業・グローバリゼーション」『唯物論研究年誌』22: 59–83.

Hochschild, A. R.（2002）, "Love and Gold," B. Ehrenreich, and A. R. Hochschild（eds.）, *Global Woman: Nannies, Maids, and Sex Workers*, Metropolitan Books, pp. 15–30.

Lindemann, H.（ed.）（2005）, *An Invitation to Feminist Ethics*, McGraw-Hill.

Parreñas, R. S.（2001）, *Servants of Globalization: Women, Migration, and Domestic Work*, Stanford University Press.

II
フェミニスト現象学の拡がり

第II部では、最近の研究の展開として、さまざまな規範と抑圧を問題とする現象学の試みを紹介する。第8章では、第1章に続いて理論的な解説を行い、フェミニスト現象学がマイノリティの側から世界を考えるために有効であることを示す。第9章では、ゲイであることをカミングアウトする経験について、日本で「白い」外国人として生きることとの関わりとともに記述し、異性愛を正常とする規範について考える。第10章では、「間違った身体」を生きているというトランスジェンダーの経験について、異常な病理とみなすのではなく生きられた現実として記述する現象学の可能性が示される。第11章では、スポーツやセックスを取り上げながら、男らしさの規範がどのように経験され、不平等な社会を維持するのかを考える。第12章は、非白人の人々や「ハーフ」と呼ばれる人々の「人種として見られる経験」を記述し、「人種は存在しない」という考え方で人種差別をなくせるのかを問い直す。第13章では、障害についての代表的な考え方を紹介した上で、障害の当事者による記述が生きられた経験の知を生み出す可能性を示す。第14章では、特定の状況において、他人との関係の中で経験される老いを記述することを通して、「老い＝加齢」という考えを問い直していく。コラムでは、トランスジェンダーのセクシュアリティ（コラム4）、トランスジェンダーへの嫌悪（コラム5）、トランス男性の男性性（コラム6）をそれぞれ現象学的に考える。フェミニスト現象学は特定の領域を担当する部門ではなく、どのような抑圧的規範の経験からも起動しうる思考の運動である。第II部の問いは多岐にわたるが、ぜひ「自分のこと」として考えてみてほしい。

08　なぜ今、フェミニスト現象学なのか？
展開と挑戦

稲原美苗

　なぜ今、フェミニスト現象学なのか。それは、「私」の立場からこの世界やあらゆる事象を捉え、私自身の「生きられた経験」というものを最も重要視し、哲学活動の出発点にしているからである。フェミニスト現象学は、万人に通じる否定する余地のない「絶対的真理」を探究しようとしているわけではない。なぜなら、「私」とは、偏ることなく、公正・中立な立場をとる主体などではなく、すでに常に世界（社会やコミュニティ）の中で他者に巻き込まれて交流する、存在者としての「私」だからである。したがって、フェミニスト現象学が求める真理とは、この「私」によって「生きられた経験」で得た真理なのである。

　私事になるが、筆者は軽度の障害者（アテトーゼ型の脳性麻痺とともに生きている当事者）である。障害のある家族や友人とともに過ごしてみることによって、私自身を含む「障害者」と呼ばれている人々、一人一人の経験が多様であることを実感している。だが、社会は「障害者」を「健常者でない者」として、一括りにして扱う傾向がある。大学の教壇に立っている筆者は、哲学の領域で「女性」や「障害者」の経験がほとんど触れられていないことに気づいた。また、それぞれ（人種、セクシュアリティ、性別、障害、貧困など）のマイノリティ当事者たちが分断されているように感じた。つまり、女性学、障害学、アイヌ学、沖縄学、クィア・スタディーズなど、「マイノリティ」の名前＋「学（スタディーズ）」というように新しい学問が次々に誕生しているが、それらを横断する学問がほとんどないのが現状だろう。どのようにそれらの分断された一つ一つの学問を繋げられるのだろうか。

　ここで断っておきたいのだが、本書で述べられている「マジョリティ／マイノリティ」の区別は「多数者（構成員の数が多い集団）／少数者（構成員の数が少ない集団）」の区別を意味しない。女性がマイノリティになる理由を考えてみよう。マイノリティとは、単純に「少数」であること（量的な問題）ではなく、「一致すべきモ

デル」がないという状況にいる個人もしくは集団のことを示す。女性の問題は、マジョリティである男性が依拠する「一致すべきモデル＝家父長制」から周縁化されているということにある。特に、日本社会において「一致すべきモデル＝規範」にぴったり合っているマジョリティは「日本人男性／異性愛者／標準世帯（父親・母親・子どもの核家族）／健常者／大卒／大企業の正社員」であるが、そのような条件をすべて満たした「男性」は量的には少数である。しかし、日本社会は、このような規範に合った「男性」だけが特権を得るような社会システムを構築し、維持し続けてきた。その結果として、多くのマイノリティを生み出し続けている。この社会は、「マジョリティではない」ことを「問題」として捉え、その「問題」をマジョリティの規範の中で少しでも改善させようとするパターーナリズムを認めている。しかし、「問題」を抱えているのはマイノリティ当事者だけなのだろうか。私たちは、問題ばかりに目を向けて、マジョリティの規範そのもののあり方には疑問をもたないようにコントロールされているのではないだろうか。

　たとえば、学術論文は、専門家に向けて書かれており、研究者はマイノリティ当事者を「問題を抱えた研究対象」だと考えがちだ。研究対象者になった経験のある障害のある友人が、「そもそも研究というものは、ある問題を専門家の「枠」に入れて考え、一般論として問題を扱っているだけで、私の状況が改善すると思えない。研究が自分のためのものだと考えている障害者は誰もいないと思う」と言ったことが忘れられない。そのような発言に対して大きな衝撃を受け、筆者は専門家の「枠」そのものを問うことができないのかという疑問をもつようになった。つまり、専門家の「枠」では掬い取れないマイノリティ当事者の経験からそれぞれの問題を考える必要性があり、その方法を見出さなければならなくなってきたのだ。この章では、筆者がその方法としてどうしてフェミニスト現象学を選び、この考え方が「枠」を超えてそれぞれのマイノリティ当事者たちを繋ぐことができると考えたのか、その理由について説明していく。

1　「マイノリティ」側から世界を考える

1-1　フェミニスト現象学における現象学的還元
「マジョリティ」側からは、このような世界を認識していないかもしれないが、日本には、国籍以外にも、民族、貧困、性的指向、ジェンダー、障害の有無などにお

いて多様な特性のある人々が暮らしている。マジョリティ側にとっては当たり前とされる価値観が、マイノリティ側にとっては当たり前ではないことが多くある。また、マイノリティであるがゆえにマジョリティ社会の固定観念を押し付けられ、差別され、不条理な仕打ちを受けたりすることもある。しかし、同じ日本人であっても、日本国内で暮らす日本人はマジョリティであるが、イギリスで暮らしていればマイノリティになるように、マジョリティであるかマイノリティであるかは、暮らす環境から大きく影響を受ける。現代社会では、男性、成人、健常者、異性愛者、稼ぎ手、日本人などのマジョリティと呼ばれる人々が生きている日常とは異なる生活をしている人々が大勢いる。しかし、この社会はマジョリティを基準にして構成されているため、この社会基準の「枠」からいったん外れてしまうと、私たちはたちまち「生きづらさ」を抱え始める。このセクションでは、この「枠（規範）」から外れてしまった「マイノリティ」と呼ばれる人々の「生きづらさ」や「生きられた経験」を細緻に記述・分析することの大切さについて、理論的な背景を紹介していく。

　「現象学」は難しいことをわかろうとする学問ではなく、「当たり前」の状態や「日常」に潜んでいる謎を解くための哲学である。特に、マイノリティの問題を考える際、「セクシュアリティ」「トランスジェンダー」「人種」「障害」「老い」「脆弱性」「身体」とは何なのかという問いが前に出てくる。現象学とは、19世紀後半に哲学者エトムント・フッサールが唱えた哲学であり、その主要な概念の一つに「現象学的還元」がある。フッサールによれば、私たちは「自然的態度」で生きているかぎり、あらゆる事象を習慣的に把握している。そして、私たちは、多くの先入見を通して事象を把握してしまうので、日常の「当たり前」を疑問視する必要がある。この疑問視する操作を「現象学的還元」と呼ぶ。つまり、「自然的態度」とは、私たちの日常生活の中での態度や考え方のことを示している。言い換えると、世間的な常識のことを指し、この世界が客観的に存在するということや、私も他者も存在するということから始まり、私たち人間は「内面」を有し、その「内面」には「意識」があり、そして私の「意識」の「外」には物体や客体があるという思い込みが「自然的態度」である。「現象学的還元」は、私たちの思い込みから抜け出て「事象そのものへ」と近づき、日常生活の中の事象を考え直すために行われる。もう少し詳細に説明を加えると、「現象学的還元」とは、私たちが知らず知らずのうちにしてしまっている科学的・客観的（専門的）なものの見方（当たり前だと認識している見方）をいったん括弧に入れて、直接的な経験に戻ってもう一度事象を捉え直す作業のことを示す（フッサール, 1995）。この作業を行うことによって私の意識に現れてくるそ

れぞれの経験の意味を捉え直すことが重要になる[1]。

　メルロ＝ポンティの場合、「現象学的還元」は、完成形になることはなく、その還元に終わりはない。しかし、それこそフェミニスト現象学がメルロ＝ポンティ（1967: 13）の求める哲学的態度（「哲学とは己れ自身の端緒のつねに更新されてゆく経験である」という有名な一文がある）に倣って、さまざまな自明性を問い続けている理由である。また、メルロ＝ポンティは次のようにも説明している。「現象学的世界とは、何か純粋存在といったようなものではなくて、私の諸経験の交叉点で、また私の経験と他者の経験との交叉点で、それら諸経験のからみ合いによってあらわれてくる意味なのである」（メルロ＝ポンティ, 1967: 23）。つまり、彼にとって、哲学的な活動のベースは、「「私」がこの世界で生きている」という事実であり、その立場から事象や世界について考え続けねばならないということなのだ。

　マイノリティ当事者の事象を捉える際、「私」の立場から思索するメルロ＝ポンティの現象学は非常に効果的だと考えられてきた。「現象学的還元」は、日常の先入見に対する問いをもてるように、そして、批判的立場から世界を見られるように、私たちに促してきた。特に、ボーヴォワールは、男女の性差が二項対立的な関係として多様な手段で、たとえば医学的・科学的な枠組みによって、どのように自明化されてきたかを説明した。その枠組みでは、男性もしくは女性のいずれかの性を有することを正常とし、それ以外の性を異常であるとする。性は、外性器、染色体、ホルモンなどの異なる特徴によって明確に線引きされ、二分化される。医学や科学は進歩しているにもかかわらず、二分化できない性は「異常」と見做されたままである。現象学では、このような異なる性を理解可能な状態に記述し、どのようにそれらが私たちの意識に現れるのかに着目する。

1-2　マイノリティの経験知

　フェミニスト現象学は、伝統的な現象学の中でまだ取り扱ってこなかった経験について考察するために、現象学的な方法を用いて、それらの経験を記述することを重要視してきた。そのような経験には、たとえば、妊娠、出産、月経、育児、障害、トランスジェンダー、老い、人種、摂食障害など特有の経験が挙げられる。それら

1）本書では、客観的思考（自然主義的態度や科学的思考）から生活世界への還元を中心に考察し、その他の還元（超越論的意識への還元、および形相的還元＝本質への抽象）は扱わないことをお断りしておく。その他の還元についてはザハヴィ（2017）の第2章や田口（2014）を参照。

の経験の現象学的記述は、それまで記述可能だった経験を批判的に捉え直し、そして、記述されてこなかった経験へと領域を拡張するように試みる。

　さらに、それぞれの経験についてのフェミニスト現象学的な記述は、この世の中の普遍的かつ本質的である（当たり前である）として捉えられているものを、「マジョリティ」という限られた集団だけに通用するものにすぎないと訴え、「マジョリティ」の自明性を疑問視する力を私たちに与えてくれる。マジョリティ中心文化の中で無視され続けてきたマイノリティの経験が、病理学における「異常」のカテゴリーに属するとは限らない。むしろ、私たち一人一人の日常の経験を記述することによって、フェミニスト現象学は、マジョリティとマイノリティの二項対立的な関係性やその構造に批判的な態度をとってきた。さらに、マイノリティ当事者の経験の記述を少しずつ増やし、それらの経験を語りやすくするために現象学的アプローチを用いることは、多くのジェンダー理論の発展に貢献し、より強い影響力をもつことになった。

　女性学や障害学などのマイノリティ当事者の事象を考える学問領域に現象学が取り入れられるようになった理由も、マイノリティの経験は医学や科学などの実証的・専門的な研究の中でいまだに把握しきれない事象を明らかにするために必要だったからだと考えられる。これらの領域に共通しているのは、実証的な研究方法では把握しきれない事象も研究する領域だということである。要するに、医学的・科学的な研究方法が「対象者（客体）」を分析的・部分的に明らかにするのに対して、これらの領域では「当事者（主体）」を総合的・包括的に捉える必要があるからである。

　当事者の「生きづらさ」を把握するためには、医学・科学の研究方法を変えれば十分というわけでもない。当事者の側にも、自身の経験を表現し、言語化し、それを医学的・科学的な知識と関係づけるような態度が求められている。その例として挙げられるのが、「当事者研究」である。それは、北海道浦河町の「べてるの家」で始まった起業をベースとした統合失調症などの精神障害のある当事者の生活実践の中からできてきたエンパワメント・プログラムであり、当事者の経験知から作られた自助と自治（自己治療・自己統治）のツールである（浦河べてるの家, 2005: 3-5）。簡単にまとめると、「当事者研究」とは、マイノリティ当事者が自身の経験の説明・改善のプロセスなどを、専門家に任せきりにするのではなく、類似した「生きづらさ」を抱えている当事者同士が集まって、お互いに語り合って、それぞれの経験を言語化・可視化していく実践である。

　「当事者研究」のように「マイノリティ」側から世界を考えることが重要である理由は、あるマイノリティ当事者が抱えている「生きづらさ」も含め、現代社会に潜んでいるさまざまな問題が、女性学、障害学、アイヌ学、クィア・スタディーズなどさまざまな学問領域において議論されているにもかかわらず、それぞれの問題の根幹のところで領域横断的に通底している人間の「暴力性」と「脆弱性」の問題をどのように考えていくのか、総合的な視座から検討する分野が欠けているからである。このような問題意識をもつ本書の著者たちは、そうした根底にある当事者性に対する省察、マイノリティの立場からこのマジョリティ中心的な世界そのものを批判していく総合的な学問領域を展開させたいという立場から、それぞれの章を書いている。

　フェミニスト現象学は、いかに積み重ねられたマジョリティの専門知であっても、根幹に迫れば個々人の主観性に基盤があることを明確にした。それにもかかわらず、私たちはあたかも主観的な世界（生活世界）から離れたところに客観的な世界があると捉えてしまう。このような専門知による主客分離の考え方が、当事者の経験知と専門知との対話を難しくさせてきた主な要因の一つである。フェミニスト現象学は、主観の捉え方にも、客観の捉え方にも、多様性を認めている。たとえば、障害のある女性はこれまで男性社会と健常者社会の両方から排除され、彼女たちの経験は否定的にカテゴリー化されてきた。マジョリティの社会の中で、客観的に分類できない「異常者（マイノリティ）」として扱われてきた。近年の旧優生保護法の救済法（「旧優生保護法に基づく優生手術等を受けた者に対する一時金の支給等に関する法律」）が成立した過程で明らかになったように、障害者は専門家のパターナリズムによって人権を侵害され続けてきた。旧優生保護法（1948–1996年）では、「不良な」子どもを作らせないために、心身に障害や素行に問題があった者に対して強制的に不妊手術を行った。被害者の多くは、10代またはそれ以下の未成年だった頃に、手術を受けさせられたという。つまり、マイノリティが専門家や支援者の前で自らの経験を語れば、「異常者」として差別され、「性」や「生」の権利まで奪われ、医療的な処置として手術されたり、隔離されたり、薬を服用させられたりしたのである。

　しかし、本書で明らかにしたいのは、マイノリティ当事者は自分がどのような「生きづらさ」があるのか具体的に認識できていなくても、他のマイノリティ当事者の「生きづらさ」の内容が自分のものと重なる場合には、それを認識できることである。このことは、マジョリティの社会で苦しむそれぞれのマイノリティ当事者同

士の対話を通して、「生きづらさ」に関する客観的な情報や視座が創り出されうること、そして当事者一人一人の中にも、「生きづらさ」で困っている自分を俯瞰できるような客観的な視点をもてる可能性を示唆する。さらに、マイノリティ当事者の知の生成過程に焦点を当てることによって、マジョリティの世界や事象の捉え方を批判的に再考できるようになるだろう。

　たとえば、障害のある女性であることの経験について考えよう。ある人は身体的に妊娠・出産や子育ては難しいと判断し、ある人（第13章で紹介する伊是名夏子さんの『ママは身長100cm』を参照）は妊娠・出産や子育ては難しいかもしれないが「母親になれる」と判断する。私自身の場合は前者だった。前述したように、私のパートナーも私自身も障害者であり、経済的にも厳しい時期だったこともあり、子どもを産み育てることをあきらめた。しかし、障害のある女性が全員、私のように「妊娠・出産や子育てはできない」と判断するわけではない。それぞれの置かれている状況や環境や立場などが異なり、一人一人の意識も異なっているからであり、それぞれの「障害のある女性」という意味も異なってくる。なぜ、その当事者にとって「障害のある状態」が「妊娠・出産や子育ては難しい」という仕方で現れて、そのことをあきらめたのか、なぜ、他の当事者は、障害があっても「母親になる」ことを決めたのか、といった具合に、認識対象が一人一人の主観に立ち現れてくるその背景や条件や理由を丁寧に考える必要がある。つまり、現象学的な研究方法は、当事者の日常生活や経験の中の事象を一つ一つ丁寧に見ていくことから始まる。それは、当事者の主観的な世界であり、ほとんど疑問視されない日常生活を考える手段として有効だと考えられる。だからこそ当事者一人一人の語りから主観的な世界に存在する自明なものを取り上げ、どのように自明なのかを記述していくことが重要である。

2　フェミニスト現象学の展開

　前節の内容を踏まえて、フェミニスト現象学の展開を見ていこう。フェミニスト現象学は、サルトル、メルロ゠ポンティとともに第二次世界大戦後に実存主義運動を行ったシモーヌ・ド・ボーヴォワールに先駆を求めることができる。彼女の主著である『第二の性』の中で、ボーヴォワールは女性の立場から、「主体性」としての男性に対する女性の「客体性」や「他者性（男性ではないということ）」を概念化した。

つまり、女性の「客体」や「他者」としてのアイデンティティや疎外が、娘になり、妻になり、母親になる女性が経験する家事・育児といった社会的・文化的な性別役割分業から生じると訴えたのである。『第二の性II——体験（上)』第1部「女はどう育てられるか」の冒頭に掲げられた「人は女に生まれるのではない、女になるのだ」という有名な一文は、このような社会的・文化的な構築物としての「女性」を記述している。

　しかし、それと同時に、彼女は「女になる」というプロセスに着目した。つまり、「女性」という社会的な鋳型（カテゴリー）を問題視しただけではなく、運動し続け、生き続ける一人の女性として、彼女自身の経験を記述した。現象学が、私たちの生きられた経験を記述し、私たちを取り囲んでいるさまざまな対象がどのような意味をもっているかを主体の立場から理解しようとする方法であるならば、ボーヴォワールの哲学は一つの現象学である。このようなボーヴォワールの姿勢を受け継ぐフェミスト現象学は、フェミニズムと現象学の観点を融合させることによって、従来のフェミニズムを刷新すると同時に、フッサール、ハイデガー、メルロ゠ポンティなどの現象学を批判的かつ独創的に乗り越えようとする一群の研究である。

　フェミニスト現象学では、マジョリティに対する「差異」が私たちにとってどのような意味があるのだろうかという問いに答えようとするために、私たち一人一人の経験の探究を通して「差異」を認識し、それと同時に「差異」を経験する私たち自身の存在について再認識しようとしてきた。そしてその探究は、今や女性／男性の区別にとどまらない。障害者／健常者、子ども／大人、高齢者／青年、異常／正常、LGB／ヘテロセクシュアル、トランスジェンダー／シスジェンダー、外国人／日本人などの区別をめぐる「生きられた経験」を記述し、分析することによって、後者のマジョリティの「当たり前」が前者のマイノリティにとってそうではないことを明らかにしてきた。詳しくは次章以降を参照してほしいが、ラテン系女性のような複合的アイデンティティについて現象学的な考察を行ったリンダ・マーティン・アルコフの研究（Alcoff, 2006）などが代表例である[2]。

　さらに、本書では、マジョリティのみが専門的・客観的な知識を得ることができると捉える従来のフレームワークとは異なり、一人一人の身体の多様性に影響を相

2）黒人女性や障害をもつ女性といった複数のマイノリティ性をもつ人の経験における「交差性（intersectionality)」について、フェミニスト現象学の視点から研究が進められている（Chamarette, 2018; Mason, 2018）。次章では同性愛者であることと外国人であることの交差性も考察されているので参照されたい。

互に受ける形で、マイノリティの主観（当事者の経験知）やマジョリティの客観（専門知）にも多様性が生じるということを示唆する。つまり、マイノリティとマジョリティ、主観と客観との懸け橋になるような理論の構築が必要になる。フェミニスト現象学は、従来の現象学的なアプローチに倣って、主観的な経験を記述するだけではなく、マイノリティ当事者にとって生活世界をより生きやすい環境に変えるための方法を見つけ出す学問である。繰り返しになるが、フェミニスト現象学の中からは、従来の専門知が見逃してきた問いや仮説、新しい考え方などが生まれつつあり、マイノリティの経験知とマジョリティの専門知を融合させる可能性が高くなってきた。

　つまり、フェミニスト現象学は、マイノリティ側に寄り添い、彼女たちの経験を多角的に記述し続け、それに加えて現象学的な問いに挑む。フェミニスト現象学を実践するには、ある種の意識の転換が必要になる。それまで慣れ親しんだものの見方から自分自身を解放することは非常に難しい。この場合に必要な意識の転換とは、ジェンダー化（二項対立化）された見方をいったん括弧に入れて、そこに現れている事象そのものへ立ち戻ることである。つまり、私たちの「生きられた経験」を記述し、いかなる先入見による判断にも囚われず、当事者に寄り添う態度をフェミニスト現象学は求め続けてきた。

3　フェミニスト現象学の挑戦

　女性の経験に焦点を当ててきたフェミニスト現象学が、なぜマイノリティの観点からの世界の見え方の記述に適しており、それに移行する必然性があるのかということを説明してこの章を終えたい。この章の冒頭で述べたように、マイノリティの脆弱性への各々の政治的アプローチ（学問も含む）は、社会に関わる力関係に新たな光を投げかけたが、これまで他のマイノリティのアプローチとつながることができずに、分断されてきた。さらに、それらのアプローチは、さまざまな場所で出てきているマジョリティ／マイノリティ格差に関する問題の背後にある二項対立化されている社会の認識を明らかにしてきた。つまり、マイノリティ当事者であるとは、マジョリティからの暴力に晒されることを意味し、起こりうる攻撃から身を守るために自己閉鎖を行う傾向にあることにつながる。

　『生のあやうさ——哀悼と暴力の政治学』の中でジュディス・バトラー（2007）は、

そのようなマイノリティ当事者の閉鎖的な態度が、マジョリティからの暴力に終止符を打つのではなく、更なる排斥感情や暴力へ向かうことを示唆した。コミュニティの中で生きる私たちが学ばなければならないことは、何よりもまず共生のために対話をすることだろう。要するに、マジョリティによる搾取と個人主義のパラダイムを超えた相互依存の感覚を獲得し、私たち一人一人を正常／異常のカテゴリーに嵌め込まず、お互いの差異を知ることができるようにし、コミュニティとしてつながりの感情をもてるようにすることが重要になる。しかし、バトラーが強調するように、共生社会への新しい方向性を提供する相互依存の理論は欠けており、マイノリティ当事者を分断し、拡散するような理論が主流になっている。だからこそ、パラダイム・シフトを起こすような相互依存の理論を作り出せるフェミニスト現象学が必要になる。

　今後のフェミニスト現象学の挑戦は、マイノリティに特有な経験を詳細に記述することによって、当事者が「生きづらさ」を語りやすくなるように表現を増やし続けていくことにあるだろう。そして、フェミニスト現象学の視座から、健常で裕福な白人シスジェンダー男性を中心に組織された専門家集団の中で構築されてきた知識は、本当に一部の人間にしか適用できないものとして捉えられる（ハーディング,2009）。これまで抑圧されてきた人々、たとえば、女性、民族的マイノリティ、障害者、高齢者、セクシュアル・マイノリティなどが参入して初めて、専門家集団は、より多くの人々に適用できる知識を生み出せるようになるのではないだろうか。このようなフェミニスト現象学的な考え方は、さまざまな現場の中で展開し続けており、現代社会に存在する多くの格差を是正できるきっかけになるかもしれない。フェミニスト現象学は、マジョリティ中心社会の規範と前提を批判的に問うことによって、私たちの学問領域を拡張させているのである。

●引用文献

浦河べてるの家（2005）,『べてるの家の「当事者研究」』医学書院.
ザハヴィ, D.（2017）, 工藤和男・中村拓也［訳］『新装版 フッサールの現象学』晃洋書房.
田口　茂（2014）,『現象学という思考──〈自明なもの〉の知へ』筑摩書房.
ハーディング, S.（2009）, 森永康子［訳］『科学と社会的不平等──フェミニズム、ポストコロニアリズムからの科学批判』北大路書房.
バトラー, J.（1999）, 竹村和子［訳］『ジェンダー・トラブル──フェミニズムとアイデン

ティティの攪乱』青土社.

バトラー, J.（2007）, 本橋哲也［訳］『生のあやうさ——哀悼と暴力の政治学』以文社.

フーコー, M.（1986）, 渡辺守章［訳］『性の歴史 I ——知への意志』新潮社.

フッサール, E.（1995）, 細谷恒夫・木田　元［訳］『ヨーロッパ諸学の危機と超越論的現象学』中央公論新社.

ボーヴォワール, S. de（2001）,『第二の性』を原文で読み直す会［訳］『［決定版］第二の性 II ——体験（上）』新潮社.

メルロ゠ポンティ, M.（1967）, 竹内芳郎・小木貞孝［訳］『知覚の現象学 1』みすず書房.

Alcoff, L. M.（2006）, *Visible Identities: Race, Gender, and the Self*, Oxford University Press.

Chamarette, J.（2018）, "Overturning Feminist Phenomenologies: Disability, Complex Embodiment, Intersectionality, and Film," S. C. Shabot and C. Landry（eds.）, *Rethinking Feminist Phenomenology: Theoretical and Applied Perspectives*, Rowman & Littlefield, pp. 187–208.

Mason, Q. M.（2018）, "Intersectional Ambiguity and the Phenomenology of #BlackGirlJoy," S. C. Shabot and C. Landry（eds.）, *Rethinking Feminist Phenomenology: Theoretical and Applied Perspectives*, Rowman & Littlefield, pp. 51–68.

09 なぜ自分のセクシュアリティを 口に出すのか？

経験からのセクシュアリティ再考

フィリップ・ヒューズ

　私はゲイです。それを聞いた人の中には、「なぜわざわざ自分のセクシュアリティを口に出す必要があるんだ」とか「気持ちわるい」と感じる人もいるかもしれない。本章では、男性に性的欲望をもつ男性、つまり「男性同性愛者」＝「ゲイ」を対象としてセクシュアリティを考察する。

　さて、私は 2012 年にイギリスから来日し、日本という未知の世界に飛び込んだ。マツコ・デラックスなどのいわゆる「オネエ系」のメディア表象を観て、日本は多様な性に対してオープンだという印象を受けた。オネエ系への偏見や差別は、同性愛を犯罪化した歴史をもつイギリスに比べれば非常に少ないと感じた。同性愛（者）も当然オネエ系と同じように捉えられていると思い、日本のいわゆる「LGBT」（レズビアン、ゲイ、バイセクシュアル、トランスジェンダー）は、テレビなどで自由に自分のセクシュアリティを表現することができ、ある程度市民権も得ているのではないかと思い込んだ。多様な性が社会の中で隠されずに見えるようになっていることに感動した。

　日本での最初の仕事は英会話教室の講師だった。自己紹介の際に、生徒がよく口にした質問が「結婚していますか」「家族がいますか」というものである。ゲイであることをカミングアウトしなければならない気がしたが、仕事と私生活をきちんと分けたかったので「まだです」と当たり障りのない返事をしていた。

　飲み会など別の場面ではカミングアウトすることもあったが、「カッコいいのに！」「もったいない！」、または「外人だから大丈夫」などと言われた。外国人であればゲイでも大丈夫とはどういうことだろうか。それは、たとえカミングアウトしてもゲイであることは日本社会の中で不可視化される、つまり見えないということである。また、「カッコいいのに」や「もったいない」という言葉は、ゲイであることの意味を無化するものであった。「女性になりたいの？」という甚だしい勘違

いさえあった。

　日本でも LGBT は理解されていないのかもしれないと思い始めた私は、オネエ系が実は笑いの対象として消費されており（マリィ, 2013）、「オネエ枠」に入らない LGBT の人たちはまだ可視化されていないことを知った。最初は LGBT が生きやすい天国に見えた日本であったが、そこで長く生活してみれば、あらゆる場面で異性愛規範（「普通」の男性・女性として振る舞うべきだという規範）のプレッシャーを感じるようになった。

　さらに、自分が「外国人」であるために、日本の LGBT よりカミングアウトしやすいこともわかってきた。「外人だから大丈夫」というのは本当だったのである。「外国人」で「ゲイ」であることは、外国人に対して非寛容的な日本では、二重の差別につながるはずなのに、ゲイの日本人男性より私の方が差別されない。他方で、男性の外見をもつ「外国人」は必ず異性愛者だという思い込みもあるように感じた。「白い身体」の人種化は、セクシュアリティをも決めつけるように感じたのである[1]。

　日本社会の規範を理解し、守らなければ、日常の中でうまく行動できない。そこで私は、その決まり事に自ら参加してしまう。英会話教室で結婚しているかどうか尋ねられたとき、本当は、日本では自分は結婚できないのだと言いたかった。しかし、その理由を尋ねられたら自分のセクシュアリティを開示せねばならず、結果として差別や偏見の対象になる。それゆえ「まだです」と答えたのだった。自分のセクシュアリティを人に言う義務はないが、セクシュアリティは日常的な話題でもある。日本の人々の日常的な会話を聞いていると、「普通」のセクシュアリティをもたない人は排除されていることがわかる。周囲の人たちに「ここは日本だから」と決まり事を守るよう促されることもあった。決まり事を裏側で支えるものが規範である。規範とは望ましいあり方、あるべき姿を意味するが、あえて言葉にはされない。英語を見ると、「普通」（normal）は「規範」（norm）の派生語であるのがわかる。「こう考えなさい」と教わり、習慣化した規範によって、「普通」は構築される。そうして見かけ上は平穏が保たれる。日常の繰り返しの中で、私たちは社会の生きづらさを感じる一方で、自らそれに加担しているのである。

1）人種化（人種として見ること）については第 12 章を参照。

1　日常を問う現象学について

　こうした自分のカミングアウトの経験を読み解くために、現象学の方法を用い
たい。現象学は、人々が規範の作用に気づかない状況で、意図せず自ら規範に従い、
そのことによって規範を再生産している状況を開示するのに適した方法である。現
象学は、世界をそれ自体で客観的に存在するものとしてではなく、その世界を生き
る人々が経験するものとして、そして人々の相互作用を通じて成立するものとし
て記述するからである。本章では、サラ・アーメッドの『クィア現象学』（Ahmed,
2006）を参考にしてセクシュアリティを考察していく。

　人間は、既存の社会の「枠」の中に生まれる。その枠は、人々の習慣的行為によ
って、行為の標準を示す規則によって形成されたものである。そこにはセクシュア
リティを管理する枠も存在する。たとえば婚姻は、男性と女性が夫婦として性的関
係をもつことを社会的に承認する制度である。婚姻制度は、個々の夫婦だけでなく
社会のメンバー全員に異性愛規範という枠を課す。人々が婚姻制度を受け入れるこ
とで、社会が形作られている。「私は結婚しています」という発言には、自分が異性
愛者だという意味も含まれる。つまり既婚者はまさに「普通」であるがゆえに、わ
ざわざ「異性愛者」と名乗る必要もなければ、自分の結婚を「異性婚」と呼ぶ必要
もない。規範という枠の中で生きる限り、「普通」に疑いを向けたり反対したりする
必要はないし、そもそも規範の作用に気づかないことも多い。

　異性愛規範に反する身体、与えられた世界の枠にぴったり入らない身体をもつ私
には、世界は違って見える。規範に反する身体・経験をもつ人の方が規範の作用に
気づきやすく、それを批判しやすく、それゆえ、与えられた世界の枠を変化させや
すい（Harding, 2003）。私は、ゲイであることで規範と自己のギャップに苦しみ続
けている。同性の身体や仕草に対する性的関心は、規範の枠の中では罰を受け、ま
たは抑圧されて社会的に否定される。規範を自明視する限りは、規範を超える経験
がなぜ起きるのか理解できない。それを理解するためにはまず、人々の日常の中で
の異性愛規範の受け入れ方を知る必要がある。これが異性愛規範を現象学的に考察
する目的の一つであり、これによりセクシュアリティがどのように社会的に構築さ
れているのかということが明らかにされるだろう。さらに私は、日本社会において
「白人」の外見によって特徴づけられ、人種化される過程を経験した。その中で自分
自身が「外国人」であるという自覚を改めてもつに至った。このことによって得た

新たな視座からも考察を進めたい。

2　規範としてのセクシュアリティ

　セクシュアリティとは、性的欲望やその充足に関わる経験・行動・行動様式を表す概念である。また、セクシュアリティは、セクシュアル・オリエンテーション（sexual orientation、以下 SO と表記）を意味することもある。SO とは何かを把握するためには、身体的性差、ジェンダー・アイデンティティ（gender identity、以下 GI と表記）[2]、性的欲望の対象の三要素に注目する必要がある。まず、身体的性差は性器による男女の規定である。生物学的な性（sex）ともいえる。次に、GI は何らかの性（たとえば男性）の自認によって規定される。それはアイデンティティや自分の性についての認識である。社会や他者との関係を介しつつ自ら引き受ける性（gender）ともいえる[3]。そして性的欲望の対象は、対象が異性か同性かによって規定される。つまり、社会において身体的性差と GI によって規定されてしまう。それゆえ「常識」では、身体的性が男性で GI も男性の（つまり男性器をもち男性を自認する）私は女性を欲望するはずだとみなされる。しかし、前述のように、私の「生きられた経験」はこのような常識とは異なるものである。SO とは、以上の三要素が絡み合う中で、その人が性的にどんな対象に向かうのかを指す。具体的には異性愛、バイセクシュアル、ゲイ、レズビアンなどと表現される（「アセクシュアル」など性的欲望の対象がない場合もある）。

　セクシュアリティは、ジェンダーと互いに関係しあっている。簡単にいえば、ジェンダーとは人間を「男・女」に分類する社会の力、およびその力を発生させる社会の仕組みである。それはまた、それぞれの文化における多くの細かいルールや規範から成り立っている。たとえばイギリスでは、ピンクの服を着た男性に対して「女みたい」「男性にアピールしたい男性」、つまり「ゲイだ」というレッテルが貼られることがある。私たちは、ある色の服を着るだけで GI および SO を決めつけら

---

2) SO を「性的指向」、GI を「性自認」と訳す場合もあるが、本章では訳語による誤解を避けるため片仮名で表記する。
3) 身体的性差も自然なものではなく、社会的に構築されているとする論者もいる（バトラー, 1999）。

れてしまうような規範の中に囚われ、その中で分類されてしまっている。

　ここで強調しておきたいことは、ジェンダーはセクシュアリティを決定するものではないし、セクシュアリティもジェンダーも、男か女かといった二元的なものではないということである。セクシュアリティとジェンダーを男女二元的に分類しているのは、異性愛規範とシスジェンダー（生まれながらに割り当てられる生物学的性別とGIに違和を感じない人のこと）規範であり、これらの規範が一体となって私たちを管理している。異性愛規範を超越する「ゲイ」や、シスジェンダー規範を超越する「トランスジェンダー」を指す「LGBT」は、セクシュアリティとジェンダーをひとまとめにする問題をはらんでいる。LGBT運動は当事者の人権獲得をはじめとする包括的な戦略として始まった。しかし、LGBとTのニーズは異なるため、一緒にすると混乱を生んでしまう。

　このような問題を解決するために、セクシュアル・オリエンテーションとジェンダー・アイデンティティを意味するSOGIという表現が使用されつつある。SOGIはシスジェンダーや異性愛者も含むすべての人に関係する概念である。近年、日本では「SOGIハラスメント」についての認識が高まっている。たとえば、「恋人いる？」や「どの女優が好き？」という質問は、私のようなゲイにとってはカミングアウトを迫るものである。カミングアウトは差別につながる場合がある。「あいつ、ゲイって知ってた？」と誰かのSOを本人の許可なく暴露する人がいるかもしれない。これを「アウティング」というが、こうしたハラスメントの結果、差別を受けかねないため、SOGIについて誰にも言えない状況に陥る。日本においてもこうしたSOGIに関するハラスメントや差別的言動についての意識を高める指針が導入されつつある。SOGIが常識になる過程で、「差別がなくなっていく」という考えもある。

3　異性愛規範が起こすSO差別

　異性愛規範によって、「普通」のセクシュアリティでない人は、そのことをカミングアウトする、あるいはさせられる状況に追い込まれる。自分のSOやGIを隠している状態は、「クローゼットの中にいる」と表現される[4]。それを他人や周囲に公表することが、当事者にとっての「カミングアウト（クローゼットから出ること）」の

4）クローゼットについては、セジウィック（1999）も参照。

定義である。

　「自然な」男女交際や「正しい」核家族といった異性愛規範のみが強化される社会には、ゲイやレズビアンのSOを「正しくない」とみなす先入観に基づく差別が存在する。社会は男女それぞれがふさわしい役割を担い、ふさわしい言動をとるようにコントロールしているといえる。

　異性愛規範という体制は、男性器をもつ私を「男性らしい異性愛者」と決めつけ、言動までも細かくコントロールする。では、私はこのコントロールされた状況にどのようなかたちで関わっていくのか。「結婚していますか」という質問に「まだです」と答えたことが一例として挙げられる。社会規範が有効に作用するのは、「コントロールされる側」がその規範を理解し、従ったり、ときに抵抗したりするからである。「コントロールされる側」の「参加」があってこそ、規範の意味は出てくる。社会のあり方を考慮し、社会が認める「男性らしさ」の範囲で振る舞えば、あるいは社会が期待するように、結婚して仕事して子どもをもうければ、自分の「普通」でないセクシュアリティを隠すことができる。ゲイの中には、あえて「普通」の振る舞いを習得し、意図的に自分をマジョリティとして通用させながら（つまり「パス」しながら）生きる人たちもいる。積極的なマイノリティ・アイデンティティも規範があるからこそ構築されるのである。

　「普通」ではないセクシュアリティを公表する様式があるのも、異性愛規範が存在するためである。「誰かに言わなあかんわ」と思った17歳のとき、私は姉に初めて自分がゲイであることをカミングアウトした。姉は私の許可を得ずに母親にその事実を伝えた。私は自分で母親にカミングアウトできなかったことに罪悪感を覚えたが、それは異性愛規範の影響だろうか。母親に「気をつけてほしい」といわれたことが今でも記憶に残っている。その言葉にはどのような意味が込められていたのだろうか。母親にとって息子がゲイであることは不名誉という意味で負のレッテルを貼られることだったのかもしれない。後述するように、イギリスでは同性愛が犯罪化され病理化されていた。それゆえ母親は、不安を感じながらゲイであることを差別や偏見と結びつけて「気をつけてほしい」と警告したのだろう。

　一方私は、カミングアウトによってようやくゲイであることを自分自身で認めることができた。私はその後、いわゆる「ゲイ・コミュニティ」に出会い、私にとってそのコミュニティに出会うことは、自分を表現できる可能性が広がることを意味した。異性愛規範は法律などを通して人々に「普通」の生き方を徹底させようとするが、世間に「異常」とされるコミュニティを見つけた人は、そこでのコミュニケー

ションを通して「普通」とは異なるさまざまな生き方を経験することができる。そして、そのコミュニティにおいて、私のアイデンティティが構築された。マイノリティ・アイデンティティとしての規範によって差別的な状況に対応する態度を身に着けることができた。それまで権力は向こう側にあったのに、今度は自分がその力を得た。また、コミュニティにおける結びつきによって、共通の関心をもち自由に生きていくという目的へと自分自身を方向づけることができるようになった。

4　イギリスの異性愛規範

　近年のイギリス社会においては、異性愛を「普通」とする異性愛規範が定着している。ヴィクトリア朝以降、性行為は国家によって抑圧されてきた（フーコー, 1986: 9–22）。男性同士の性的行為は道徳的に正しくないと禁じられた。1861 年（スコットランドでは 1889 年）まで、生殖につながらない性行為は「ソドミー」と呼ばれ、死刑の対象だったとされる（Weeks, 1977: 14）。同性間の性行為が犯罪でなくなったのは 1967 年（スコットランドでは 1980 年）のことである。

　20 世紀後半頃には、国家による性の管理が徹底された。法規制の具体例としてよく取り上げられるのが、「同性愛」や「同性同士における家族的関係」の推進を禁ずる地方自治体法 28 条、通称「セクション 28」である[5]。1988 年から 2003 年（スコットランドでは 2000 年）まで施行されていたこの法律は、イギリスの公教育現場等を通して社会に大きな影響を与え、異性愛者でない人を抑圧することに成功した。

　私はこの法律が施行された年に生まれ、その影響下で 10 代を過ごした。異性愛者のみを「正しい」とする異性愛規範が徹底された学校と社会の中で、セクション 28 によって「クローゼットの中」やカミングアウトを含む私の経験が形作られた。初めて自分の SO を意識した中学の頃、私はカミングアウトするべきではないと思った。というのも、教師にカミングアウトした同級生たちが、セクション 28 によってカウンセリングを受けさせられているのを見て、クローゼットの中の方が生きやすいと思ったのである。

　学校教育を通して知らず知らずのうちに異性愛規範を習得してしまうジェンダー

5）詳しくは以下を参照。〈http://www.legislation.gov.uk/ukpga/1988/9/section/28/ enacted（最終確認日：2020 年 2 月 27 日）〉

の「隠れたカリキュラム」も、同性愛者の排除と差別を強化していた。この時代のイギリス社会と学校教育の中で、同性愛者は「普通」から排除され、差別され続けていた。セクション28は2003年に廃止されたが、ゲイであることを隠さなければならないという私の思いは「クローゼットの中」の経験を通してすでに固定されていた。さらに、ゲイである「異常」な私を排除しようとする社会に生きづらさを感じていた。学校でもその他の生活空間でも、他者から肯定されず、誰にも相談ができなかったので、私の自己肯定感は低くなっていた。認めてもらえないことを前提に「家族にカミングアウトしたらどうなるだろう」とか、「将来どうやって社会生活を送ればよいのだろう」といった疑問をもつようにもなった。私は、社会に同化するためには異性愛の価値観を受け入れていること、またそれに従っていることを示さなければならない、とわかっていた。同化できなければ逸脱者とみなされる。性を管理する法律は、「異常」な同性愛者を「正常化」させる機能を充分に発揮していたのである。

　イギリスにおいて同性婚が合法化されたのは2014年のことであった。10年前の2004年には、同性カップルを「婚姻と同等の法的認知」をもつものとする「市民パートナーシップ法」が導入された（青山, 2016: 22）。同性婚の法制化によって、ゲイであることを表明しやすくなるように私には思えた。国が同性同士の性的関係を認めるという動きは、私の存在を否定しない社会的な基盤を整えるのではないか。「カミングアウト」の必要がない社会とは、性的アイデンティティの多様性が「普通」になり、それまであった異性愛規範やそれによる抑圧こそを問題視するような、一種の理想的な社会である。同性婚の法制化は、そのような社会を実現するための一助になりうるだろうか。

　法的婚姻の最大の機能は、経済的再配分に含まれる社会保障の獲得、社会的地位の向上、そしてスティグマを無化する社会的承認だとする見方もある（青山, 2016）。しかし同性婚は「同性愛者／カップル」を可視化するものの、スティグマを無化するわけではなく、平等化とはいえない。同性婚は、SOGIの多様性を異性愛規範やジェンダー規範に則って一律化させようとしているにすぎないともいえる。ゲイ・コミュニティの中にも、ジェンダー規範に即して「正常」と「異常」を分ける差別が存在する。つまり、異性愛規範とシスジェンダー中心主義の双方に加担して、ゲイ・コミュニティ内の「正しい振る舞い方」や「よき市民」を決定する規範があるのだ。「ホモセクシュアル」という「異常」の中での「正常」、いわゆるホモノーマティヴィティがそれにあたる。ホモノーマティヴィティは、そこから逸脱する人々を抑圧する特権的な階層を、ゲイ・コミュニティの中に作り出す。このような階

層から、「普通の」異性愛規範に即した市民権を得ようとする運動も生まれてくる（Duggan, 2003: 50-60）。

5　日本の異性愛規範と、外国人である私

　実は、私が来日したのは日本人のパートナーとの恋愛関係のためであった。しかし、パートナーが同性だから日本では結婚できないという現実がある[6]。「日本ではカミングアウトできない」とパートナーに言われた。最初は驚いて、とてもつらかった。生徒の「結婚していますか」という質問に際して、異性愛規範への対応策として、私はパートナーと同じく「クローゼットの中」に戻らざるをえなかった。同時に、なぜパートナーがカミングアウトを望まないのか疑問を抑えられなかった。この頃から別のアイデンティティの再構築が始まったのかもしれない。日本で葛藤に苛まれ、「見えない」ゲイへ戻った。

　社会学者の砂川秀樹は、現代の日本社会においてカミングアウトという行為は「人を殺してしまった」ようなものであるという（砂川, 2018: 6）。自分がゲイであると伝えることで相手を悲しませ、伝えられた側の戸惑いや拒否感に直面させられる。伝える前の関係は伝えた時点で終わり、そこから互いの関係を作り直さなくてはならなくなる。その意味で「人を殺してしまった」ようなものだというのである。「ゲイ」であることがいかに否定的に捉えられているか、偏見の対象であるのかがうかがわれる。

　1990 年には、東京都「府中青年の家」を利用した「動くゲイとレズビアンの会」が他団体から差別的言動や嫌がらせを受ける事件があった[7]。この事件をきっかけとして、日本社会においてゲイなどが「見える」ようになり、やっと彼らの人権問題に光が当たるようになった。

---

6) 同性婚は法的には認められていないが、2015 年 3 月に「男女平等及び多様性を尊重する社会を推進する条例」が渋谷区で成立し、同性パートナーシップ制度が導入されている。以後、制度を導入する自治体は増えており、自治体によって制度の呼び名は様々であるが、2020 年 4 月現在、47 の自治体が同性パートナーシップ制度を導入している。〈https://www.samesexpartnershipjp.org/blank-8（最終確認日：2020 年 4 月 20 日）〉
7) 詳しくは以下を参照。〈http://www.ne.jp/asahi/law/suwanomori/special/supplement3.html（最終確認日：2020 年 2 月 27 日）〉

　偏見についてさらに具体的にいえば、2015 年に起こった「一橋大学アウティング事件」を挙げることができる（渡辺, 2016）。25 歳の法科大学院生は自分がゲイであることをアウティングされ、ショックを隠せず大学の建物から身を投げて自死に至った。ここからようやく、日本社会がゲイの自己決定権の問題に意識を向けるようになったといえる。

　日本の歴史を振り返れば、江戸時代には一定の条件下での男性同士の性行為が称揚されていたといわれている。1533 年から 1967 年まで男性同士の性行為が犯罪化されていたイギリスと比べると、日本は同性愛に対してよりオープンな社会だ、と私は単純に思い込んでいた。しかし、そもそも、近代以前に日本で行われていたとされる男性同士の性的行為は、イギリスでいう「同性愛」とはかなり異なる（前川, 2017: 28-32）。日本の西洋化とともにこのような性的関係は不可視化される。20 世紀以降は男性同士の性行為が西洋諸国における同性愛と同様に病理化され、「異常」なものとなっていった。

　「オネエがテレビにいっぱい出ているんだから、絶対ここはオープンなんやわ」と思った私の目には、「オネエ」たちが「普通」であるように見えていたが、実際はそうではなかった。では、イギリスで見えるものとして構築された私のゲイ・アイデンティティは、日本の文脈に置かれることで変化したのか。まず私が日本では「外国人」であることについて考えよう。そのことが、セクシュアリティと切っても切り離せない形で、日本における私のアイデンティティ構築に影響した。私は「外国人」という「異常」に位置づけられると同時に、性的には「普通」の男性として見られた。なぜ人種的に「異常」なのに性的には「普通」と見られるのか。日本でもまた異性愛規範とシスジェンダー規範が、私の経験を形成したといえるだろう。

　私は白人の外見から「外国人」とみなされる。この白人として人種化されるプロセスにおいて、「外国人男性」は性的能力が高く「異性愛者」に違いないという、男性としての「ステータスの向上」と「外国人」の性的対象化が同時に生じている。イギリスでは聞かれなかった、「もったいない」「かっこいいのに」という発言はそのためだったかもしれない。この発言によって、異性愛規範が求める「男性らしさ」を押し付けられているように感じた。その結果、短い間ではあったが、私は自分の「ゲイ・アイデンティティ」を内的に恥じるようになった。男性優位の異性愛社会である日本は、男性に「男らしく」というプレッシャーを与える。このプレッシャーが私のカミングアウトを妨げた。そのことから、日本においてゲイであることの語りにくさを理解するようになった。森山（2019）が示すように、「ゲイ固有の男性

性」は異性愛社会において確立しづらい。結婚と仕事を男性の義務や「甲斐性」と考えることが「普通」であるような規範、ジェンダー役割を押し付けてくる規範に自分が応えようとしていることがわかったのである。「なんで結婚していない 30 代の外国人男性が日本にいるのか」と質問され、「男性は外に出て、家族を養うために働くもの」と言われ続け、異性愛者であることが前提とされているのを感じた（男性性については第 11 章も参照）。

　私は今日に至ってもなお、再生産を通じて生産へと参与し、資本主義の経済システムに貢献することが「男らしさ」として期待されていると強く感じている。日本の社会生活において、人は男女いずれかの二元的なジェンダー規範を身に着ける必要があるのだと痛感する。たとえば、「男性」としてのステータスの向上と「外国人」の性的対象化の過程で、外国人であるがゆえに「アソコが大きそう」と言われる。その結果、さらに「男らしく」見られ、男性化される。また、「外国人だから」異性愛者だと決めつけられることもあり、ゲイであることが見えなくなる。そして「結婚していない」から男性としての義務を果たしていないとみなされる。このように、男性かつ外国人であることに「特権」が付与される。

6　セクシュアリティ再考

　セクシュアリティについての葛藤はアイデンティティに関わる問題であると考えられる。セクシュアリティは制度化されたものでもある。一人一人のセクシュアリティは多様であるにもかかわらず、社会における異性愛規範がセクシュアリティに対する認知や理解を二元的なものにしてしまっている。たとえば、異性愛を前提としている社会において、ゲイは自分のセクシュアリティを口に出す必要がある。

　イギリスにおいて、私はゲイであることを隠すように抑圧されていたが、カミングアウトしてコミュニティに出会い、ゲイとしてのアイデンティティを確立させた。日本は寛容に見えたが、異性愛者との接触を通じて異性愛規範に出会い、自分が「外国人」であることも自覚させられた。男性としての上位化と外国人の性的対象化が同時になされる過程で「異性愛者」とみなされるようになり、ゲイのセクシュアリティは不可視化される。だから、私は自分のセクシュアリティを口に出す。

　しかし、私にはカミングアウトがとても息苦しいものに感じられることがある。この発話行為はカミングアウトした人を拒否するか承諾するかの権力を他者、いわ

ゆる「普通」の人に与えるからである。既存の社会構造に応じて「ゲイ」がその特性を打ち明ける過程で、異性愛者はその権力を確認し、異性愛規範は強化されるのではないか。

　本章では私の経験から、異性愛規範が、日常において、どのように「普通」の枠を定め、同性愛者を抑圧しているかということを見てきた。その上で、「普通」という概念を再考し、その枠を変更する可能性についても考える必要がある。だが、規範が内面化され、日常に埋め込まれたジェンダーやセクシュアリティに対する意識や信念、偏見を変化させることは簡単ではない。とはいえ「普通」の枠に入らないマイノリティに関する多様な知識の習得を求めることはそれが実現される可能性を生むだろう。

●引用文献

青山　薫（2016），「「愛こそすべて」──同性婚／パートナーシップ制度と「善き市民」の拡大」『ジェンダー史学』12: 19-36.

砂川秀樹（2018），『カミングアウト』朝日新聞出版.

セジウィック, E. K.（1999），外岡尚美［訳］『クローゼットの認識論──セクシュアリティの 20 世紀』青土社.

バトラー, J.（1999），竹村和子［訳］『ジェンダー・トラブル──フェミニズムとアイデンティティの攪乱』青土社.

フーコー, M.（1986），渡辺守章［訳］『性の歴史Ⅰ──知への意志』新潮社.

前川直哉（2017），『〈男性同性愛者〉の社会史──アイデンティティの受容／クローゼットへの解放』作品社.

マリィ, C.（2013），『「おネエことば」論』青土社.

森山至貴（2019），「ないことにされる、でもあってほしくない ──「ゲイの男性性」をめぐって」『現代思想』47(2): 117-126.

渡辺一樹（2016），「一橋大ロースクール生「ゲイだ」とバラされ転落死──なぜ同級生は暴露したのか」〈https://www.buzzfeed.com/jp/kazukiwatanabe/hitotsubashi-outing-this-is-how-it-happened（最終確認日：2020 年 1 月 28 日）〉.

Ahmed, S.（2006），*Queer Phenomenology: Orientations, Objects, Others*, Duke University Press.

Duggan, L.（2003），*The Twilight of Equality?: Neoliberalism, Cultural Politics, and the Attack on Democracy*, Beacon Press.

Harding, S.（ed.）（2003），*The Feminist Standpoint Theory Reader: Intellectual and Political Controversies*, Routledge.

Weeks, J.（1977），*Coming Out: Homosexual Politics in Britain from the Nineteenth Century to the Present*, Quartet Books.

SOGI は区別できるのか？

性愛の現象学

　第9章で述べられていたように、ジェンダー・アイデンティティ（以下、GI）と
セクシュアル・オリエンテーション（以下、SO）は性的マイノリティの差異を理
解し、またどの人間の性を考える上でも有効な概念である。

　しかし、SOGI 概念は必ずしも性的マイノリティに適切とはいえない。たとえ
ば、FTM ゲイという存在がいる。女性から男性へ（Female to Male）と GI を変
えるが SO は男性に向く。この FTM ゲイは、「女のままでいれば普通に男とつき
合えるのに」というシスや同じ FTM（GI）からの無理解や「元女とつき合うこと
なんてできない」というゲイ（SO）から差別を受けることがある。FTM ゲイは、
性別違和（gender dysphoria）から男性に成っていくと「同時に」男性として男性
を求めるが、SOGI の「区別」の為にその存在と性愛を正しく理解されないどこ
ろか、排斥される。

　逆に、SOGI を区別せずセクシュアリティの観点から捉えると新たな可能性が
見えてくるケースがある。あるトランスジェンダーの当事者は以下のように語る。

　　いま一番しっくりきているのは、身体的には「男」だが、自分が「男」では
　　ないと感じている人との関係である。その人は広い意味でのトランスといっ
　　ていいかもしれない。わたしは自分が「女」であると感じていないし、その人
　　は自分が「男」であるのに違和感・嫌悪感がある。外見で言えば男と女の取
　　り合わせでも、二人のあいだで「男役」-「女役」をとることはほとんどない。
　　二人の関係のなかでそういう役割をしなくていいからこそ、楽に一緒にいら
　　れるといってもいいだろう。外見から見てヘテロセクシャルなカップルでも、
　　実際はそうとは限らないということだ。そういうわたしたちのセクシュアリ
　　ティは、一体何とよんだらいいんだろうか。（ROS, 2007: 87）

　セクシュアリティを通して、この当事者は自らの性別違和を受け入れ GI を構
築し直している。同時に、この語りが「そういうわたしたちのセクシュアリティ
は、一体何とよんだらいいんだろうか」と問いかけているように人が前提として
いる「異性愛か、同性愛か」という性愛の図式に揺らぎを生じさせている。この
ようなトランスジェンダーの性愛が露にする新しいセクシュアリティの現象に
対して、現象学者のゲイル・サラモンは「ホモエラティック（homoerratic）」と

いう造語を用いる。この造語で、サラモンはある種同性愛的（homoerotic）だが、その性愛のありようや交わりの仕方に応じてそこから逸脱する（erratic）ような性愛の現象を記述している（サラモン, 2010: 112–113）。FTM ゲイはこの「ホモエラティック」の一つのありようといえよう（古怒田, 2019）。事象に触発され身体経験をもとにその事象を記述する現象学は、このように SOGI の区別とは異なったトランスジェンダーが新たに生み出す性愛を記述し「非規範的にジェンダー化された他者への倫理的関係」（サラモン, 2010: 272）を示唆する方法となるだろう。

　このような性愛のありように関しては、志村貴子原作の漫画、アニメ『放浪息子』が小学校から高校までの人間群像劇としてリアルに映し出してくれている。現実からの触発という観点において、とても有効な作品であり性愛の現象学に興味をもたれた方はまずこの作品を通して学び追体験されることをお勧めする。
（古怒田望人）

◉引用文献

あおきえい［監督］（2011）,『放浪息子』（全 6 巻）, アニプレックス（DVD）.
古怒田望人（2019）,「トランスジェンダーの未来＝ユートピア──生殖規範そして「未来」の否定に抗して」『現代思想』47 (14)：198–208.
サラモン, G.（2019）, 藤高和輝［訳］『身体を引き受ける──トランスジェンダーと物質性のレトリック』以文社.
志村貴子（2003–2013）,『放浪息子』（全 15 巻）, エンターブレイン.
ROS［編］（2007）,『トランスがわかりません！！──ゆらぎのセクシュアリティ考』アットワークス.

10 「性別違和」とは何か？

トランスジェンダー現象学の導入に向けて

藤高和輝

「トランスはずーとずーっと、〔身体の〕形に悩まされる」と、あるトランスジェンダーは語っている（るぱん4性, 2007: 160,〔〕内は引用者注）。この「るぱん4性」というペンネームのトランスジェンダーは自分に乳房があることが「不自然」だと感じ、自らの乳房をとる手術を行っている。しかし、るぱん4性はすんなりと手術を決意したわけではなかった。「女性の胸」に対して人々がもつイメージは社会的に作られたものだ。るぱん4性はそのことを十分に認識しており、このように述べている。

> 当時の時点ですでに、性別なんて信仰であって、千差万別のものだし、ありのままでいいと思えていたので、身体を改造する必要などないとも思えた。正直、オペをする準備をしながら、何度も何度も自分は気が狂っていると思った。なぜこんなことをしなければならないのか、全く自分について理解に苦しんだ。しなくてもいいことをなんでわざわざリスクを背負って大金をハタイテしなきゃならないんだろう、と自分を疑った。（るぱん4性, 2007: 158-159）

身体に付された社会的なイメージを取り払うために身体を物理的に改造することが果たして適切な選択なのか、るぱん4性は繰り返し自問している。しかし、それでもなお、るぱん4性は最終的に手術を決断することになる。るぱん4性に手術を促した「性別違和」とは一体、何なのだろうか。私たちはそれをどのように理解すべきなのだろうか。

1　トランスジェンダーと「間違った身体」

　トランスジェンダーとは、出生時に割り当てられた性別に違和感をもち、別の性を生きる人のことである。これは「広義」のトランスジェンダーであり、身体的な性別移行を行うトランスセクシュアル、異性装を志向するトランスヴェスタイト（あるいはクロスドレッサー）、身体的な性別移行を必ずしも必要とせず社会的に性別移行を行う「狭義」のトランスジェンダー、それぞれを含む。本論では基本的に、広義のトランスジェンダーという用語を用いている。なお、「男性から女性へ（male to female）」性別移行したトランスジェンダーを MTF トランスジェンダー、「女性から男性へ（female to male）」性別移行をしたトランスジェンダーを FTM トランスジェンダーと呼ぶ。また、男女いずれかに同一化しないトランスジェンダーを英語圏では「ジェンダークィア」や「ノンバイナリー・ジェンダー」といい、日本語では「X ジェンダー」[1] がほぼこれに相当する。日本社会で広く普及している「性同一性障害者」のことだと思われるかもしれないが、「性同一性障害（gender identity disorder）」は疾患名であり、トランスジェンダーの人たちを「精神疾患者」とみなす呼称である。それに対して、本章で「トランスジェンダー現象学」の導入を通して行いたいのは、トランスジェンダーの経験を「病理」としてではない形で記述する分析枠組みを提示することである。

　トランスジェンダーの人たちが程度の差はあれしばしば訴えるのは、自分は「間違った身体」を生きているという感覚である[2]。そのような感覚がいつ頃形成されるのかは人によってさまざまだが、多くの場合、制服や第二次性徴のような、突然一方のジェンダーに割り振られる経験に直面して強く意識化されることが多い。また、ヘンリー・ルービンは『セルフメイド・メン——トランスセクシュアル男性におけるアイデンティティと身体性』で、22 人の FTM トランスセクシュアルのインタビュー調査から、彼らが「自分の身体が自分を裏切った」と説明していることを指摘し、「彼らの身体が第二次性徴を被ると、彼らはもはや他者から（ときに自分自身から）男の子や男性として認識されることができなくなった」という経験が「自分の身体に対する強烈な不快感」を生み出したと述べている（Rubin, 2003: 10–11）。FTM トランスジェンダーの遠藤まめたは制服のスカートを「天敵」と表現し、「ス

1）X ジェンダーに関しては、Label X（2016）を参照。

カート姿の自分を見ると、目にレーザー光線が当てられたみたいに痛かった」（遠藤,
2018: 68）と述べている。

　このような「間違った身体」という感覚は、DSM-5 では「性別違和（gender
dysphoria）」と定義されている。DSM とは『精神疾患の診断・統計マニュアル』
の略称であり、したがって「性別違和」とは疾患名である。トランスジェンダーは
DSM の図式において「精神疾患者」とみなされているのである。しかし、WHO が
2018 年 6 月に発表した ICD-11（国際疾病分類）では、ついに「性同一性障害」（ICD
の前の版ではこの用語が用いられていた）は「精神疾患」のカテゴリーから外され、「性
の健康に関連する状態（Conditions related to sexual health）」のカテゴリーに数え入
れられることとなり、名称も「ジェンダー不一致（gender incongruence）」に改称さ
れた。もしトランスジェンダーの脱病理化が進めば、トランスジェンダーが「自分
が望む性」で生きることが「病理」とみなされることなく生きられる社会が到来す
ることになるだろう。

　このような情勢において、トランスジェンダーの経験をいかに理解するかという
ことが問われているといえる。ICD-11 がトランスジェンダーを「精神疾患」から
外したとはいえ、現状、この社会はいまだトランスジェンダーの存在を一種の「病
理」として解釈している。そのとき私たちに求められているのは、トランスジェン
ダーの身体経験を「病理」とはみなさない新たな分析枠組みを探究することである。
本章では、現象学を用いることで、そのような分析枠組みを提示したい[3]。

---

2) トランスジェンダーのすべての人が必ずしも自身の身体を「間違った身体」と知覚する
わけではない。たとえば、クロスドレッサーの場合に問題になっているのはより広義
の「外見」であって、生物学的身体への違和は必ずしも伴わないこともあるだろう。タ
リア・ベッチャーも同様のことを指摘しており、さらにはいわゆる「間違った身体モデ
ル」はジェンダー・アイデンティティを「生まれつきのもの」と表象する傾向があり、
この点でベッチャーはこのようなモデルを批判している（Bettcher, 2014）。だが、ここ
で私は「間違った身体」という経験を現象学の理論を通してより拡張的に解釈すること
を目論んでいる。現象学でいうところの、とりわけメルロ＝ポンティが理論化した「身
体イメージ」は、物質的、生物学的身体の輪郭と同じものではない。それはたとえば、
視覚障害者にとっての杖をも含むものであり、身体イメージは実際の物質的身体より拡
散的で多様であり、そして可変的である。この観点からいえば、たとえば服装や化粧と
いったジェンダー表現も含めて「身体イメージ」と捉えることができるだろう。したが
って、ここで私は「間違った身体」という経験をかなり広い意味で用いており、あるい
は、そのように用いることが可能であることを示唆したい。

2　病理学的図式

　程度の差はあれトランスジェンダーに認められる「間違った身体を生きている」という感覚は、これまでどのように解釈されてきたのか。第一に考察すべきは、「性別違和」を「精神疾患」として解釈してきた／いる病理学的説明だろう。そこでまず本節では、この病理学的説明の構造を考察していくことにしよう。

　そもそも、性別違和はなぜ「精神疾患」とみなされているのか。DSM-5 では、「性別違和」は「指定されたジェンダーに対するその人の感情的認知的不満足を表す一般的な記述用語」と定義されている（米国精神医学会, 2014: 443）。「出生時に割り当てられた性別」と「ジェンダー・アイデンティティ」の不一致が、ここでは「性別違和」と定義されている。そして、この「不一致」が精神疾患のカテゴリーに数えられることになる。このような説明には、少なくとも次の二点が前提にされている。①「心」と「身体」は異なった二つの実体である（「心身二元論」）。②「身体」あるいはセックス（生物学的性差）は「客観的な現実」であり、誰の目にも明らかな「客観的な真理」である。

　このような前提に基づいて、性別違和は「心の問題」として解釈されることになる。なぜなら、生物学的な身体は「客観的な真理」であり、「出生時に割り当てられた性別」と「ジェンダー・アイデンティティ」のあいだにもし「不一致」があるのなら、それは当然、「心」の方の問題であって、「身体」の問題ではないからだ、というわけである。したがって、この図式において、性別違和とは「精神的な混乱」として考えられることになり、その結果、「治療の対象」とみなされるのである。トランスジェンダー理論家のゲイル・サラモンが述べているように、性別違和を病理とみなす論理は、生物学的な「物質的身体」を「現実の裁決者」あるいは「真理」とみなす前提によって可能になっているのである（サラモン, 2019: 90）。私たちは次

3）実際、すでにアメリカ合衆国のトランスジェンダー・スタディーズには「トランスジェンダー現象学」という方法論が提起されている。その先鞭をつけたのが Rubin（2003）であり、サラモン（2019［原著は 2010 年］）などが続く。本章ではこれらの著者のテクストをいちいち取り上げて解説するのではなく、トランスジェンダー現象学に共通するモチーフを描くことでその導入を図ることにしたい。そこで私が強調したいことは、トランスジェンダーの経験を理解する上で「身体イメージ」の概念、およびそれに関する現象学的アプローチの重要性である。

節で、現象学の議論を参照することで、このような身体観とは異なる分析枠組みを提示することになるが、トランスジェンダーの身体経験の非病理学的記述を行うためには「物質的身体」を「客観的な真理」とみなす論理を批判的に乗り越える必要がある。

病理学的な説明は「客観的な物質的身体」を前提とし、そして、それと食い違うものとしてジェンダー・アイデンティティを表象する。このような説明はまた、それが「客観的な物質的身体」という第三者から見た身体を基準としてトランスジェンダー当事者の性別違和を分析するものであるため、「三人称パースペクティヴ」に基づいた解釈だといえる。したがって、このような分析枠組みにおいて当事者自身の主観的な経験や感覚はそのような分析枠組みから零れ落ち、単なる「精神的な混乱」や「精神疾患」の徴候として解釈されてしまう。これに対して、現象学的アプローチがトランスジェンダー研究に有用であるように思われるのは、それが「一人称パースペクティヴ」による記述を可能にするからであり、それによって個々のトランスジェンダー自身の主観的な経験や感覚の質を研究する方法を提示しているからである。そこで次節では、「身体イメージ」概念を導入することで、トランスジェンダーの経験を「病気」とはみなさない、トランスジェンダー自身の感じ方に即した分析枠組みを現象学が提示していることを見ていこう。

3 身体イメージ・モデル

興味深いことに、トランスジェンダー理論家のジェイ・プロッサーは『第二の皮膚──トランスセクシュアルの身体の語り』で、トランスジェンダーの性別違和を分析する際、「物質的身体」と「ジェンダー・アイデンティティ」の対ではなく、「物質的身体」と「身体イメージ」の組み合わせによってそれを説明している（Prosser, 1998: 69）。彼に従えば、性別違和とは「物質的身体」と「身体イメージ」のあいだのズレや不一致なのである。そして、現象学にはモーリス・メルロ゠ポンティをはじめとして、「身体イメージ」（ないし「身体図式」）に関する研究の蓄積がある。本節以下で考察していきたいのは、この「身体イメージ」という概念、およびそれに関する現象学的アプローチがトランスジェンダーの「間違った身体」という感覚を理解する上で役立つということである。

「身体イメージ」とはごく簡単にいえば自己の身体像のことだが、この概念はもと

もと、幻影肢のような症状の研究から導入されたものである。幻影肢とは、事故や戦争などで腕や足を失ったにもかかわらずその失われた腕や足の存在をリアルに感じる現象である。失われたはずの腕や足に痛みを感じるといった現象がそれである。メルロ＝ポンティは『知覚の現象学』で、このような「幻影肢」の現象に関して次のように述べている。

　　第二の層〔現勢的身体〕からはすでに消失してしまっている手の所作が第一の層〔習慣的身体〕ではまだ姿を見せていることもあり、かくして、どうして私がもう自分のもっていない手をまだもっていると感ずることができるかの問題は、実際には、どうして習慣的身体が現勢的身体の保証人として働くことができるかの問題に帰着する。（メルロ＝ポンティ, 1967: 149,〔 〕内は引用者注）

　ここで彼が「習慣的身体」と呼んでいるものは「身体イメージ」に相当するものであり、「現勢的身体」とは「物質的身体」に相当するものである。したがって、幻影肢とは、「物質的身体」が失われたのに、その「身体イメージ」だけが残っている状態である。ここで彼の記述がきわめて興味深いのは、「習慣的身体」ないし「身体イメージ」が「第一の層」と記述されている点である。先にみた病理学的図式とは反対に、「身体イメージ」の方こそが「物質的身体」を保証するものとして描かれているのである。
　実際、メルロ＝ポンティにとって、人が自分の身体を「ひとつのまとまりをもった身体」として経験できるのは「身体イメージ」を介することによってなのである。同様のことは、精神分析家のジャック・ラカンも指摘している（ラカン, 1972）。ラカンによれば、幼児ははじめ自分の身体を「バラバラに寸断された」ものとして経験しており、その身体を「ひとつのまとまりをもった身体」として知覚するようになるのは鏡に映る自己の身体イメージに同一化することによってである。ここで重要なのは、その主体自身にとって、「身体イメージ」こそが物質的身体を組織化するものであり、したがって身体イメージの方が「現実」として感じられているという点である。これは、トランスジェンダーの人たちの性別違和を「精神的混乱」として表象し、物質的身体を「客観的な真理」とみなす病理学的図式とはまさに正反対の記述になっており、そこではむしろ、身体イメージの方こそがその人自身にとっての「真理」や「現実」なのである。
　このようなメルロ＝ポンティの「幻影肢」に関する議論はトランスジェンダーの

身体経験を考える上で非常に示唆に富むものである。実際、Xジェンダーのあるトランスジェンダー当事者は次のように、自分の身体経験を幻影肢になぞらえて説明している。

> 体毛とか男性的な特徴はなくなってほしいとは感じます。いかにも男らしい部分には生理的な嫌悪感を覚えます。女性の身体が欲しいとは思わないんですが、よく夢を見るんです。自分の胸に乳房がついている夢なんです。それも欲しいというのではなく、あるはずだという感じです。ペニスもなくしてしまいたいとは思いませんが、膣があるはずだという確信に近いものがあるんです。性的に興奮した時など、ペニスがあるのに、膣が濡れた感触を確かに感じるんです。事故で手足を失った人が、すでにないのにあたかも手足がそこにあるような痛みを感じるっていいますよね。僕は経験はないんですが、そんな感じなのかなと想像することがあります。（吉永, 2000: 162-163）

　興味深いことに、先に言及したプロッサーも「性別違和」の経験と「幻影肢」の現象の類似性を指摘している（Prosser, 1998: 84）。たしかに幻影肢の場合には、もともと存在した身体部位が失われることによって生じるのであり、この点でトランスジェンダーの性別違和の経験とは異なっている。しかし、プロッサーが指摘しているのは、ある種の「肉体的記憶（somatic memory）」が先立って存在しているという点で両者の経験には共通性があるということである。彼はまた、義足と性別適合手術の類似点を指摘している（Prosser, 1998: 85）。義足がうまくその人の身体に組み込まれるためには、その失われた足の「身体イメージ」ないし「肉体的記憶」が活用されなければならないが、プロッサーは同じことを性別適合手術にも指摘している。胸にしろ、男性器や女性器にしろ、その部位の「肉体的記憶」の存在によって自己の身体により有機的に統合されるのである。彼はここで明示的に現象学を参照しているわけではないが、このような記述はトランスジェンダーの性別違和を理解する上で現象学の知見が有用であることを示している。

　プロッサーはトランスジェンダーの「間違った身体」という経験を「ジェンダー・アイデンティティ」という用語ではなく、「身体イメージ」という言葉を用いて記述していた。それは、前者の用語を用いれば、「精神的な混乱」として考えられてしまうからであろう。むしろ反対に、トランスジェンダーの主観的な経験に即していえば、物質的な身体こそが「間違ったもの」として感得されている。メルロ

＝ポンティに倣えば、身体イメージこそが「現実の保証人」として物質的な身体を組織化するものであるからこそ、そのイメージと食い違う物質的身体が「間違ったもの」として感じられるのだ。だからこそ、プロッサーがいうように、身体イメージは「物質的な力」をもつのであり、それはときに実際の身体的な性別移行を促すのである（Prosser, 1998: 69）。

　先にみた病理学的説明が「三人称パースペクティヴ」によって、トランスジェンダーが自身に対してもつ身体イメージを「精神的混乱」として病理学化していたのに対して、現象学的アプローチはそのトランスジェンダー当事者の身体イメージを「生きられた現実」として肯定的に記述することを可能にする。身体イメージをモデルとしたアプローチは「一人称パースペクティヴ」に基づいた記述である。というのは、このアプローチはその人自身がどのように自らの身体を感じているかに焦点を当てるものだからである。

　すでに触れたヘンリー・ルービンやゲイル・サラモンといったトランスジェンダー研究を行っている著者たちも、メルロ＝ポンティの「身体イメージ」に関する理論がトランスジェンダーの身体性を理解する上で有用であることを主張している（Rubin, 2003; サラモン, 2019）。サラモンは、身体とは単なる「物質的なもの」ではなく、むしろ、物質的な身体とは「身体イメージ」の媒介によって初めて生きられるのであり、そして、このような「感じられた身体」と「物質的な身体」とのあいだのズレや不一致は決して病理学的なものではないと主張している（サラモン, 2019: 4）。したがって、私が「身体イメージ・モデル」と呼んだ分析枠組みはトランスジェンダーの身体経験を非病理学的に記述する可能性を開くものだといえよう。

4　身体イメージと社会的構築

　プロッサーの『第二の皮膚』はトランスジェンダーの性別違和を考える上で身体イメージ（および、身体自我）の概念を導入するものであり、それは先に見たように有用な分析を開くものだったが、それでも彼の理論には問題が残る。プロッサーはトランスジェンダー──とりわけトランスセクシュアル──が自身の身体にもつ身体イメージをほとんど「実体的なもの」として捉えており、したがって、タリア・ベッチャーが指摘しているように、「プロッサーの見解は身体自我のもっともらしい説明を提供する利点をもっている。しかし、また、身体の社会的概念がその自我に

影響を与える仕方にほとんど注意が払われていない点を指摘しておくことは重要である」(Bettcher, 2009)。身体イメージは決定論的に社会的に構築されるものではないにせよ、それを社会的構築とまったく無関係なものとみなすことはできない。たとえば、トランス男性やトランス女性は「男」や「女」といった社会的カテゴリーを用いて自己を記述するのであり、その点だけからいっても、身体イメージが社会的構築とまったく無関係だとはいえない。さらにいえば、身体イメージを社会的構築とまったく無縁のものとして理論化してしまうと、身体イメージは「生まれつきのもの」であるという一種の本質論や決定論に接近してしまうことになる。

　だが、私たちがみたように、メルロ゠ポンティは身体イメージを「習慣的身体」と規定していた。身体イメージとは習慣的身体であって、生得的なものではなく、あくまで習慣的に培われるものである。したがって、身体イメージとは生得的で確固とした地盤をもつものというよりも、社会的世界の中で生きられ、多様に形成される可変的なものである。たとえば、メルロ゠ポンティは視覚障害者にとっての杖を「身体イメージ」として捉えている。杖はもちろん「道具」であるが、そのような補助器具も「身体イメージ」に組み込まれうるのである。この意味で、身体イメージとは習慣的なものであり、さらには、それは必ずしも物理的な身体の輪郭と重なるわけではない。

　この点で、トランスジェンダー・スタディーズにおける現象学的アプローチの重要性をいちはやく指摘したヘンリー・ルービンの議論は重要である。実際、ルービンは、トランスジェンダーの経験や身体、主体性は、個人によって生きられるだけでなく、それらは社会や歴史によって規定され、その歴史的状況の中で生きられるものであり、したがってその両側面を注意深く記述する必要があると述べている(Rubin, 2003: 12)。このような観点からルービンが主張しているのは、現象学と系譜学（ないし構築主義的アプローチ）とは相互補完的な方法であるということである。系譜学や構築主義的アプローチが社会や歴史の中でどのように主体が形成されるかを明らかにするものであるという点で有用なアプローチであるが、それは「三人称パースペクティヴ」に依拠したものであるため、トランスジェンダーの主観的な経験や感じ方を明らかにすることには向いていない。それに対して、現象学は「トランスセクシュアルの経験を記述する上でかなり適切な方法」(Rubin, 2003: 29) を提示している。というのは、現象学は「一人称パースペクティヴ」に基づいた分析枠組みを提示しており、それゆえトランスジェンダーの主観的な経験の質を明らかにする上で有用なものだからである。この意味で、これらのアプローチはともに用い

られることで、主体やアイデンティティが形成される社会的・歴史的条件と、主体がその条件を生きる主観的経験とのダイナミズムを分析することができるのである（Rubin, 2003: 30）。

　同様に、サラモンも「生きられた身体」と「社会的構築」を峻別する議論に警鐘を鳴らしている。「生きられた身体」はあくまでも社会的世界や状況において生きられるのであって、したがって身体イメージを「社会的構築」と無縁のものとみなすことはできない。むしろ彼女に従えば、構築主義的アプローチは「身体の感じられ方がその歴史的、文化的なヴァリエーションに基づいて、その切迫さと直接性とともに、どのように生じるのか、その仕方を理解する方法であり、最終的には、その感じられ方によってもたらされるものとは何なのかを探究する方法」（サラモン, 2019: 123）として考えることもできる。したがってルービンが述べていたように、私たちは現象学的アプローチと構築主義的アプローチを結びつけることで、トランスジェンダーがこの社会的世界の中でどのように自らの身体を感じるかをより深く理解することができるだろう。

5　三人称パースペクティヴを越えて

　私たちが見てきたように、トランスジェンダーに関する既存の分析枠組みは「三人称パースペクティヴ」を採用しており、その中ではトランスジェンダーの主観的な経験のリアリティは脇に置かれてしまう。それに対して現象学的アプローチが重要なのは、トランスジェンダー当事者の主観的な経験を「生きられた現実」として肯定的に記述することを可能にするからである。そこでは、当事者自身の経験のその質やリアリティこそが「現実」や「真理」として捉えられるのである。

　サラモンは『身体を引き受ける』の中で「違和連続体（dysphoric continuum）」という概念を提示している。それは「マイルドな不快感からトランスセクシュアルの身体改造への強い衝動まで」（サラモン, 2019: 265）を含む概念であり、この概念が重要なのは各々の性別違和を「カテゴリー上の差異」としてではなく「グラデーション上の差異」として考えるものだからである。実際、トランスジェンダーの「身体の感じられ方」や身体改造の程度は人によって多様であり、この意味で違和とは厳密にいえば「個人的に生きられるもの」といえるかもしれない。違和には、それを解消する万人に共通するゴールなどというものはなく、その解消の方法もさまざま

である。たとえば、ホルモン治療で十分という人もいれば、乳房を切除すればそれで十分という人もいる。

　また、ベッチャーは自身のトランスのサブカルチャーの中での経験から、トランス男性、トランス女性のその「男性」や「女性」が意味するものが決して「一義（simple-meaning）」的ではなく、「多義（multiple-meaning）」的に用いられていることに着目し、「（いくつかの）トランスのサブカルチャーにおいて自己のアイデンティティについての主張は精神的態度の一人称的で現在時制形の宣言という形態をとる」（Bettcher, 2013: 246-247）と述べている。このことは、「ジェンダー・カテゴリーが単に客観的な基準に基づいて適用される（あるいは、誤って適用される）のではなく、個人的、政治的な理由から採り入れられる」（Bettcher, 2013: 247）ことを意味している。このように、個々のトランスジェンダーが選択するアイデンティティも実に陰影に富んだ多義的なものである。

　トランスジェンダーの経験、主体性、身体性、アイデンティティは多様であり、多義的である。「三人称パースペクティヴ」に基づいた記述では、このような多様性・多義性を記述することはできないだろう。私たちが本章で考察したことは、このようなトランスジェンダーの経験の多様性・多義性を捉える上で、現象学的アプローチがきわめて有用な分析枠組みを提示しているということである。トランスジェンダーの存在が以前よりもずっと世間に認知されてきたとはいえ、多くの人々は精神医学に端を発する病理学的な枠組みでトランスジェンダーの存在を認識している傾向にある。そのとき、「トランスジェンダー現象学」は、トランスジェンダー当事者がいかに自らの身体を生きているか、そのリアルを解明することを通して、トランスジェンダーについての理解を深める意義をもつ試みであるだろう。

●引用文献

遠藤まめた（2018），『オレは絶対にワタシじゃない──トランスジェンダー逆襲の記』はるか書房.

サラモン, G.（2019），藤高和輝［訳］『身体を引き受ける──トランスジェンダーと物質性のレトリック』以文社.

米国精神医学会（2014），高橋三郎・大野　裕［監訳］，染矢俊幸・神庭重信・尾崎紀夫・三村　將・村井俊哉［訳］『DSM-5──精神疾患の診断・統計マニュアル』医学書院.

メルロ＝ポンティ, M.（1967），竹内芳郎・小木貞孝［訳］『知覚の現象学 1』みすず書房.

吉永みち子（2000），『性同一性障害――性転換の朝（あした）』集英社．

ラカン，J.（1972），「〈わたし〉の機能を形成するものとしての鏡像段階」宮本忠雄・竹内迪也・高橋　徹・佐々木孝次［訳］『エクリⅠ』弘文堂，123–134頁．

Label X［編著］（2016），『Xジェンダーって何？――日本における多様な性のあり方』緑風出版．

るぱん4性（2007），「トランスリブの行方――トランスプライドは確立しうるか」ROS［編］『トランスがわかりません！！――ゆらぎのセクシュアリティ考』アットワークス，152–171頁．

Bettcher, T. M. (2009), "Feminist Perspectives on Trans Issue," 〈https://plato.stanford.edu/archives/spr2014/entries/feminism-trans/（最終確認日：2020年2月27日）〉．

Bettcher, T. M. (2013), "Trans Women and the Meaning of "Woman"," N. Power, R. Halwani and A. Soble (eds.), *Philosophy of Sex: Contemporary Readings*, Sixth Edition, Rowan & Littlefield, pp. 233–250.

Bettcher, T. M. (2014), "Trapped in the Wrong Theory: Re-Thinking Trans Oppression and Resistance," *Signs*, 39(2): 383–406.

Prosser, J. (1998), *Second Skins: The Body Narratives of Transsexuality*, Columbia University Press.

Rubin, H. (2003), *Self-Made Men: Identity and Embodiment among Transsexual Men*, Vanderbilt University Press.

トランス嫌悪と現象学

　　2018 年 7 月 2 日のお茶の水女子大学のトランス女性受け
入れ報道を発端に、ツイッターを中心としたネット上では女
性専用スペースにトランス女性が参入することへの懸念や反発が起こった。それ以降現在に至るまで、トランス女性に対する差別的な発言が続いている。これら一連のトランス排除的言説の背景にあるのは、「トランスジェンダーを受け入れれば、男性器のついた人間が女性専用スペースを使えるようになり、性暴力が増えるのではないか」といった「恐怖」や「不安」である。これらの言説において、トランス女性は「男体持ち」などのカテゴリーで記述され、「性犯罪目的の男性」と見分けのつかない「性犯罪者予備軍」であるかのように語られている。

　　このようなトランス排除的言説の惨状について、アメリカ合衆国出身で現在日本に暮らしている友人に説明していたときのことである。私は彼女に、ツイッター上でトランス女性があたかも「性犯罪者予備軍」であるかのようにみなされ、危険視されている現状について語った。すると、彼女は私にこう言った、「それって逆じゃない？　トランスジェンダーの人の方がこの社会で危険な目にあったり、生きづらい思いをしているのに、どうしてトランスの人の方が危険視されるの？」と。そうなのだ。この社会はトランスジェンダーにとって生きやすい社会だとはお世辞にもいえない。公共スペースの利用や就労の困難など、トランスジェンダーには多くの「普通の人」に保障されている権利が奪われているのが現状である。それなのに、なぜ、この社会で不安定で傷つきやすい状況を生きているトランスジェンダーが「犯罪者」扱いされ、あたかも「暴力を行う側の人間」として表象されているのか。

　　ここには明らかに、差別や暴力を行う側とされる側の「逆転現象」が存在している。マイノリティの立場にある人間が奇妙な逆転を経て「危険人物・集団」として表象されているのだ。ジュディス・バトラーは論文「危険にさらされている／危険にさらす──図式的人種差別と白人のパラノイア」で、このような「逆転現象」を「想像的逆転（imaginary inversion）」と呼び、分析した（バトラー, 1997）。

　　ゲイル・サラモンは『ラティーシャ・キングの生と死──トランス嫌悪の批判的現象学』（Salamon, 2018）で、ラティーシャ・キング事件を例にこのような「想像的逆転」を考察している。この事件は、アメリカ合衆国のカリフォルニア州で実際に起こった事件である。当時十五歳だった黒人のトランス女性のラティーシャ・キングは 2008 年 2 月 12 日の朝、同級生のブランドン・マキナニー

に教室で射殺された。そして、このような事件の構造を明らかにする上でサラモンが依拠しているのが「批判的現象学（a critical phenomenology）」だ。それによって彼女が示しているのは、その裁判過程において、ラティーシャの化粧やハイヒールといったジェンダー表現が「攻撃的行為」として解釈され、ブランドンによる射殺はそれによって引き起こされた「パニック」に対する一種の「防衛行為」であると解釈された点である。ラティーシャはある朝、突然、同級生に射殺されたのである。しかし裁判では、先に「攻撃」を仕掛けたのはラティーシャだとみなされたのだ。ここには明白に、先に「想像的逆転」と呼んだメカニズムが働いているといえるだろう。サラモンが示唆しているのは、このようなトランス嫌悪を分析する上で現象学は重要な方法論であるということであり、文脈こそ違えど、日本におけるトランス嫌悪の構造を明らかにする上でもこのような現象学という方法は有用なものだろう。（藤高和輝）

◉引用文献

バトラー, J.（1997）, 池田成一［訳］「危険にさらされている／危険にさらす──図式的人種差別と白人のパラノイア」『現代思想』25（11）:123–131.

藤高和輝（2019）,「後回しにされる「差別」──トランスジェンダーを加害者扱いする「想像的逆転」に抗して」〈https://wezz-y.com/archives/67425（最終確認日：2020年2月27日）〉.

Salamon, G.（2018）, *The Life and Death of Latisha King: A Critical Phenomenology of Transphobia*, New York University Press.

11 男だってつらい？
男らしさと男性身体のフェミニスト現象学

川崎唯史・小手川正二郎

1 「男なら泣くな」

　「泣くな、男だろ」「男なら最後まで諦めるな」といったことを言われたことがあるだろうか。あるいは、身近な男性に対して「男らしい」とか「男らしくない」と思ったことはあるだろうか。男性であるということには、さまざまな期待に応えたり規範に従ったりできるという面がある。ここでは、最もありふれた規範の一つである「男なら泣くな」について、次の例をもとに考えてみよう。

　　中学の昼休み、男子たちがケイタの容姿をからかって笑っている。いつもは笑いながら言い返すケイタだが、今日は耐えきれず泣いてしまう。男子たちはさらに笑う。ケイタが泣き止まないので男子の一人が「ごめんって、泣くなよ」と笑いながら謝る。帰宅すると家族がリビングで話しているのが聞こえたが、ケイタは無言で自室へ直行する。

　ここには、男子が泣くことはからかいに値する失敗だという考えが表れている。その根拠となっているのは、嫌なことやつらいことがあっても男は泣いてはならないという規範である。つまり、ケイタが泣くまでのからかいには、彼の男らしさをテストするという側面があり、彼が泣いた後の男子たちの笑いと不真面目な謝罪は、彼がこのテストに落ちたことを示している[1]。また家での様子からは、つらいことがあっても人に相談するのは男らしくないというケイタ自身の考えが伝わってくる。

---

1) 男らしさのテストについては、須長（1999）を参照。

　ある海外の調査では、半数以上の男性が「他人がいじめてきたときにやり返さない男は弱い」「内面で恐怖を感じたり緊張したりするときでも、男は強気にふるまうべきだ」というメッセージを社会全体から受けていると回答している[2]。何があっても泣かない男性が実際にどれほどいるかは別として、「男は泣いてはいけない」と感じている男性は日本でも少なくない。「男は感情を表に出してはいけない」という規範があるともいわれる（多賀, 2001: 84）。ただし、ある種の怒り方や悲しみ方が男性的とみなされる場合もあるため、ことはそう単純ではない。

　いずれにせよ、男性として生きることには、「男らしく」あることを学び、推奨され、ときに強制されるといったことが分けがたく結びついている。「男なら泣くな」という規範は、男性自身を抑圧し束縛する「男らしさの鎧」の典型例である。1990年代から盛んになったメンズリブ運動や男性学は、こうした鎧を脱ぐことによる男性の解放を呼びかけた（伊藤, 1996）。

　学問としての「男性学」は、さまざまな男性のあり方（多様な「男らしさ」）とともに、その間にある序列を指摘する。特に、社会の中で中心的な位置を占める「男らしさ」は、「覇権的な男らしさ」と呼ばれる（Connell, 2005）。たとえば現代の日本社会においては、「正規雇用で既婚の男性」が「非正規雇用の男性」や「未婚の男性」などの「従属的な男らしさ」に対して特権的な位置を占めている[3]。感情に関しては、「何があっても泣かない男性像」が「すぐに泣く男性像」より優位にあるといえる。ただし、こうしたヒエラルキーは男性内部で閉じているわけではない。「覇権的な男らしさ」概念のポイントは、それが当の社会で「強調される女らしさ」（現代日本では、たとえば「働いていようがいまいが家事も育児もこなす女性像」）とともに、男女間の不平等な関係を正当化するために使われることにある。たとえば男性が「フルタイムで働いて妻子を養う男性像」を追い求めることは、妊娠や家事育児を妻に担わせることで働く機会や稼ぎを制限し、夫の稼ぎに妻子を依存させることになる

2）この調査は 18 歳から 30 歳の男性 1000 人以上を対象として 2016 年に行われた。前者の項目に「そう思う」または「とてもそう思う」と回答した男性の割合は、アメリカ 68%、イギリス 60%、メキシコ 55%。後者の項目について同様の割合は、アメリカ 75%、イギリス 64%、メキシコ 59% であった（Heilman, Barker and Harrison, 2017: 25）。

3）同じ枠組みで「ゲイの男性性」を「男らしくないという男性性」として論じるコンネルに対して、森山至貴は、ゲイ固有の男性性の語りにくさは「ゲイの居場所のなさと繋がっている」としつつ、ゲイの男性性は「「そんなものは見つからないでほしい」と思いつつも見つけてきっちり批判しなければならない、厄介なしろもの」だと述べている（森山, 2019: 125）。

（平山, 2017）。

　それゆえ、男らしさが男性たちにもたらす困難を示すことは重要だが、それ以上に、彼らが男らしさを追い求めることで、女性との不平等な関係をいかなる形で推し進めてしまっているかということを語ることも必要である。感情についていえば、何があっても取り乱さない性格は、医師や管理職のような責任の重い仕事を行う上で望ましいとされ、そうした仕事に高い地位が与えられる一方で、保育や看護といった感情の豊かさが求められる仕事は相対的に低い地位に置かれている。そして、男性は前者の仕事に、女性は後者に向いているというイメージはいまだに根強い。どの仕事により多くの報酬が支払われ、より強い権限が与えられているかを考えれば、泣いてはならないという規範が単に男性を抑圧するだけでなく、覇権的な位置にいる男性による世界の支配に役立ってもいることがわかるだろう。

　したがって、男らしさの規範や期待が男性を抑圧するという問題は、「男はつらい」では片付かない、社会全体のパワー・バランスに関わる事柄なのである [4]。

2　男らしさの現象学へ：「密閉された身体」を例に

　男らしさについての基本的な考え方を確認したので、ここからはフェミニスト現象学の手法を取り入れた上で具体的な分析に入っていこう。フェミニスト現象学がこれまで見過ごされてきた女性的な身体経験に着目する背景には、男性身体が暗黙のうちに標準とみなされ、哲学的な身体論も男性身体を対象としてきたという問題があった（第1章参照）。ただし、フェミニスト現象学以前の身体論では、男性特有の経験が記述されてきたわけではない。むしろそこで論じられたのは、性をもたない「普遍的な」身体としての男性身体であった（Tuana et al., 2002: 2）。これに対して、男らしさの現象学では性別をもったものとして男性の身体や経験を記述していく。

　男性の経験をありのままに観察すると、より優位な男らしさを求めるあまり自分の身体や感情を抑圧したり、その場にいるわけではない他の男性――特定の誰かであることも、抽象的な「男らしさ」であることもある――と自分の関係（覇権争い）を、現実の人間関係よりも重視したりするという特徴が見えてくる [5]。男らしさの

---

4) いわゆる総合職の仕事など、男性が標準とみなされている場においては、女性など非男性の人々も男らしさの規範（疲れない、休まないなど）を強いられることがありうる（第2章を参照）。

現象学は、まずそうした経験の特徴を明らかにした上で、それが不平等な社会の構造にどのように寄与してしまっているのかということを考察する（小手川, 2020）。個々の男性にとっても、自分の何気ない振る舞いについて考え、別の仕方で行動するきっかけになるかもしれない。

　最初に、前節の例を男性身体の問題として考え直してみよう。「男なら泣くな」は、男は身体から液体を漏らしてはいけないという規範であるとも考えられる。

　フェミニスト哲学者のグロス（Grosz, 1994: 198-201）は、月経など女性身体の特殊性については膨大な文献があるのに対して、男性の体液については（医学的・生物学的な議論を除くと）ほぼ皆無だったと述べている。体液の例として「精液」に関する数少ない言説を検討する中で、グロスは、射精が男性の快感ではなく女性に快感を与える力としてイメージされていることや、精液が自分の身体を超えて子どもを作り出す原因とみなされていることを指摘する。精液をありのままに（つまり現象学的に）捉えれば、それは形がなく、制御不能な仕方で漏れ出て広がっていくものだが、そうした液体的な見方は拒絶されているという。たとえば、夢精はありふれた経験だが、多くの男性は夢精を恥ずかしく感じ、それについて語らない。

　この拒絶は、男性が女性に割り当ててきたような身体性──制御不能で、不合理で、境界を越えて広がっていく身体──から自分たちを遠ざけようとする試みと結びついているとグロスは指摘する。できる限り体液を遠ざけることによって、男性の身体は「密閉された、不浸透な身体」としてイメージされてきたのである。

　密閉された身体というイメージには、頑強で傷つかないことも含まれている（澁谷, 2013: 520）。涙には汚いというイメージが付いていない点で、精液や尿といった他の体液と同じように語ることはできない（Grosz, 1994: 195）。しかし涙は悲しみなどの感情と密接に結びついており、コントロールが難しいこと、内面があふれ出ること、不合理であることといった液体の特徴を共有している。固く密閉された身体であることが男らしさの理想であるかぎり、涙もやはり男らしさを脅かす液体だといえるだろう。

　先入観を取り除いてありのままに男性の経験を記述することで、広く共有されているイメージや考え方が実は人為的なものであり、男性と女性をともに抑圧しな

5）清田隆之は、多数の女性による「恋バナ」に登場する男性たちに共通する要素として、「何かと上下や勝ち負けに還元する価値観」によって自縄自縛に陥ることを挙げている（清田, 2019: 61）。

がら男性に有利な社会を維持することに役立っていることが見えてくる。以下では、男性たちが男らしさの理想に囚われやすいスポーツとセックスを取り上げて、そこで追い求められる男らしさが男性たちにいかなる困難をもたらしているか、男女間のいかなる不平等を助長しているか、そうした不平等な関係を克服するために必要なことを考えてみたい。

3　スポーツ

> N大学アメフト部の選手Aは、「闘志が足りない」等の理由で練習から外され、監督やコーチからある名門大学との試合で相手の中心選手を「潰す」ようにいわれた。葛藤の末、三度にわたる反則行為に及び、相手選手に怪我を負わせ退場となった後、彼は事の重大さに気づき涙を流した。

この事例は、スポーツと男らしさの関係を考えるうえで象徴的なものである。歴史的には、闘争心を表に出して相手にぶつかる姿は男らしいとみなされてきた（ヴィガレロ, 2017: 311, 327）。しかし、この男らしさは、監督の指示に盲目的に従ったり、相手選手をただ倒すべき敵とみなして怪我を負わせたりする危険性も孕んでいる。

まず、スポーツを通じて表象される「男らしさ」とはどのようなものか。一般に、「男らしい」身体運動とは、第1章で取り上げた「女の子投げ」とは対照的に、体全体を使って自分の運動可能性を目いっぱい引き出すような運動を指す。また、いわゆる「スポ根」（スポーツ根性もの）の作品が描いてきたような、困難な課題にもひるまず、厳しい練習や強靭な競争相手に打ち克つあり方は、日本における「覇権的男らしさ」の一面を形作ってきた。これに対して、体全体を使えない男性、つらい練習や強い相手を前にして怯えたり逃げ出したりする男性は、「女々しい男」や「オカマ」等と揶揄されてきた。

こうした男らしさが男性たちの閉ざされた空間の中で過度に追求されると、限界を越えて身体を酷使し、自分の体を壊してしまったり（高校野球で酷使されるエース）、勝利至上主義のもと暴力的なプレイも厭わなくなったりする。チームスポーツでは、勝利という目標を共有する「仲間」内の評価が絶対視され、理不尽な指導や指示に黙って従ったり、相手チームを「敵」とみなして打倒しようとしたりする傾向が助長される。この点で、スポーツの男らしさは、軍隊の男らしさと同様、恐怖や怯え

の感情を捨てて、上司からの命令に盲目的に従い、自分や他人を危険に晒す「有毒体育会系」の男らしさになりかねない（ギーザ, 2019: 203）。

　アメフトの例は、自らの感情を抑えて監督やコーチの理不尽な指示に従い、危険な行為で相手選手に怪我を負わせた点では、スポーツの男らしさの負の側面を示している。こうした事例を目にすると、競争と勝利に主眼をおくスポーツが育む男らしさは有害無益にも見える。しかし、上の事例は、男性が「有毒体育会系の男らしさ」から抜け出る可能性も示唆している。選手 A は、監督やコーチの指示に葛藤を感じ、退場後に涙を流し、後に相手選手に謝罪した。彼のチームメイトも監督らの指示に盲目的に従っていたことを反省して声明を出し、結果的に監督やコーチの不正を糺した。A が感じた葛藤や感情、チームメイトたちが示した彼への信頼は、有毒体育会系の男らしさによってゆがめられてしまいがちな、スポーツが本来育むべきものを示している。

　練習や試合は身体を酷使するためではなく、身体の運動可能性を知る、それも自分ができると思っていなかったことができるようになることを、身をもって知るためにある。この点でスポーツは自分に自信をもつための一つのツールとなりうる。

　スポーツが心身の鍛錬に終始するなら、競争や勝負は必要ないかもしれない。しかし、競争としてのスポーツは必ずしも、競争相手への敵対心を煽ることに帰着するわけではない。相手を競争相手とみなすことは、自分と対等な者として尊重する仕方でもある。四肢重度機能障害者のために考案されたスポーツ、ボッチャの日本代表選手で筋ジストロフィーを患う河本圭亮は、ボッチャで負けて初めて悔し涙を流したが、この悔しさは競争相手とみなされなければ生まれない感情だ[6]。反対に、競争相手を単なる敵とみなし暴力行為に及ぶことは、相手を人として尊重せず、勝利のための障害としか見ないことを意味する。

　スポーツを通した男性同士の友情が、しばしば女性差別や同性愛嫌悪（ホモフォビア）の上に成り立っていることも指摘されてきた（セジウィック, 2001）。チームメイト同士の友情では、「女々しさ」や同性愛的な要素が劣等視され、可能な限り排除される。成果をあげた選手への報酬として女性が扱われ、有名選手による性暴力事件に適切な対処が行われないことも少なくない（ギーザ, 2019: 221-222）。しかし、アメフトの事例のように、チームメイト同士の信頼関係が指導者との上下関係を越えて、不正や権力に抵抗する土台となることもありうる。実際、チームメイトやファ

6）NHK ドキュメンタリー「ボッチャ──命のボール」2019 年 8 月 26 日放映。

ンを巻き込んだ連帯に基づいて、性差別や人種差別に抗議する活動が北米のスポーツ界では話題となった（ギーザ, 2019: 218）。

　もちろん、スポーツの男らしさが有毒体育会系の男らしさに陥りやすいこと、スポーツがもっぱら男性の活躍の場とみなされることで、女性たちが劣位に置かれやすいことには常に注意せねばならない。たとえば、男性たちが幼少期から公園や校庭や体育館で体を動かすことで、公共の場を使用可能な場所や自分の居場所として感じられるようになるのに対して、女性たちはそれをサポートする役割（マネージャーやチアリーダー）しか与えられないことが多い。「女の子が男の子に交じってこのような公共スペースの中にいなければ、その結果として、女の子がその場所を失うだけでなく、男の子は、女の子には自分たちほど公共スペースを占める権利がないのだ、と信じるようになる。男の子と女の子が一緒にプレイし競争しなければ、男の子は女の子をチームメイトや競争相手として見なすことを学べない」（ギーザ, 2019: 195–196）。スポーツだけでなく社会のあらゆる場面で「競争相手」としてすら見られないことは、女性が人として尊重されていないことの明らかな証拠である。

　スポーツを通して、女性や同性愛者を排除したり見下したりすることのないような連帯や対等な関係性を育むことはできないだろうか。

4　セックス

　「まだ童貞だ」「短小、包茎、早漏だとバレたくない」「彼女をいかせられない」「あまり性欲を感じない」。こうした悩みを隠して、同性や異性の前で「一人前の男」を演じてしまったことはないだろうか。セックスにまつわる不安や悩み、見栄や虚勢は、どのような男性観やセックス観に由来するのか。そして、男性たちが既存の男性観やセックス観から距離をとるためには、自分たちの経験のどのような側面に目を向ければよいのだろうか。以下ではこうしたことについて、異性愛男性の経験を手がかりに考えてみたい[7]。

　童貞卒業と処女喪失——この言葉の違いは、社会の中でセックスに付与される意

7）異性愛男性の経験を取り上げるのは、それを標準とみなすためではなく、そこに男女の不平等な関係が顕著に表れるからだが、同性間のセックスも別の形でジェンダーの秩序に関わっている。また、誰かを性的に欲望することを当たり前とする性愛の規範も問われねばならない。

味が男性と女性で異なることを意味する。男性にとって、セックスの経験の豊富さは自分の「男らしさ」を示す徴だと受け止められ、女性を「わがもの」にできない童貞は「一人前の男」とみなされない。反対に女性は、しばしば「処女性」や「純潔」を求められ、セックスの経験が豊富だと社会の中で劣位に置かれることすらある。

　「彼女をいかせられない」という悩みは、男性がセックスの主導権を握り女性にオーガズムを「与える」という見方に由来する。女性を「いかせる」ことのできない男性は、経験不足で下手な男、または一人前の性器をもたない情けない男とみなされることがある。ただし、女性にオーガズムを「与える」といっても、男性が女性の官能を支配するという意味合いこそあれ、セックスが女性本位に考えられているわけではない。実際、男性たちはしばしば、男性器の挿入と射精だけをセックスの目的とみなす。このセックス観においては、他の性的な触れあいは、すべて挿入と射精のための「前戯」にすぎない。男性が射精せずに終わったらセックスに「失敗」したと感じるのに対して、女性がオーガズムを感じないまま終わることは珍しくない。男性は自分のオーガズムを当然の権利とみなしており、女性もまたしばしばこの男性中心的なセックス観を受け入れ、男性を射精に導くことでセックスを終わらせる（Edley, 2017: 123）。

　「あまり性欲を感じない」ことが不安となって現れるのは、性欲が男性の「自然な本能」とみなされているからだ。男性たちは性的欲求や衝動を、自分には抗い難い強制力、自分のコントロールが及ばない本能として表象する。「性欲には逆らえない」「男だから仕方ない」「そんな恰好をしていたら男を誘っているようなもの」といった語り方が典型的である。こうした語り方は、「男だったら、異性に対して性的欲求を感じ、性的関係をもとうとするのは自然な反応だ」といった仕方で、男性たちの一方的で暴力的な性的振る舞いを正当化するために持ち出される。同時に、異性に対して積極的でない男性、同性に惹かれる男性、他人に性的欲望をもたないアセクシュアルの男性といった存在は「男らしくない男」として下位に置かれてしまう。

　「異性に対する性欲にあふれる男性像」は、男性たちに性的に積極的であるよう強いるだけではない。男性たちがこうした男性像を追い求めることで、女性たちはセックスにおいて受動的な立場に置かれ、男性の「生理的本能」によって常に「狙われる」側に立たされることになる。たとえば、男性と密室で酒を飲んだ女性が性的関係を強いられると、「男と二人きりで飲むのがわるい」と言われたり、女性がはっきりと拒絶の意思を示さなかった、抵抗しなかったことが性的関係に同意した印だ

とみなされたりすることが少なくない。

　では、男性たちがこうした「男らしさ」やそれによって正当化される男女の不平等な関係に対して抵抗するためには、どうしたらよいのだろうか。電車の吊革広告やアダルトサイトといった言説や表象が「性欲にあふれた男性像」を作り出すことを問題視するなら、性をめぐる別様の言説や表象によってそれらに対抗する策がありうるだろう。そうした試みはたしかに重要である。しかし同時に、個々の男性が自分の経験に立ち戻って考え直すことも必要ではないだろうか。以下では、男性たちが「覇権的な男らしさ」を求めるとき、パートナーとの人間関係やそこで男性たちが感じているかもしれないものが見過ごされている可能性に目を向けてみたい。

　①たとえば、「包茎・早漏」を情けなく思う男性は、パートナーがどう感じているのかを聞く前に劣等感を抱いてしまいがちである。こうした場合、男性はパートナーとの具体的な人間関係の中でセックスがもつ意味を考えずに、他の男性や男らしさの理想像との比較にのみこだわって自分の性的身体やセックスを評価してしまっている。

　パートナーとの人間関係に目を向けるなら、自分が男らしさの自負や快感とは異なるものをセックスに求めている可能性が見えてくる。しばしば、女性はセックスに親密さを求めるのに対して、男性は射精だけを求めるといわれる。しかし、女性たちも快感を求めるのと同様に、男性たちも親密さを求めている可能性がある。親密さとは、単に体を接することではなく（体を接しても親密さを感じないことは少なくない）、相手に求められているという感覚、相手にとって自分は価値があるのだと感じさせてもらうことで孤独感が克服されることなどを指す。男性たちは、心のどこかで親密さを求めながら、それを女性への甘えと捉えたり、甘える男性を男らしくないとみなしたりすることで、こうした欲求を押し隠しているのかもしれない。他方で「本能」や「欲望」といった言葉による語りは、セックスをあまりに狭い視野で捉えてしまっており、レイプや痴漢といった性暴力を正当化するためにしか役に立たない。男性たちが自分の経験に目を向けるなら、自分が実は暴力的な関係を望んでおらず、むしろ親密さや他の要素を求めていることに気づくかもしれない。

　②また、パートナーとの人間関係において、そもそもセックス、それも快感にあふれたセックスが本当に不可欠かどうかも考えてみる必要がある。フェミニストのフックスは、多くの人がロマンチック・ラブの幻想に囚われ苦しんでいることを喝破し、次のように語っている。「刺激的で楽しいセックスは互いのことをまったく知らない二人の間でも起こりうる。しかも私たちの社会の男性の大多数は、性的な

あこがれは彼らがだれを愛すべきで、愛することができるのかを示すのだと確信している。自分たちの男根に導かれ、性的な欲望に誘惑されて、彼らは最後には、しばしば共通の関心や価値観をまったく共有していないパートナーと関係を結ぶことになるのだ」（フックス, 2016: 199）。セックスで快感を得られる相手と最も愛情のある関係を築けるとは限らない。だとしたら、長期的な関係を結ぶパートナーと、快感にあふれたセックスができるかどうかは、他の要素（性格、生活レベル、趣味、人生計画等）に比べると、そこまで重要ではないかもしれない。

　③日本では、セックスについて語ることは極度の恥じらいを伴うものであり、公的な場面にはふさわしくないと考えられている。しかし、信頼に値しない人物から性的な話題を浴びせられることはセクハラとなるにしても（第6章参照）、信頼できる相手とセックスについて語ったり、悩みを相談したりすることは重要である。セックスについて無知な子どもたちにこうした窓口が開かれていない場合、不確かな情報や偏見にまみれた友人同士の猥談やアダルトサイトに情報源を求めざるをえなくなる。

　残念ながら、日本の学校における性教育は、セックスを恥ずかしいものとみなすか、過度に深刻なもの（感染症リスク等）として危険視するかのどちらかに傾きがちである。こうした見方に囚われると、人間関係や愛情関係という側面からセックスについて真剣に議論する可能性が塞がれてしまう。男の子たちが幼少期から「覇権的な男らしさ」を追い求めるよう促され、セックスに関する男女の不平等な関係を当然視するようになる前に、「男の子たちの優しさを大切にし、彼らの恐れを受け入れながら、セックスや恋愛について教えることのできる性教育モデル──責任感や良識を重視し、男の子のもつ感情や欲求をジョークにしてしまわない性教育モデル」が必要とされている（ギーザ, 2019: 306）。

　読者のみなさんは、こうした三つの可能性について、どのように考えるだろうか。

　本章では、感情、スポーツ、セックスを取り上げながら、男性の経験に共通する特徴を考察してきた。見えてきたのは、男らしさの理想を追求し、他の男性たちとの比較にこだわるあまり、目の前の人間関係や現実の状況に注意を向けられなかったり、自分の感情や身体を抑圧してしまったりする男性の姿だった。男らしさの理想や規範に縮減されない、ありのままの経験に目を向けることは、男性がこうした自縄自縛の状態から抜け出すとともに、不平等なジェンダーの秩序に抵抗することにも役立つだろう。

●引用文献

伊藤公雄（1996），『男性学入門』作品社．

ヴィガレロ，G.（2017），「スポーツの男らしさ」A. コルバン・J. -J. クルティーヌ・G. ヴィ
　　ガレロ［監修］，岑村　傑［監訳］『男らしさの歴史Ⅲ 男らしさの危機？——20-21 世
　　紀』藤原書店，305-337 頁．

ギーザ，R.（2019），富田直子［訳］『ボーイズ——男の子はなぜ「男らしく」育つのか』
　　DU Books.

清田隆之（桃山商事）（2019），「"鏡"の中の俺たち」『現代思想』47（2）: 58-63.

小手川正二郎（2020），「「男性的」自己欺瞞とフェミニズム的「男らしさ」——男性性の
　　現象学」『立命館大学人文科学研究所紀要』120: 169-197.

澁谷知美（2013），『立身出世と下半身——男子学生の性的身体の管理の歴史』洛北出版．

須長史生（1999），『ハゲを生きる——外見と男らしさの社会学』勁草書房．

セジウィック，E. K.（2001），上原早苗・亀澤美由紀［訳］『男同士の絆——イギリス文学
　　とホモソーシャルな欲望』名古屋大学出版会．

多賀　太（2001），『男性のジェンダー形成——〈男らしさ〉の揺らぎのなかで』東洋館出
　　版社．

平山　亮（2017），『介護する息子たち——男性性の死角とケアのジェンダー分析』勁草書
　　房．

フックス，b.（2016），宮本敬子・大塚由美子［訳］『オール・アバウト・ラブ——愛をめ
　　ぐる 13 の試論』春風社．

森山至貴（2019），「ないことにされる、でもあってほしくない——「ゲイの男性性」をめ
　　ぐって」『現代思想』47（2）: 117-126.

Connell, R. W. (2005), *Masculinities*, 2nd edition, University of California Press.

Edley, N. (2017), *Men and Masculinity*, Routledge.

Grosz, E. (1994), *Volatile Bodies: Toward a Corporeal Feminism*, Indiana University
　　Press.

Heilman, B., Barker, G. and Harrison, A. (2017), *The Man Box: A Study on Being a
　　Young Man in the US, UK, and Mexico*, Promundo-US and Unilever.

Tuana, N., Cowling, W., Hamington, M., Johnson, G. and MacMullan, T. (eds.) (2002),
　　Revealing Male Bodies, Indiana University Press.

Column**6**　トランス男性性

　フェミニスト現象学に対して違和感を覚えることがある。
それは、そこで想定されている「女性性／男性性」が基本的
にはシスジェンダー（非トランスジェンダー）のそれではないか、という疑問である。本書でも、「男性性／女性性」に関する記述は基本的にはシスジェンダーを念頭に置いたものであるように思われる。しかし、もしシスジェンダーの「女性性／男性性」の経験をトランスジェンダーのそれよりも特権的に扱うなら、それは「シスジェンダー中心主義」だという他ないだろう。

　おそらく、これに関連する疑問は、フェミニスト現象学が記述している「生きられた身体」としての「女性性／男性性」がセックスの水準にあるものなのか、あるいはジェンダーの水準にあるものなのか、ときに判然としない点である。あるいは言い換えるなら、生物学的身体とは異なる水準で探求されていたはずの身体性（embodiment）がいつの間にかセックスといった生物学的身体にスライドしているのではないか、と疑問に思うことがあるのだ。

　これらの疑問を考える上で、おそらく、トランス女性性／男性性の研究が重要になってくる。なぜなら、トランスジェンダーの「生きられた身体」は、女性性／男性性がまさに生物学的身体に還元されないことを明示的に示すものだからだ。とはいえ、現状、トランス女性性／男性性研究はまだ日本ではほぼなされていないだろうし、ましてやその観点から改めて既存の女性性／男性性研究を更新するような研究はまだなされていない。

　このコラムでは、以下のゲイル・サラモンのトランス男性性に関する議論を紹介することにしよう。サラモンは『身体を引き受ける――トランスジェンダーと物質性のレトリック』でグリフィン・ハンズブリーの論文に言及しながら次のように述べている。

　グリフィン・ハンズブリーが説得的に論じているように、トランス男性性（transmasculinity）は、ジェンダー化された身体性の理想に忠実なものとしてではなく、また、一様な男性身体という幻想に奉じたものとしてでもなく、むしろ、男性的な身体的表現と感じの幅として理解されるべきである。コミュニティという全体的な概念をスペクトラムという言葉で書き換えるハンズブリーの試みは、男性性を存在の種類（トランス男性　対　非トランス男性）というよりも存在の仕方（多かれ少なかれ程度の差はあれ男性的であること）として理解することを可能にする。（サラモン, 2019: 190）

ここでは、トランス男性性は「存在の仕方」あるいは「多かれ少なかれ程度の差はあれ男性的であること」として記述されている。一口にトランス「男性」といっても、その「存在の仕方」は多様である。いわゆる「男らしい」あり方を目指すトランス男性もいれば、非典型的なジェンダーを生きるトランス男性もいるだろう。そして、ホルモン治療で十分と感じる人もいれば、乳房を切除したい人、性別適合手術を必要とする人など、その身体のあり方も多様である。それでは、そのそれぞれで生きられている「(トランス) 男性性」とはどのようなものだろうか。そして、その研究はこれまでのシスジェンダーを中心にして記述されてきた男性性／女性性研究にどのような再考を迫るのか。

　現象学という方法がまさに重要であると感じるのは、それが個々人の生きられた身体のリアリティに迫るものだからだ。今後、トランス女性／男性がその女性性／男性性をいかに生きているかということに関する研究が必要だろう。そして、その研究は、シスジェンダーに閉じた女性性／男性性研究を批判的に拡張していくものになるのではないだろうか。おそらくそのような研究を行う上で、現象学は重要な視点を提示しているのである。(藤高和輝)

●引用文献
サラモン, G. (2019), 藤高和輝 [訳]『身体を引き受ける──トランスジェンダーと物質性のレトリック』以文社.

12　人種は存在するのか？

差別に対するフェミニスト現象学的アプローチ

池田　喬・小手川正二郎

おれもよく昼間とかで、警察に止められたりして、「きみ、〔外国人〕登録証見せなさい」っていわれて、「は？」っと思ってさ、おれちょっとキレてさ、「そんなの知らない」と思ってさ。「日本人ですよ」みたいな感じで言ったんだけど、「いやいや登録証がないとだめだよ」って。しつこいなと思って。（ガーナ出身の父親をもつ男性）（下地, 2018: 379）

酔っ払った女の人に、「お姉さんたち、どこのお店の人ですか？」って言われて、すっごいムカついたそれは。「東京で、普通に OL してるんです」って。「え、お店で働いてるんじゃないの？」って、まだ言うかこいつは、とか思って。（フィリピン出身の母親をもつ女性）（同上 : 356）

あの、ハーフだから、軽いって思われる。で、単純に飲んでテンションが上がってると、本当に軽く見られる。っていうことがあって、びっくりしたんだけど、あ、こいつ今わたしのことめっちゃ軽くみてるみたいな、のはあったり。（スイス出身の母親をもつ女性）（同上 : 299）

　ここに登場した三人は、外国人の親をもつ日本人である。彼女たちは、国籍ではなく、見た目が違うために、危険視されたり、職種に関して偏見をかけられたり、性的に奔放だと決めつけられたりしている。

　肌の色、体型、髪質のような身体的特徴によって、人に危害を加えたり、不利に扱ったり、侮辱したり、排除したりすることは、人種差別といわれてきた。人種差別がわるいということには異論の余地がないだろう。しかし、人種とは何であるか、私たちははっきりとわかっているのだろうか。人種はそもそも存在するのかという

問いにまで遡って、本章ではフェミニスト現象学の立場からこうした人種差別の問題を考えていこう。

1　人種とジェンダーの現象学の展開

1-1　「人種も性差も存在しない」：カラー・ブラインドネスの流行

　アメリカでは、長い間、黒人奴隷制が続いていた。「すべての人間は平等につくられた」とアメリカ独立宣言に記した第三代アメリカ合衆国大統領ジェファーソンでさえ、自分の農場で奴隷を所有していた。その後、奴隷制は廃止されたが、ジム・クロウ法のもと人種隔離政策は続いた。公共のバスで黒人は前方に座ることが許されなかったり、白人と黒人で水飲み場が区別されたり、公共の遊園地への入場が黒人には認められなかったりした。そんな人種隔離政策にも、1964 年に人種差別を禁じる公民権法ができたことで、終止符が打たれた。アメリカの歴史は黒人差別とその撤廃の歴史だった。

　では、今、人種差別は存在しないのだろうか。そんなことはないと考える人もたくさんいる。2009 年に非白人として初めてバラク・オバマ氏が大統領に選出されたことは大ニュースとなり、世界中で驚きをもって受け止められた。このことは、今でも白人と非白人が同じ社会的地位にあるとはとてもいえないことを示している。

　人種差別はわるいという点で人々は一致しているが、人種差別はなくならない。人種差別を根本からなくすためにはどうすればよいのだろうか。本当は人種なんてものは存在しないのだ、ということを示すことが鍵だと考える人は少なくない。人種が存在しないのであれば、人種に基づいた差別も姿を消すだろう、と。

　　「あなたの肌の色は見ていません。世の中には一つの種類の人間しかいません。
　　それは人類です。」

　反差別主義の中で、こうした発想は「カラー・ブラインドネス」と呼ばれている。色に対して盲目になる（色が見えなくなる、色を見なくする）ことが、人種差別をなくすことにつながるという発想がここにはある。

　反差別主義者だけでなく、科学者たちも人種は存在しないという見解を提出してきた。歴史的に見れば、人種の区分はしばしば変化してきたし、それも白人中心主

義者の恣意的な分類に基づいていることが多い。遺伝学的にいっても、黒人とかアジア人に対応する遺伝子の組み合わせは存在しないことが明らかになっている。こうした知見が積み重ねられた結果、「異なるとされる集団間に明確な線を引くことはできず、また人種の研究が人種差別と結びついてきたこと、遺伝学の進歩による新たな知見などにより、現在では人種という考え方自体が否定されている」[1] と百科事典に記載されているぐらいだ。

　もし人種が存在しないのであれば、人種に基づいてある人を不利にしたり、危害を加えたり、排除したりしてよい根拠など、何もないはずだろう。

　性差別に関しても、人種差別と同様の動きが見られる。肌の色を見ないのと同じように、男であるか女であるかは問題にせず、その人の業績や実力で評価すべきだという考えは、今日では広く受け入れられている。そして、こうした考えを支持する知見も集まっている。女性は男性よりも知的な仕事に向かないとか、リーダーシップを発揮できないといった偏見に根拠はないということが示されてきた。仮にこうした傾向が見られたとしても、それは、女らしく振る舞うことを強いるような社会環境のもとで、女性が自分のもてる能力を発揮しづらくさせられているだけである。こうした見方はかなり定着して、大学でもジェンダー論などの授業で扱われる現代の教養の一部となっている。

1-2　性差は存在する：フェミニスト現象学の立場

　現象学は、現実の経験に即して問題を考えることを特徴とする哲学である。フェミニスト現象学の原点となったボーヴォワールの『第二の性』（2001a, 2001b）を見てみよう。この本では、「女は存在するのか」と正面から問われるが、その答えは、「性差は存在しない」ではなく「存在する」であった。カラー・ブラインドネスの思想が、本当は人種や性差など存在しないということで差別主義者の腰を折ろうとしてきたのに対し、ボーヴォワールはあえて「存在する」という。では、彼女は、性差に基づく蔑視や差別を温存しようとしたのか。そんなことはない。『第二の性』は最も影響力をもったフェミニズムの著作であり、多くの人々を反差別の行動へと駆り立ててきた。

　性差は存在するとあえていうことがなぜフェミニズムの強力な主張になりうるの

---

1)　インターネット版『百科事典マイペディア』「人種」より。〈https://kotobank.jp/word/
　　%E4%BA%BA%E7%A8%AE-81888（最終確認日：2019 年 11 月 29 日）〉

だろうか。『第二の性』の最も有名な一文「ひとは女に生まれるのではない、女になるのだ」の意味を考えてみるとよい。「女に生まれるのではない」ということは、「女とは何か」という問いに、生得的な特徴でもって答えることはできない、ということである。むしろ、ひとは現実に生きることで「女になる」のであり、その生き方の中で「女とは何か」は決まってくる。たとえば、子どもを産む能力があるという生物学的特徴を取り上げ、この特徴に基づいて、女には母性本能があり、女らしい生き方とは母親として家庭で子どもを育てるものだ、といった言説がある。これは、ひとは「女に生まれる」という典型的な考えだ。

　しかし、こうした生き方を選択せず女として生きることもできる。ボーヴォワール自身は、結婚制度を拒否し、子どもを作らずに、サルトルとの恋愛を続けながら、フェミニストとして著述家として生きることを選んだ。「女とは何か」は、人々がどういう生き方を選択し、どういう自分を未来へと描くのかにかかっている。「女とは何か」（「男とは何か」も、さらには「人間とは何か」も）という問いに、各自がそれをどう生きるかという問題から独立に答えがあるわけではない。

　ボーヴォワールが「女は存在する」というとき、性差の存在は、遺伝子レベルの研究によって明らかになるような事柄として考えられてはいない。むしろ、その存在は、ある状況の中で人が実存しているそのリアリティによって示される。そもそも、人間が存在するということの意味は単に物質的に存在するということには尽きない。人間の存在には、自分自身の生き方に関心をもち、それを自ら作り出すこと、つまり実存が含まれている。

　ただし、ボーヴォワールが強調したのは、実存は常に一定の状況に投げ込まれている、ということだ。女性の実存は男性の実存とは異なる仕方で状況づけられている。状況にはさまざまな社会的制約が含まれる。女として生きるという実存は、たとえば、就労や昇進に関して不利に扱われるような状況に置かれていたり、その背後では、女らしさとか女らしい生き方とかに関するさまざまなステレオタイプに取り囲まれていたりする。しかも、こうしたステレオタイプは、単に人生の重要な切れ目だけに作用するのではなく、日々の生活の細部に影響を及ぼし、自由を制限している。

　ヤングが論文「女の子みたいに投げること」（Young, 2005）で指摘したように、ボールの投げ方一つを取っても、女らしい投げ方や男らしい投げ方がある。状況の中で経験される性的実存とは、社会的地位の不平等だけではなく、身体的な振る舞いの次元にまで浸透している。多くの社会状況において、女性的実存は、男性的実存

に比べて、見られることで客体化され、主体性を抑制しがちである。ヤングによれば、ボールを投げるときに女の子が男の子よりも体全体を使わないフォームになるのは、筋力や胸の発達のような生物学的特徴に由来するのではなく、振る舞いを抑制したり、見られることによって振る舞いにためらいが生じたりしやすいことによる（実際、ボールの投げ方の性差は、身体の顕著な発達以前に認められる。ヤングのこの議論については第2章も参照）。

このように身体化された実存というものに目を向けると、性差だけでなく、肌の色、体型、髪質のようなものが「見られている」ことに気がつく。これらは人種的特徴としてはたしかに今日、科学的に否定されている。しかし、いくら理屈の上で女性も男性もないといっても、女性の実存には日々のレベルで特徴的な制約があるという事実を消去できるわけではなく、かえって日常に潜む性差別の現状を見失わせかねない。同様に、人種は存在しないといっても、現に、肌の色や体型によって差別される人がいるという事実は変わらない。

アメリカでボーヴォワールを受容した世代は、このことに敏感に反応した。というのも、同じ女といっても、ヨーロッパ白人系の女性とアフリカ系黒人の女性とでは生きる状況がまったく異なるからである。たとえば、黒人レズビアンの著述家として有名なオードリー・ロードは、1979年にニューヨークで行われた『第二の性』についてのシンポジウムに招かれたとき、黒人フェミニストが登壇するパネルセッションがそのセッションだけだという事実を前に、次のように発言した。

　　私たちの多くの差異を吟味しなくても、つまり、貧しい女性、黒人の女性、第三世界の女性とレズビアンたちからの重要なインプットがなくても、フェミニズム理論としてどんな議論でも、ここ、この場所で当然のように受け入れるということ。このことに特有なアカデミズムの傲慢さがあるのです。（Lorde, 2015: 94）

アメリカの状況では、「アフリカ系女性」や「非白人の女性」としての実存の経験がクローズアップされてきた。人種差別と性差別がわかち難く結びつく社会の中で、フェミニズムは人種の問題と向き合わざるをえない状況がある。フックスが指摘するように（フックス, 2017）、白人女性の社会進出が進む一方で、非白人の女性の多くの生活は変化せず、フェミニズムは白人女性という特権的集団を中心に回ってきた。白人女性が家庭を出た後に、彼女たちの子どもの世話をしたり、家事を担ってきた

りしたのは、相対的に貧しい非白人の女性たちである[2]。

1-3　人種は存在する：フェミニスト現象学の展開

フェミニスト現象学は、人種は存在するかという問いに、状況づけられた実存という意味でやはり存在すると答える。「あなたの肌の色なんて見ていません」というカラー・ブラインドネス発言は反差別的態度の模範のように見えるが、日々経験されている人種差別の現実を隠蔽したり、そうした現実について語ることを阻んだりする。科学的に人種は存在しないという言説も、反人種差別主義の理論的根拠として持ち出される一方で、人種差別主義者によって、人種間の格差を是正する取り組みを無効化するために利用されることもある。

肌の色を見るということを現実の経験に基づいて分析するヤンシーの記述を見てみよう。彼は、きちんとスーツを着てネクタイをして、黒人だからといって危険視されないような服装をしていた。にもかかわらず、エレベーターに入ると、居合わせた白人女性が彼を見るや否やバッグを引き寄せた。

> 彼女のボディーランゲージは「ああ、黒人だ！」を意味している。この点で、遂行された発話はなくても、彼女のボディーランゲージは、侮辱として機能する。私の身体がどういう服をまとっているかを超えて、彼女は犯罪者を"見ている"。彼女は私を脅威として見ている。私の側が脅かすような行為をしているかどうかとは関係なく、私の黒い身体が、黒さのなかの私の存在が、脅威を生みだしている。
> 非難に値すると判断されるために黒い身体が行う必要のある何かなんてそれ自体としては存在しない。だから、エレベーターの女性は、私を本当に見ているのではない。（Yancy, 2008: 846）

この女性はヤンシーを危険な人物として知覚することで、彼から目を必死で逸らそうとしている。とはいえ、この女性は肌の色を見ていないわけではない。むしろ黒い身体を、人種としての身体を見て、この肌の色から「危険」を連想し、恐怖で一杯になっている。彼女が見ていないのは──ヤンシーが「私」と呼んでいる──

2）もっとも、フランスでも、フランツ・ファノンが現象学的立場から黒人の実存について1952年にすでに著作『黒い皮膚・白い仮面』を著していた（ファノン, 1998）。

一人の人間である。「あなたの肌の色は見ています。ですが、あなたを自分と同じ人間としては見ていません」というメッセージがここには含まれている。

ヤンシーの例では、きちんとした服装が「危険でない」というマーカーとして働かなくなっている。これとは逆に、危険でないはずの所持物（携帯電話）が、黒人がもっているというだけで、危険な何か（銃）として見られるというケースも報告されている[3]。

ここで重要なのは、私たちは他人の身体を、身体を取り巻く持ち物や服装と一緒に見ている、ということだ。肉体だけを知覚するには、持ち物や服装をあえて光景から消し去るという操作を必要とする。これは現実の経験からすれば異常である。現象学において、人間の身体は、それ単独で成り立つ物理的存在としてではなく、服を着たりバッグをもったりする社会的存在として捉えられる。

この観点は外見による差別を考える上で重要である。たとえば、欧米のフェミニストの中には、ブルカやスカーフを着た中東の女性たちがイスラム教の指導者や男性たちに抑圧されていると考え、こうしたムスリム女性を啓蒙するなどして解放する必要があると考える者もいる。その際、ブルカやスカーフは自分の一部だとか、それらを着用したいと自分が思っているのだと言うムスリム女性たちの声には耳を貸さない。

アルサジ（Al-Saji, 2010）は、ムスリム女性へのこうした見方は、反性差別主義を装った「文化的人種差別」だという。この見方には、自分たちは人権意識において優れているという西洋社会の自意識が反映されており、だからこそ、ムスリム女性が嫌がってもスカーフを取らせることは彼女たちを解放するのだ、というような思想が現れる。ここには、自分たちよりも劣った存在としてムスリム女性を捉える差別的まなざしがある。

もっとも、そうだとしてもこれは宗教的差別と呼べばよく、人種差別と呼ぶ必要はない、という疑問が投げかけられやすい。ムスリム女性の場合には、肌の色や体型のような身体的特徴が問題になっているのではなく、スカーフという宗教的シンボルが問題なのだから、というわけだ。こうした異論には、身体とは服装などをまとわない肉体のことであり、人種差別とはこの肉体的特徴による区別のことでないとおかしい、という前提がある。けれども、現象学的にいえば、私たちは他人の身

3）「潜在的偏見（implicit bias）」の心理学研究による。潜在的偏見への現象学的なアプローチについて、池田（2019）を参照。

体を服装や持ち物の背景抜きに知覚するわけではない。身体は服装や持ち物へと拡
張している。だからこそ、服を脱がされることには特別な意味があり、屈辱を意味
しうる。持ち物もどういう肌の色の人がそれをもっているかによって別の見え方を
する。ムスリム女性のスカーフをまったく任意に取り外し可能な何かとして理解す
ることはできない。

　身体が社会的で文化的であるのに伴って、「文化的人種差別」と呼ぶべき局面があ
る。この見方は実際、1995 年に日本も加盟した人種差別撤廃条約における「人種差
別」の定義とも矛盾していない。それによれば、「人種差別」とは、「人種、皮膚の
色、世系又は民族的若しくは種族的出身に基づくあらゆる区別、排除、制限又は優
先」[4] であり、人種差別は身体的特徴だけに基づくわけではない、と明記されてい
るからだ。

2　ハーフに注目した人種の現象学

2-1　日本に人種差別は存在しない？

　日本では、北米に比べると人種グループの多様性やグループ間の格差は顕在化し
ていない。そのため、「日本に人種の違いは存在せず、人種差別も存在しない」と考
える人は少なくない。本当にそうだろうか。白人、アジア人、黒人に対する反応は、
本当に同じ反応だろうか。これらを考えるために、日本でいわゆる「ハーフ」と呼
ばれる人々のことを考えてみたい。

　一般に、「ハーフ」は、両親のどちらかが日本以外の国の出身である人を指す言葉
として用いられる。ところが、ハーフというと、両親のどちらかが白人系で、「日本
人離れ」した容貌（目鼻立ち、スタイル、肌の色など）をした人というイメージが根
強い。

　これに対して、国際結婚の大多数を占める東アジア地域出身の親をもつ子どもが
ハーフとみなされることは稀である。そのほとんどは外見だけからはハーフとは判
別できないが、親や出自を知られた後で、外見や振る舞いの違いを探られる。たと
えば、中国人とのハーフとわかった後で、その人の外見や振る舞いが「中国人的」

---

4)　人種差別撤廃条約（外務省ホームページ）〈https://www.mofa.go.jp/mofaj/gaiko/
jinshu/index.html（最終確認日：2020 年 2 月 27 日）〉

とみなされる。親や出自に基づいて「純粋な日本人」との違いを無理やりにでも顕在化させようとする傾向は、被差別部落や在日コリアン等に対するいわゆる「民族差別」の場合にも顕著に見られる。

2-2　特定の人種として見られる経験：ハーフの差別経験をもとに

それでは、ハーフの人々は、人種として見られることでどういう経験をしているのだろうか。

外見からほとんど区別がつかない中国人や韓国人とのハーフは、自分の親のこと等を周囲に打ち明けない限り、日本の人種的マジョリティに溶け込んでやり過ごせる。しかし「周囲に言わない」ことは、ときとして「隠している」と受け取られ、「恥ずかしいこと、よくないことだから隠している」とみなされたり、そう思わされてしまったりすることもある（岩渕, 2014: 256）。周囲に言うと、今度は、親の出身国にまつわるステレオタイプのもとで見られたり、そうした国を代表させられて政治問題（島の領有権や歴史問題）に関する発言を求められたりする（下地, 2018: 318–319）。

外見からハーフと判別される人々は、こうしたジレンマに陥ることがないかわりに、幼少期から外見に関するさまざまな差別や差別的言動に直面することがある。たとえば、小学校低学年かそれ以前から、外見だけで周囲から浮いてしまい、周囲に溶けこめない子どももいる。学校で外見をからかわれたり、「ガイジン」と呼ばれたり、道や電車でじろじろと見られたりすることで、「みんなと違う」「仲間はずれ」という気持ちを抱かされ、周囲に馴染めないこともある。大人になっても、仕事場で毎日のように「日本語お上手ですね」「英語しゃべれるの？」と言われ、「あなたは日本人ではない」というメッセージを繰り返し投げかけられる人もいる。

こうした対応には世代差や地域差ももちろん存在する。それに加えて、女性か男性か、そしていかなる人種のハーフとみなされるかによって異なるステレオタイプで見られ扱われる。たとえば、ハーフの男女は歴史的に日本の人種的マジョリティよりも性的に「奔放」とみなされてきたが、ハーフ男性が女性を誘惑するのに長けた男性として見られやすく、ハーフ女性は乗りのよい「軽い」女性として見られやすい。また、ハーフ男性は警察の職務質問の対象になりやすく、潜在的な犯罪者として扱われることが多い。

いかなる人種のハーフとみなされるかは、性差以上に見られ方や扱われ方に影響を及ぼす。「白人系ハーフ」は、概して肯定的なステレオタイプのもとで見られる。ブランドの高級感や非日常性を白人モデルによって表現してきたファッションや美

容業界は、白人系ハーフを白人よりも身近で、購買意欲をそそるモデルとして近年
多用している（渡会, 2014: 180–181）。彼らは「日本人離れ」した容姿や流暢に話す外
国語によって「美しい」「知的」とみなされ、「国際化した日本人」を象徴する存在
として表象される。

　実際には、白人系ハーフが世間的に評価されやすい容姿であったり、バイリンガ
ルであったりすることは稀である。にもかかわらず、彼らがさまざまな努力をして
も彼らの能力や成果は大抵ハーフであるおかげにされてしまう。また、ときとして
白人系ハーフの女性の身近さは、知性的に劣る（「おバカな」）側面によって描かれる。
彼女たちが男女の格差に異議を唱えたり、政治的な発言をしたりするとヒステリッ
クな反応が起こるのは、こうした一方的なイメージが裏切られるからであろう。白
人系ハーフはあこがれの対象としてもてはやされる一方で、あくまで日本の人種的
マジョリティの支配的な価値観を脅かさない限りで受け入れられるのだ。

　「アジア系ハーフ」や「中南米系ハーフ」は、親の出身国のステレオタイプのも
とで見られ、見下しの対象となりやすい。たとえば、本章冒頭で引用した女性のよ
うに、フィリピンにルーツをもつ女性は、「水商売」というレッテルを一方的に貼り
付けられ、水商売に対する差別的なまなざしを受けることがある。フィリピンは経
済的にも急速に発展しており、男女平等度も日本よりはるかに高いのだが、「貧困」
「汚い」「危険」という無知と偏見によって形作られたイメージのもとで見下されかね
ないのだ（ラブリ, 2016）。

　「黒人系ハーフ」は、スポーツの分野での目覚ましい活躍により注目を浴びている。
テニスの大坂なおみ、陸上のサニブラウン・ハキーム、バスケットボールの八村塁
は、それぞれルーツや育った環境もまったく異なるのに、同じ「黒人系ハーフ」と
みなされる。そして、彼女らの活躍が称賛されるとき、しばしばその「驚異的な身
体能力」が過度に強調され、技術面や精神面の長所や成長が語られることは少ない。
そのようにして彼らの成功は、「黒人」の身体的特徴のおかげ、つまり「人種のおか
げ」だとみなされやすくなってしまう。

　歴史的には、黒人の身体的特徴の礼賛は、黒人を白人よりも「精神的に未熟」と
しつつ黒人の「過剰で暴力的な肉体性」を危険視する見方と対をなしてきた。この
ような見方は、日本にも輸入され、根強く存在し続けている。実際、黒人系ハーフ
の男性はしばしば恐怖の対象とみなされ、「企業のイメージがわるくなる」として雇
用されなかったり、犯罪者の疑いをかけられて街頭で警察による職務質問を頻繁に
受けたりすることがある（下地, 2018: 374; 379–380）。

2-3　人種として見ることの何が問題なのか

　以上のように、日本においても「人種」は、単なる神話としてではなく、それに属するとされる人々の経験を形作っている。相手を人種として見るこうした扱いの何が問題なのだろうか。

　外見だけで周囲から浮いてしまうということは、単に目立ちやすいということではない。むしろ、他人の視線を気にせずに心休まる場所が極度に制限されてしまうということだ。公共交通機関や街頭ですら、周囲から些かの疑念も抱かれないようにしなければならない「居心地のわるい」空間となってしまうなら、自分の住む地域や国家に疎外感を感じざるをえなくなるだろう。

　人種的な特徴だけから一方的に判断されるということは、人種的な特徴以外の特徴に目を向けてもらう可能性が妨げられることを意味する。通常、他人の外見的な特徴（たとえば、刺青）にネガティブな先入観をもっていたとしても、その特徴を別様に理解するきっかけを得たり、相手の他の特徴に目を向けたりすることで相手を互いに尊重しあえる「人」として理解していく可能性が残されている。しかし、人種という相からのみ他人を見てしまうと、こうした可能性は極度に狭められ、相手のどんな特徴や行動も人種的なステレオタイプとの対比のもとでしか現れなくなってしまう（たとえば、「黒人にしてはおとなしい」とみなす場合等）。そこでは、人種のもとでステレオタイプ化された身体だけが見られ、生きている身体が目に入らなくなってしまうのだ。

　ある人の成功を人種的な特徴に帰すことが、その人の努力を否定することに等しいのと同様に、ある人の失敗や短所を人種に帰すことも、相手を「人」として尊重しないことに等しい。たとえば、学校や仕事場でうまくできなかったりミスしたりする度ごとに、「ハーフだから」と言われ続けるなら、自分の失敗は自分ではどうしようもない人種のせいだとされ、自分が成長することで失敗しなくなる可能性とともに、行為主体としての自分自身が否定されてしまう。英語を話せるようにと英会話に通う日本人が、海外で英語を披露した際に、まったく聞く耳をもってもらえず、「日本人だから英語が話せなくても仕方ない」と言われることを想像してみてほしい。このように外見だけで判断され、自分の行為や価値を人種に帰されることで、ハーフの人々は「あるがままの自分を認めてもらう」という機会を制限されたり失ったりするのだ。

　以上のような相手を人種として見るまなざしには、日本に特有な背景がある。

　第一に、ハーフはおしなべて、単に「純血」に対する「混血」として見られている

わけではなく、白人を頂点に据える人種のヒエラルキー関係が反映されている。白人ハーフ、アジア系ハーフ、黒人ハーフは明らかに異なる仕方で知覚され、評価されている。歴史的に見れば、日本では、19世紀中頃に人種概念が西洋から輸入されたとき、すでに西洋文明に対する劣等感から、白人が他の人種よりも人種的に優れているとみなす白人優越主義が影響力をもった。その一方で、自分たちを最も西洋化された黄色人種とみなすことで、自分たちよりも西洋化されていないとされた他のアジア人や黒人たちを見下す傾向が強かった（眞嶋, 2014）。もちろん、白人優越主義は単に日本に輸入されただけでなく、独自の歴史的経緯を経て変遷してきたし、人種的マイノリティのステレオタイプ化も日本に特有の事情（ブラジル系移民の増加やイラン系移民による犯罪の報道）で生じたものも少なくない。

　第二に、身体的特徴に基づく差別も、親や出自に基づく差別も、ともに日本人の人種的マジョリティとの「人種」上の差異を認めることから生じている。前者の場合、外見から人種上の差異が直ちに知覚され、後者の場合、人種上の差異があるとみなされることで外見上の差異が知覚される。その際、日本人の人種的マジョリティは「純血の日本人」だということが想定されている。しかし、自分の出自を遡って自分の「純血性」を確認したことのある人がどれほどいるだろうか。仮にそうした確認が行われたとしても、書類上での純血性はどこまで信用に足るものなのだろうか。

　「半分」しか日本人の血をもたないこと（half-blood）をもともとは意味していた「ハーフ」という呼称については、以前からその問題性が指摘され、よりポジティブな意味をもつ「ダブル」や「ミックスレイス」という呼称を用いる人もいる。だが、そうした表現においても、「純粋な日本人の血」と「外国人の血」の混合という構図はなお維持されている。

　日本において人種を問題化するとき、問うべきことがある。それは、日本人の純血性への信仰と、自分たちと他の「有色人種」を劣等視する日本人の内なる白人中心主義が、人種についての私たちの見方を形作っているのではないかということだ。これらを問うたとき、人種的多様性に開かれるとはどういうことなのかが見えてくるだろう。

●引用文献

池田　喬（2019），「提題 差別的偏見——現象学的倫理学のアプローチ」『倫理学年報』68: 93–96.

岩渕功一［編著］（2014），『〈ハーフ〉とは誰か——人種混淆・メディア表象・交渉実践』青弓社.

下地ローレンス吉孝（2018），『「混血」と「日本人」——ハーフ・ダブル・ミックスの社会史』青土社.

渡会　環（2014），「「ハーフ」になる日系ブラジル人女性」岩渕功一［編著］『〈ハーフ〉とは誰か——人種混淆・メディア表象・交渉実践』青弓社.

ファノン, F.（1998），海老坂武・加藤晴久［訳］『黒い皮膚・白い仮面』みすず書房.

フックス, b.（2017），野﨑佐和・毛塚　翠［訳］『ベル・フックスの「フェミニズム理論」——周辺から中心へ』あけび書房.

ボーヴォワール, S. de（2001a），『第二の性』を原文で読み直す会［訳］『［決定版］第二の性Ⅱ——体験（上）』新潮社.

ボーヴォワール, S. de（2001b），『第二の性』を原文で読み直す会［訳］『［決定版］第二の性Ⅱ——体験（下）』新潮社.

眞嶋亜有（2014），『「肌色」の憂鬱——近代日本の人種体験』中央公論新社.

ラブリ（2016），「フィリピンに行って感じた事」〈https://ameblo.jp/lovelizm/entry-12115681943.html（最終確認日：2020年2月27日）〉.

Al-Saji, A.（2010），"The Racialization of Muslim Veils: A Philosophical Analysis," *Philosophy and Social Criticism,* 36(8): 875–902.

Lorde, A.（2015），"The Master's Tools Will Never Dismantle the Master's House," C. Moraga and G. Anzaldúa（eds.）, *This Bridge Called My Back: Writings by Radical Women of Color*, 4th edition, State University of New York Press.

Young, I. M.（2005），*On Female Body Experience: "Throwing Like a Girl" and Other Essays*, Oxford University Press.

Yancy, G.（2008），"Elevetors, Social Spaces and Racism: A Philosophical Analysis," *Philosophy and Social Criticism,* 34(8): 843–876.

13 障害はどのような経験なのか?

生きづらさのフェミニスト現象学

稲原美苗

　私たちは「一つの身体」として生まれ、やがて母親を含む自分以外の人を他者として認識する。だが認識する過程で、その他者は言語化され、カテゴリー化される。私たちは、父親（男性）／母親（女性）、家族／家族以外、正常／異常、日本人／外国人、健常者／障害者、大人／子どもなどに分けて、あらゆる人を捉えている。そして、私たちの行動・振る舞いは枠にはめられてしまい、言語の中に閉じ込められてしまう。私たちは他者と出逢う際、なぜ「カテゴリー化」なしで語り合えないのか。どうして私たちを二分化するこの社会システムは変えられないのだろうか。障害というネガティブな概念は、私たちの思考を縛り続けている鎖のようだ。この鎖はそう簡単にはずせるものではないが、せめて、このような二項対立という現象が起こる根拠を明確にし、鎖を取り付けられる前の状態に再び私たちを戻すために、障害を否定的に捉えようとせず、現象学的に捉える必要が出てきている。この章では、「障害」をめぐる多様な事象について考えていくことにする。

1　障害の個人モデル、社会モデル、生活モデル

1-1　障害とは何か

　「障害とは何か」という素朴な疑問をもったことがあるだろうか。そもそも障害者の「障害」というのは何が「障害」なのだろうか。日常生活の中の例を挙げて、それぞれの障害の意味を考えてみよう。まず、障害をめぐる基本的な考え方について簡単に紹介したい。まず、イギリスにおける「隔離に反対する身体障害者連盟」（UPIAS）という組織が定義づけた「インペアメント」と「ディスアビリティ」の区別について示しておこう。

インペアメント：手足の一部または全部の欠損、身体に欠損のある肢体、器官
または機構を持っていること
ディスアビリティ：身体的なインペアメントを持つ人のことを全くまたはほと
んど考慮せず、したがって社会活動の主流から彼らを排除している今日の社会
組織によって 生み出された不利益または活動の制約（UPIAS, 1976:14）

　つまり、インペアメントは心身の欠損に着目し、ディスアビリティは欠損のある
人への社会的な制約を中心に考える。

1-2　障害の個人モデル、社会モデル、生活モデル

　多くの人々は、何らかのインペアメント（心身的な欠損がある）状態に長期間続く
ことが「障害」という状態であると認識している。そして、障害による「生きづら
さ」の克服は、医療を踏まえて障害のある個人の自己責任で行うべきだと考えてい
る。20世紀初頭までに、医学や科学技術の進歩によって障害の診断や改善策などを
考えるといった障害の「個人モデル」が確立した。「個人モデル」の考え方は、心
身に異常があることや機能的に制約のあることの原因を探ることだった。たとえば、
脳性麻痺の当事者は自分で手や腕を動かすことができないために、自分でトイレに
行ったり、入浴したり、服を着ることができない。しかし、これら身体的・機能的
に不足している部分が「障害」として単純に解釈されてしまい、その個人を「異常
者」として分類するレッテルとして用いられるのである。いったん分類されてしま
うと、「障害」がその人を特徴づける個性となり、その人の「できないこと」はす
べて「障害」のせいにされてしまう。このことは「個人的な悲劇」として捉えられ、
「障害＝不幸」というイメージが定着していった。近代以降の社会では、生産性や
労働力が重視されるようになり、障害者に治療や訓練を施し、心身機能を改善する
べき者として捉えるようになった。このように、障害を個人に原因があるものとし、
治療や訓練を必要とする考え方を、障害の「個人モデル」と呼ぶ。
　このような「個人モデル」を批判し、障害を社会の構造的・制度的なバリア（障
壁）として捉え、障害の問題を「機会と結果の不平等」に関する問題として扱い、障
害を人々の偏見的な態度として捉え、障害の問題を差別の問題として扱うという障
害の「社会モデル」という考え方が出てきた。つまり、「社会モデル」は、前述し
たUPIASの「ディスアビリティ」の定義に基づき、障害の本質が社会にあると捉
える。 たとえば、「階段」は、自分の足で歩け、問題なく階段を上れる人を前提と

図 13-1　ICIDH：WHO 国際障害分類（1980）の障害構造モデル[1]

して設計されており、エレベーターなどが無い環境では、車椅子や杖が必要な歩行に不利な「インペアメント」のある人にはそれを自力で上ることは困難、あるいは不可能である。「社会モデル」の視点では、身体の部分の欠損といった「インペアメント」が障害なのではなく、「インペアメント」のある人のことを想定せずに造られた「階段」という設備によって「ディスアビリティ」が生み出されているということである。心身にどのような特性があろうと、ある人が「存在している」という時点では、「障害」という差別問題は出てこない。「できるべき」という規範を構築し続ける社会の中で生活をする過程で、「できない」ことが問題になる。

　「障害」に関する国際的な分類としては挙げられるのは、大きく分けて ICIDH と ICF の二つである。まず一つ目は、世界保健機関（以下「WHO」）が「疾病及び関連保健問題の国際統計分類（ICD: International Statistical Classification of Diseases and Related Health Problems）」の補足部分として 1980 年に刊行した「国際障害分類（ICIDH: International Classification of Impairments, Disabilities and Handicaps）」である。そして、二つ目は、2001 年 5 月に開催された WHO の総会において、ICIDH の改訂版として採択された「国際生活機能分類（ICF: International Classification of Functioning, Disability and Health）」である。ICIDH と ICF を比較してみると、WHO での障害の捉え方が「社会モデル」から「生活モデル」へと変わってきたことがわかる。

　ICIDH の障害構造モデルは図 13-1 に示すように、「疾患・変調」が要因となり、「機能・形態障害」が起こり、その後、「できないこと（能力障害）」が増え、そのことが「社会的不利」を引き起こすという一直線型になっている。ICIDH には、「機能・形態障害」から直接に「社会的不利」が生じるという一連の過程が示されている。

1）厚生労働省「ICF に係るこれまでの経緯について」〈https://www.mhlw.go.jp/shingi/2006/07/dl/s0726-7e.pdf（最終確認日：2020 年 3 月 9 日〉

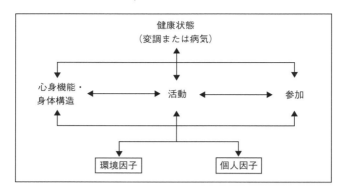

図 13-2　ICF 生活機能分類 構成要素間の相互作用　(2001)
(世界保健機関（WHO）・障害者福祉研究会, 2002: 17)

　1980 年当時、障害と社会的不利を結びつけた斬新な考え方をしていた ICIDH（国際障害分類）であったが、障害者の「生きづらさ」について触れていないという批判が挙げられていた。このような「生きづらさ」を改善するために、日常生活において生じる肯定的な気持ちや心理的な側面について考える必要がある。ICIDH は、障害を問題として客観的に捉えるモデルだったが、障害者は障害という問題しかもたないわけではなく、多彩な能力や特性を持ち合わせて生活している。ICIDH は障害者の語りを聞かずに、専門家の知識だけで作成し、問題やマイナス面に焦点を当てて障害を捉えていた。ICIDH では、障害者の生活の中の困難を捉えきれていないことから、WHO（世界保健機関）は新たな分類を 2001 年に制定した。それが「国際生活機能分類（ICF: International Classification of Functioning, Disability and Health）」である。

　ICF（国際生活機能分類）は、障害の有無を問わずに、また国や地域を問わずに適用できる、個人の健康状態や障害などを記述することを目的とした分類である。日常生活をする上で、身体的なものだけでなく、社会も含めた多様な生活機能が必要になるが、それらの生活機能は、複雑に絡み合って「相互に作用している」という考え方から ICF が制定された。ICF をモデル化したものが図 13-2 である。

　ICF は、ICIDH と同様に、「障害」を三つの階層によって捉えている。だが、ICF はある障害当事者の「生活機能」と心身の事象について状況を記述することを目的とした分類であり、「健康状態」「心身機能」「身体構造」「活動」「参加」「環境因子」「個人因子」から構成さている。ICIDH と比較して、ICF では障害のマイナス

面よりもプラス面を重視する立場から、肯定的な表現に変えられている。たとえば、「機能障害」から「心身機能・構造」へ、「能力障害」から「活動」へ、「社会的不利」から「参加」へと変えられた。これらが障害になっている状態が「機能・構造障害」「活動制限」「参加制限」として理解できる。つまり、ICF は私たちの日常生活に影響するすべての事象を対象としている。つまり、ICF の考え方は、前述したような障害の「個人モデル」と「社会モデル」を統合し、「生活モデル」として考えているのである。障害を個人と周囲の環境（社会）から相互に捉え、その当事者の状況を全体的に理解しようと試みるのが ICF である。

2　障害に対するフェミニスト現象学的アプローチ

ICF や「生活モデル」の考え方を踏まえて、従来の「個人モデル」や「社会モデル」では取り扱ってこなかった障害者の「生きられた経験」に着目し、障害をめぐるフェミニスト現象学的なアプローチを紹介したい。フェミニズム、現象学、障害学、当事者研究は「当事者の経験」から出発するという点で、研究関心を共有していると考えられる。ここでは、フェミニスト現象学のアプローチを使って障害を考察することによって、どのような課題が見出されるのかということを考えていく。フェミニスト現象学とは、フェミニスト的な観点から研究される現象学のことである。それは現象学の方法を応用してフェミニズムやそれに基づく社会運動を推進しようとする試みを示すこともあれば、伝統的な現象学の概念をフェミニスト的な立場から批判もしくは再評価する試みを意味することもある。本章では、フェミニスト現象学的な枠組を使って、障害を再考したい。

「人間は障害者に生まれるのではない、障害者になるのだ」と、フェミニスト現象学の創始者であるシモーヌ・ド・ボーヴォワール（2001）の名言を言い換えたい。「障害者になる」ということは、所与の現実ではなく、「なる」という過程だと考えられる。つまり、社会や文化が「健常者ではない身体をもつ人間」を「障害者」にしていくのである。障害者の身体性と生活世界の変容には密接な関係がある。本章の筆者自身のケースを例に挙げてみよう。私の身体機能障害の中で最も不便なのは構音障害だ。構音障害とは、発音・発話が正常にできない症状のことを示す。硬直や筋緊張といった症状とその経験について考えると、「障害者になる」というのは症状だけでは正確に捉えることができず、私の身体性と生活世界の変容が影響してい

ることに気づく。たとえば、小学校で初めて「こくご」の時間に音読をした際、それまで音読という経験をしていなかったので、順番が近づいてくると心臓の鼓動が速くなり、冷や汗が出て、全身が硬直し始めた。結局、私は音読できなかった。その音読の経験以前に発音・発話ができないことを自覚していたのだ。私の成長過程で、社会的な立場も学生から大学教員へと移行した。私にとって、この身体（声）は社会の固定観念や医学的専門知によって分類される客体でなく、社会的立場の変化と身体的変容が複雑に結びついて、常に変容し続ける主体である。

　私たちは日常生活の多様な事象に関係し、多様な活動に従事している。その際、私たちは独自の経験をもち、特有な世界を生きている。これらの経験や世界はそれぞれ特有なものであるが、お互いにまったく理解し合えないものではない。私たちが男性的・健常者的な生を営んでいるときには、それぞれの経験はすでに記述されており、一定の共通の構造をもち合わせている。それは、そのような共通の構造を基準として相互にコミュニケーションをし合うことによって、互いの経験をある程度理解し合うことができるからである。だが、月経や妊娠・出産などを経験する女性や障害者や患者になると、その経験のあり方は大きく変化し、私たちが生きる世界のあり方もまた大きく変容する。女性や障害者の経験や世界は、男性や健常者の経験や世界とは異なっており、両者の間には相互に理解しあうための共通の基準が少ないため、女性や障害者の経験を理解することには困難がつきまとう。それでは、女性や障害者はどのような経験をし、どのような世界を生きているのだろうか。フェミニスト現象学の具体的な内容はそれぞれ異なっているが、それらは「女性、障害者、マイノリティそれぞれ特有の事象そのものへ立ち返る」という現象学的な方法を採用する点において共通している。ここでいう「事象」とは、主体自身に直接に現れ、与えられた現象を示している。フェミニスト現象学とは、こうした女性や障害者、そしてマイナー性をもつ人々の直接的な経験やそこにおいて現れる世界のあり方を、いかなる既存の枠組みや理論によって説明することなく、それらの所与に忠実に即しながら記述し、解明する学問である。

　フェミニスト現象学と障害者の「生きられた経験」を考えることとは、一見すると関係ないように思われるが、実際には関係している。これまで障害を考える医療や福祉、とりわけ近代以降の考え方は、障害の個人モデル的な方法に基づいて「生きづらさ」に関する知見を獲得し、そうした知見を障害に対して因果論的に適用することによって、個人の問題として障害を克服してきた。その後、障害者の視点で「生きづらさ」を社会の問題として考えるようになった。障害者の「生きられた経

験」を考えることがそもそも医療や福祉にとって必要なのは、一人一人の「生きづらさ」に応答することを目的としているからに他ならず、その点において医療や福祉は他の専門知や実践とは根本的に異なる性質を有していると考えられるからである。

　このように考えるならば、マイナー性とともに生きる当事者の直接的な経験やそこに現れる世界のあり方を解明するフェミニスト現象学と、障害者の「生きづらさ」に当事者の目線で考えようとする障害学や当事者研究とは、必ずしも無関係であるとはいえない。もし医療や福祉の専門家たちが障害者の状況をより的確に判断し、それぞれの「生きづらさ」に合った効果的な支援を行おうとするならば、あるいは、もし支援者がそれぞれのニーズを詳細に察知し、それに応じたより効果的な支援を実践しようとするならば、障害者の経験や生きられた世界のあり方を理解しようと努めることは、必要になるだろう。支援における現象学的な考察は、支援者が障害者の経験や世界のあり方を障害者の立場から認識し、障害者に対してより効果的な支援を行っていく上で、重要な役割を果たすことができると考えられる。

　たとえば、イギリスの脳神経外科医であるジョナサン・コールは、『スティル・ライヴズ──脊髄損傷と共に生きる人々の物語』（2013）の中で、12名の脊髄損傷とともに生きる当事者をインタビューし、彼らの語りを現象学的なアプローチを使って、記述した。自分で動かせない身体、そして、感覚と運動はないが痛みを伴う身体とともに生きる人々が自らの生活について語り、「不幸な障害者」と決めつけられることなく、彼ら一人一人の経験の豊かさと可能性が当事者とその身体の関係性を新しい立場から捉え直させる。コールは、当事者たち、その家族、友人、看護・介護で関わる周りの人々、つまり、現在生きている人々にとって大切な物語があるということを強調したのだ。コールが影響を受けた現象学とは、意識に現れる経験の構造を科学的な理論や仮説なしで説明する学問である。コールは医療者でありながら、患者の「生きられた経験」を考えたといえるだろう。

3　障害者の「生きられた経験」を考える

　私たちは、今生きている体験それ自体を捉えることはできず、ここで記述されている「経験」とは、常に既に「生きられた」過去の現象として反省的に捉えることによって、意味づけられるのである。このような経験の反省的な把捉によって、フ

ェミニスト現象学は、ある当事者がその世界を前反省的に経験していることを専門知によって勝手に分析したり、抽象化したりすることをせずに、過去に当事者自身が経験したことを具体的に記述し、その本質を表現しようと試みるものである。たとえば、障害者の「生きられた経験」の記述によって障害の意味が明らかになり、その世界との直接的な関係へと導かれ、経験の意味はより深くなっていく。フェミニスト現象学は、ある問題に関して多様なマイノリティの立場から取り組んでいる。さらに、それは、既存の「モデル」に潜んでいた男性的・異性愛者中心的・健常者中心的な世界（マジョリティ世界）の見方を顕在化させるという点で、重要な役割を担っている。健常者と障害者の違いをめぐる経験的記述を収集するだけでは十分な解答になりえない。しかし、私たちが既に常に受け入れている障害の存在そのものの自明性をいったん括弧に括り、障害という現象を構成する私たちの態度へと着眼することによって、能力・障害のカテゴリーを成立させる根源的な契機を記述することができるだろう。この作業を出発点として、障害者が書いた自叙伝を2冊、障害のある妹をもつ兄が撮ったドキュメンタリー映画を1点紹介し、考察する。

『ママは身長100cm』：コラムニスト伊是名夏子さんのケース

図13-3 『ママは身長100cm』
（伊是名, 2019）

コラムニストの伊是名夏子さんは、生まれつき骨が折れやすい障害「骨形成不全症」があり、電動車椅子を使って生活している。身長100cm、体重20kgだという、彼女の外見は強烈なインパクトを周囲に与える。この本の冒頭で次のように綴っている。「でも私が子育てをしているのを見た人、話を聞いた人は、あまりに驚くことが多くて、「あれ？？　私って普通じゃないのかな？」と逆に思うようになってきました」。つまり、彼女が日常生活を過ごしているだけで、周りの人々は「障害者なのに……」と驚く。この本の中で伊是名さんの生い立ち、成長過程、学生生活、留学、恋愛経験、結婚、妊娠、出産、子育てなどの「生きられた経験」が記述されている。

伊是名さんの妊娠・出産時の経験は、障害のない女性のそれと異なっている。小さな身体の彼女は、いつまで胎児をお腹の中で育てられるかということを考えないといけなかったそうだ。前例が少ないだけに、伊是名さんも医師たちも「予測不可

能」な難題に向けて慎重に準備をしたという。結局、妊娠27週、赤ちゃんの体重が1000gまでお腹の中で育てることを目標にし、色々な工夫をしながら、妊婦生活を過ごした。これらの工夫はこの障害とともに生きてきた伊是名だから思いついたことが沢山あった。たとえば、車いすを改良して常に横たわれるようにしたり、ヘルパー制度（障害のある人が地域で暮らしていけるように支援する人が自宅に定期的に訪問するという国の支援制度）を上手に活用して家事を軽減したり、自宅内の移動においても園芸用のローラー付きの板を活用して骨の折れやすい身体になるべく負担をかけずに移動できるようにしたそうだ（伊是名, 2019: 26-31）。伊是名さんが妊娠して体重が増えることによって、妊娠前と比較して骨が折れるリスクを想定し、身体の変化に敏感になるように心がけていた。その結果、二人のお子さんを無事に出産できたのだ。

　彼女にはできないことが多くある。子どもを抱くことも、身体を使った遊びも一緒にはできない。多くの困難を抱えながら、他人に頼ることを決めて以来、自立して生活をしている。彼女の「生きられた経験」を読者として知ることができ、健常者の世界を捉え直す機会を与えられた。障害者の視点から、健常者の「当たり前」を捉え直すことこそ、フェミニスト現象学的な探究であろう。そもそも障害のある女性が妊娠・出産するとは、どのようなことなのか。そのような状況は当事者にとってどのような意味をもつのか。このような当事者の経験を基点にしてより根源的に遡って、その本質を追究していこうとするのが、伊是名さんの本の中に感じるフェミニスト現象学である。

『自閉症の僕が跳びはねる理由』：東田直樹さんのケース

　この本は、自閉症のある東田直樹さんが13歳のときに書いた本であり、さまざまな場面での自身の「生きられた経験」について記述している。たとえば、東田さんは、他人と会話できない。しかし、それは彼が声を出せないからではない。大きな声を出せるのだが、それは彼が声を発したくて発しているのではなく、見たものや聞いたこと、考えたことに対して反射的に声を発してしまうそうだ。自閉症のせいで「子ども扱い」されることが頻繁にあり、東田さんはそれに対して惨めな気持ちになり、年齢相応の態度で接してほしいと訴える。彼が発するノイズにこだわらず、彼の心中を少しでも察知すれば、コミュニケーションの可能性につながるのではないだろうか。

　この本は、東田さんが健常者たちからの疑問に答えるように綴られている。彼の

**図13-4　『自閉症の僕が跳びは
ねる理由』**（東田, 2016）

身体さえ自身の思い通りにならないこと、特に、他人
からいわれた通りに動くこともできないことを「まる
で不良品のロボットを運転しているようなもの」と表
現している。常に周囲から好奇な目にさらされ、何も
弁解もできない「生きづらさ」を語り続ける。自閉症
とともに生きている人々をその見かけやそのイメー
ジだけで判断している大衆に呼び掛け、語りかけてい
る。東田さん自身もなぜ自分が話せないのかわから
ないと説明し、自分は話さないのではなく、話せなく
て困っていると、訴えた。東田さんが話せるように努
力しても、自分の力だけではコミュニケーションが
取れないそうだ。「自分が何のために生まれたのか」

という問いをずっと考えたという（東田, 2016: 31）。彼は筆談から試し始め、次に文
字盤やパソコンによるコミュニケーション方法を駆使するになり、自分の考えや気
持ちを他人に伝えることができるようになった。東田さんは次のように綴っている。
「自分の気持ちを相手に伝えられるということは、自分が人としてこの世界に存在
していると自覚できることなのです。話せないということはどういうことなのかと
いうことを、自分に置き換えて考えて欲しいのです」（東田, 2016: 31）。

　東田さんの文章を読むことによって、彼自身にとっての世界の現れ方が健常者
と異なっていることを知ることができる。奇声を発する身体の運動性は東田さんの
周辺環境と交渉する中で、習慣的な志向性として機能するようになり、環境との間
に特別な関係を作り上げる。このような過程の中で、その環境は東田さんにとって、
実存的な意味を帯びたものとして知覚され、それが彼に習慣的な動作を呼び起こす。
それゆえ、自閉症によって身体の運動性が異なることは、当事者に能力的な障害を
もたらすだけでなく、その周辺環境や事物の現れ方にも特殊なパターンをもたらす
のである。

『ちづる』：赤﨑正和さんと妹の千鶴さん、その母のケース

　2011年3月に立教大学現代心理学部映像身体学科を卒業した赤﨑正和さんが卒
業制作作品として監督したドキュメンタリー映画『ちづる』（赤﨑, 2014）は、重度
の知的障害と自閉症のある赤﨑さんの妹・千鶴さんとその母を1年間に亘り撮影し
続けた、ある家族の姿を活き活きと描いた作品である。最も身近な存在でありなが

ら正面から向き合えなかった妹・千鶴さんにカメラ
を通して対話した監督であり兄である赤﨑さんは、こ
のドキュメンタリー作品を撮り終える頃、母と妹との
新しい家族関係を構築できた自分に気づいたそうだ。
この作品は、赤﨑さん自身の精神的な成長が見事に映
し出されている。

図 13-5 『ちづる』（赤﨑, 2014）

　つまり、この映画の主人公は妹であり、カメラを通
して妹さんと対話をしているのだが、この作品の中で、
赤﨑さんは彼自身の内面を見つめて、妹と自分との間
にあった壁を取っ払ったように視聴者には感じられ
るのである。千鶴さんは学校に通えなくなり、在宅で
の生活を続けているのだが、母親はそのことを否定的
に捉えていない。赤﨑さんの目線で、彼の家族生活を疑似体験でき、千鶴さんとど
のように向き合っているのか、どうして親しい友人に妹さんのことを隠してきたの
か、彼女の障害についてどのように考えているのか、赤﨑家の「生きられた経験」
を視聴することで、視聴者も赤﨑さんと一緒に障害について深く考えられる。さら
に、赤﨑さんは父親を事故で亡くしたため、シングルマザーとして千鶴さんとの生
活をどのようにしていくのかなど母親の葛藤を描いたシーンもある。赤﨑さん自身
が、福祉職への就職を選んでいく過程での、彼と母親とのやりとりがリアルである。
いずれにしても、この作品は、知的障害と自閉症のある妹さんの現実、その家族の
想いや葛藤、そして何よりも妹に対する兄の想いをリアルに描いており、前述した
自叙伝と異なり、家族が障害者とともに生きる世界を撮り続けた作品である。家族
も当事者として捉えることによって、障害者の生活の全貌を立体的に見られるので
はないか。

　ここでは、三つのケースを挙げて、障害者の「生きられた経験」を考察してきた。
それらから見えてきたのは、健常者の能力を規範とする世界の中で生きている障害
者やその家族は、障害者というマイナスのカテゴリーに嵌め込まれ、周囲の環境や
人間関係に常に敏感になり過ぎ、「生きづらさ」を抱えているという姿だった。しか
し、障害者がありのままの経験を言語化し、映像にしていくことは、障害者自身がこ
うした「普通」であることの呪縛から解放されるきっかけになると考えられる。本
書の第 8 章で述べたが、フェミニスト現象学とはマイノリティ当事者の経験に即し

て、その経験の構造を記述しようとする哲学的方法である。そのことを踏まえると、これら三つのケースは、障害者の個人的な経験を政治的・社会的なものとして捉え直し、それぞれ経験のなかに障害者を抑圧・支配する権力関係を暴き、この健常者中心の世界について疑問視している。つまり、マイノリティ当事者の経験に注目するフェミニスト現象学は、社会的に構築されたものとしてのカテゴリー（ジェンダー、セクシュアリティ、障害、人種、年齢など）をバラバラにとらえるよりも、多様で柔軟な「生きられた経験」という考え方を使って、マイノリティに関するそれぞれの現象をとらえてきた。フェミニスト現象学は、あらゆるマイノリティ当事者が語りやすく、マジョリティに属している人々との対話の場作りの一助になるだろう。

●引用文献

赤﨑正和［監督］(2014),『ちづる』紀伊國屋書店（DVD).

石川　准（2002),「ディスアビリティの削減、インペアメントの変換」石川　准・倉本智明［編］『障害学の主張』明石書店, 17–46 頁.

伊是名夏子（2019),『ママは身長 100cm』ハフポストブックス.

上田　敏（1981),『目でみる脳卒中リハビリテーション』東京大学出版会.

コール, J.（2013), 河野哲也・松葉祥一［監訳］『スティル・ライヴズ——脊髄損傷と共に生きる人々の物語』法政大学出版局.

世界保健機関（WHO)・障害者福祉研究会［編］(2002),『ICF 国際生活機能分類——国際障害分類 改定版』中央法規出版.

東田直樹（2016),『自閉症の僕が跳びはねる理由』角川書店.

ボーヴォワール, S. de（2001),『第二の性』を原文で読み直す会［訳］『[決定版] 第二の性Ⅰ——事実と神話』新潮社.

ボーヴォワール, S. de（2001),『第二の性』を原文で読み直す会［訳］『[決定版] 第二の性Ⅱ——体験（上)』新潮社.

ボーヴォワール, S. de（2001),『第二の性』を原文で読み直す会［訳］『[決定版] 第二の性Ⅱ——体験（下)』新潮社.

UPIAS (1976), *Fundamental Principles of Disability*, The Union of the Physically Impaired Against Segregation.

14 年を取ることと、老いることは同じなのか？

フェミニスト現象学の視点から考える老い

中澤　瞳

「踊っていただけませんか？」
「あら！だめよ！」と私は言った。
「どうしてですか？」
「お婆さんですもの」
　　　　『レ・マンダラン』
（ボーヴォワール, 1967: 322）

1 「もう年だ」と「なんてお若い！」

　人はみな老いていく。ところが、若いうちは老いをイメージすることがとても難しい。老いは遠い未来のお話だ。このことは一見当たり前のように思える。

　しかし、なぜ当たり前なのだろう。「老いがやって来るのは、年をたくさん取ってからの話なのだから当然だ」という答えが返ってくるかもしれない。しかし年を取ることと、老いることは同じなのだろうか。こう尋ねると怪訝な顔をされるかもしれない。しかし、私たちはまだ若いうちから「もう年だ」と言ったり、これとは対照的に、新しいことに挑戦している高齢者を見て「なんてお若い！」と感嘆する。老いは単に年齢の問題とはいえないのではないだろうか。

　そもそも老いるとは、具体的に何を意味するのだろう。白髪が増えた、シミや皺が増えた、太ってきた、疲れやすくなったというような肉体の変化（しかも衰えというようなわるい意味での変化）だろうか。それとも肉体の変化には限らないのだろうか？

　作家のフォースターは、人間は 25 歳を過ぎると衰え始め、それまでの自分ではなくなり、魅力が消えて面白みのない人間になり、時間の経つ早さにうろたえ、不愉快な気持ちになると書いている（フォースター, 2002）。老いを衰えていく状態と考えれば、否定的になるのも無理はないだろう。

　しかしフォースターとは別の考え方をすることもできる。たとえば知識と経験が増大したことによって、世の中に怖いものが少なくなり、これまでできなかったことができるようになることを老いだと考えてみればよい。この場合、老衰ではなく老成や円熟という語の方が適しているかもしれないが、老いの肯定的な側面が表れてくるだろう。一体、老いとは私たちにとって何だろう？

　人はみな老いていくのだから、老いは他人事ではなく自分の問題として考えることができる。では、どのように老いを考えていったらよいのだろう。この章では、まず客観的な指標を手掛かりにして老いを考える。次に経験に即して考えて、老いを「できない」という観点から捉え直す。最後に、老いについてのキケロとボーヴォワールの見解を確認し、これらを通して自分の老いの経験を考えるときの手掛かりを見つけてみたい。

2　何歳から老人？：年齢と老い

　年を取っていることと、老いることは同じなのだろうか。全国の 60 歳以上の男女 6000 人を対象にして、2014 年に内閣府が行った高齢者の日常生活に関する意識調査の中に糸口を求めてみよう。

　「一般的にいって、何歳ぐらいの人を高齢者だと思うか」という問いに対して、回答者たちの多くが 70 歳以上の人を挙げ、次いで 75 歳以上、80 歳以上、65 歳以上の順になった。一方、回答者自身に対して「自分を高齢者だと感じるか」と尋ねる問いには、回答者の半分以上が「いいえ」と答えた。ただし自分の年齢が高くなるほど、高齢者だと感じる割合は増えていく。70 〜 74 歳の回答者の場合、約半分の人が自分を高齢者と考えており、75 〜 79 歳の回答者になると約 7 割がそう感じている[1]。

1）内閣府「平成 26 年度高齢者の日常生活に関する意識調査」Q27、Q28〈https://www8.cao.go.jp/kourei/ishiki/h26/sougou/zentai/index.html（最終確認日：2019 年 8 月 31日）〉

　今度は、2016 年に厚生労働省が 40 歳以上の男女 3000 人を対象に実施した、高齢社会に関する意識調査も見てみよう。この調査の中で「あなた自身について、何歳から高齢者になると思うか」という問いに対して、最も多かった回答は 70 歳以上だった。これは全体の約 4 割を占める[2]。

　二つの意識調査をまとめると、私たちは 70 歳から 75 歳を超える年齢の人を高齢者とみなしているとまずはいえるだろう。この結果からすると、年を取っていることと老いることはほぼ同じだと考えられているように思える。

　ところが、1998 年に実施された内閣府の同じ調査結果を見ると、65 歳から 70 歳以上の人を高齢者とみなす回答者が多かったことがわかる[3]。上で見た 2014 年の調査では、70 歳から 75 歳以上の人を高齢者とする回答者が多かったのだから、約 16 年の間に高齢者のスタートが 5 歳遅くなっていることになる。つまり高齢者として想定される年齢は、時期によって変わっているのだ。

　興味深いことに、回答者の年齢が上がると高齢者だと思う年齢も上がる傾向がみられる。2016 年の厚生労働省の調査を見ると、40 歳から 60 歳の回答者では、80 歳から高齢者だと答えた人は 1〜2% しかいない。しかし 75 歳以上が回答者の場合は、そう答える人が 14% 以上になっているのである。これに関連したボーヴォワールの話題も取り上げよう。ボーヴォワールは 50 歳のときに、女子学生が「ボーヴォワールって、もうばばあなのね！」と言っていると人づてに聞いて愕然としたと著している。さて、現在は 50 歳の女性を老齢の女性として扱うだろうか。それともボーヴォワールの時代はそうだったのだろうか。しかし、ボーヴォワール自身にとって 50 歳はまだ老いた歳ではないからこそ愕然としたのではないか。それとも年若い女学生から見れば、いつの時代でも 50 歳の女性は老けているのだろうか。答えがいずれにせよ、この話題からも老いは客観的な指標としての年齢で決まるのではなく、時代によって、場所によって、また評価する人によって変化するといえるように思える。

　老いの自覚に関していえば、年齢とは別に健康状態が深く関わっている可能性がある。2016 年の厚生労働省の調査解説は、高齢者になると思う年齢は健康寿命と関

---

2)　厚生労働省「平成 28 年版厚生労働白書——人口高齢化を乗り越える社会モデルを考える」第 1 部第 2 章第 4 節〈(https://www.mhlw.go.jp/wp/hakusyo/kousei/16/（最終確認日：2019 年 8 月 31 日)〉

3)　内閣府「平成 10 年度高齢者の日常生活に関する意識調査」Q29〈(https://www8.cao.go.jp/kourei/ishiki/h10_sougou/pdf/0-1.html（最終確認日：2019 年 8 月 31 日)〉

係がありそうだと報告している。健康寿命とは WHO が提唱した概念で、健康上の問題で日常生活が制限されることなく生活できる期間という意味である。厚生労働省が 2019 年に公表した簡易生命表によると、平均寿命は男性が約 81 歳、女性が約 87 歳である。健康寿命は 2016 年時点で、男性が約 71 歳、女性が約 74 歳と報告されている [4]。健康寿命の年齢と、高齢者だとみなされる年齢とに重なりを見て取ることできる。ここからすると、重要なのは健康上の問題であって、年齢はそれに付随した二次的なものといえるかもしれない。目がよく見えなくなった、耳がよく聞こえなくなったなどの肉体の変化によって日常生活に影響が出る頃に、高齢者だと自覚するようになる傾向があるのだ。

　さらに 2014 年の内閣府の調査を見ると、親しい友人や仲間がいないと感じる人ほど、自分を老いていると感じる割合が高い結果が出ている。周囲の人間たちとの関係が良好であればあるほど、老いは経験されにくいのである。人間関係が老いに関係するということは、老いというのは単に自分自身の肉体の変化だけに関わる問題ではなく、自分が置かれた状況も関わってくるということを示しているように見える。

　先ほどは、年を取っていることと老いることはほぼ同じだといったが、これはかなりおおざっぱな言い方だったようだ。老いには健康問題や周囲との関係も深く関わっている。だから、年を取っていることと老いることは同じようでいて、単純に同一視できるものではないようなのだ。

3　できなさの経験

　年齢という客観的な指標だけでは老いをうまく捉えることができない。そこで今度は、老いの経験に即して考えてみることにしよう。

　再び 2014 年の内閣府の調査から、その中の「どのような時に老いを感じるか」という設問の回答を参考にしたい。回答には、疲れやすくなった、力が弱くなった、歩く速さが遅くなった、動くのが面倒になったなどの体力の変化が多く挙げられている。また記憶力の変化、外見の変化、思考能力の変化も多く回答されている。具

---

[4]　厚生労働省「平成 30 簡易生命表概況」〈https://www.mhlw.go.jp/toukei/saikin/hw/life/life18/index.html（最終確認日：2019 年 8 月 31 日）〉

体的には、走れば息が切れる、名前が思い出せない、疲れやすくなった、字が見にくいなどの経験をきっかけとして老いが意識されている。さらに調査を見ると、社会とのつながりや役割の変化にも老いを感じるとある。そしてまた、周囲の人から高齢者扱いされたときも老いを感じるとある。

　この調査結果は、老いが能力の下降として経験されることを示している。言い換えれば、できたことができなくなる経験だ。このできなさは、疲れやすくなった、力が弱くなったといった肉体的なできなさに顕著に現れる。しかし肉体だけに生じている経験ではない。社会とのつながりや役割の変化にも老いを感じるとあるのだから、できなさの経験は自分が生きる環境全体にも関わっている。老いの範囲は、自分自身の肉体を超えて、広範囲に亘るのだ。

　このことを上野千鶴子（1986: 118-124）の分類を参考にして整理してみよう。上野は老化を生理的老化、社会的老化、文化的老化に分類した。まず生理的老化は、徹夜ができなくなった、階段を駆け上がれなくなった、シミや皺が増えた、たるんできたと感じたときなど、自分の体に現れる変化である。こうした肉体に現れる変化だけではなく、流行りものがわからなくなった、興味がなくなった、覚えられなくなったという知的変化も含めることができる。生理的老化は、総じて最も目立つ変化といえる。当人にも、また他人にも、まずありありと感じられ、また目撃されるできなさである。

　次に社会的老化とは、これまで通りには公の活動ができなくなることを意味する。定年や離職を考えるとわかりやすいだろう。定職を失うと、それまで安定していた収入がなくなるので経済的な損失が起こる。また仕事を中心とした対人関係、社会関係も同時に失う。したがって社会的老化は、社会活動、経済活動、またそれに関連する人とのつながりが変化し、これまでどおりに社会生活を営めなくなることを意味する。

　文化的老化は、典型的には家族の中でつながりや役割が変化することを意味する。家庭内地位・役割を喪失したり、成長した子どもとの間で力関係が変わることがこれに相当する。文化的老化という領域を考えることによって、家庭内役割に従事している人の老化を取り出すことができる。この点で、上野の老化の分類は、外で働いている人間の老いにも、家庭内役割に従事している人間の老いにも光を当てている。

　生理的変化という個人の肉体上の変化にとどまらず、その個人を取り巻く社会、文化的側面において、できなさをもたらすのが老いである。なぜ、できなさの経験

は個人の肉体だけにとどまらず、個人が生きる範囲全体に関わってくるのだろうか。それは、人が「どこかの誰か」として、ある状況と不可分に生きているからだろう。もちろん状況は多様にある。たとえば「一人」という状況を生きている人もいれば、「家族と一緒」という状況を生きている人もいる。また「裕福だが健康問題を抱えている」という状況、「外国人」という状況、「障害」という状況、「女性」という状況を生きている人がいる。いずれにせよ、人はただ生きているのではなく、状況づけられて生きている。だから老いのできなさは、その人が生きる状況全体に広がるのである。

4　老いることは怖くない

　老いがこれまで簡単にできたことができなくなる経験だとすると、それをみじめだと感じ、不安に思う人も多いだろう。ところが古代ローマの政治家であり、哲学者であったキケロは、老いが世間からみじめなものだと思われる代表的な四つの要因を吟味し、老いを捉え直す。以下、この内容を『老年について』（キケロー, 2004）から簡単にまとめてみよう。

　キケロによると①公の活動から遠ざかること、②肉体が弱くなること、③ほとんどすべての快楽がなくなってしまうこと、そして④死が近いこと、この四つが老年をみじめなものとみなす主要な要因である。なお、この四つの要因は現代にも通ずるものがある。2016 年の厚生労働省の調査の中で「あなたにとって、老後に不安が感じられるものは何ですか」という問いに対して、7 割の人が健康上の問題を挙げ、次いで経済上の問題、生きがいの問題を挙げている。内閣府の調査でも、将来の日常生活への不安に対する回答として、健康上の問題、経済上の問題を挙げた人の割合が多くなっている。現代社会の不安として挙げられている問題は、古代社会を生きるキケロによってすでに指摘されていたといえる。

　では、老いの見方を変えるキケロの方策を見てみよう。まず、老人は公の活動から切り離されているというが、キケロによれば実はそのようなことはない。若手の人間が行うような肉体の力、速さ、機敏さが求められる公の仕事はたしかにできないが、代わって思慮、権威、見識が必要とされる公の仕事には適任である。熱意と勤勉が持続すれば老人にも知力はとどまるので、記憶力の低下も問題ないという。

　次に肉体の衰え、健康上の問題については、若い頃と同じようなことをしようと

するから衰えたと思うのであって、今ある体力を使うとか、体力に応じて選択的に
行動すれば、体力がないと悲観的にならなくて済むとキケロはいう。先に見た、公
の活動からの引退についての見解同様、若い頃と比較をするからよくないのであっ
て、それ自体として見れば何ら衰退していないというのがキケロの考え方である。

　三つ目の快楽の欠如については、そもそも快楽を否定的に捉えるところに要点が
ある。キケロによれば、理性と知恵で制御するのが難しいのが快楽である。それは
熟慮を妨げ、人を失敗に陥らせる。ところが老いることによって、人は肉欲や野望
や争いや敵意から自動的に解放され心が自足する。悪徳からの解放は嘆くどころが
喜ぶべきことであり、老いの賜物なのである。

　最後に死が近いということについて。キケロによれば、人は生きるべく与えられ
た時間に満足しなければならない。なぜなら自然に従って起こることはすべて善い
ことだからである。したがって、老人が死ぬことほど自然なことはない。魂の集う
神聖な集まりへと旅立つ日の、そしてこの喧騒と汚辱の世から立ち去る日の何と晴
れやかなことかとキケロは述べ、魂の不死説の立場から、死を不安に思う必要はな
いと説いている。

　以上のキケロの見解は、人間にとっての不可避の老いをいかに生きるかというこ
とについて示唆に富んでいる。キケロは「できる自分」を懐かしむのではなく、で
きない今をそのまま受け止めろといっているように見える。また老いには悪徳から
の解放というよい面もある。だから、老いは恐るるに足らずということなのだろう。

5　人間らしさの喪失

　しかしながら、キケロのように老いの見方を変えるのは簡単ではなさそうだ。私
たちは、徹夜ができない、昔の服が似合わないなど「できなくなった」自分を受け
止めることができず暗澹たる気持ちになる。また、この困惑は身近な人間の老いを
目の当たりにしたときにも生じる。これまで元気に生活していた人の覚束ない行動
（物忘れや足のふらつきや食欲不振など）を見たとき、私たちは狼狽したり、悲しくな
ったり、それから目を背けたりしがちだ。

　なぜ、できなさの経験は私たちに暗い影を落とすのだろう。この点をボーヴォワ
ールの分析から考えてみたい。ボーヴォワールは、老いることが人間にとって何を
意味するかは、単なる生物学的事実としてではなく、文化的事実として全体的に見

なければ理解できないと述べる（ボーヴォワール, 2013a: 20）。単に肉体的な変容だけではなく、その人が生きる社会のあり方によって、老いた人間の状況が決まってくるからである。これを前提としたうえで、ボーヴォワールは老いを二つの喪失につながる出来事と見る。一つは人間らしさの喪失、もう一つは愛の喪失である。それぞれ見ていこう。

　まず、老いは投企の衰えとして特徴づけられる（ボーヴォワール, 2013b: 208）。投企とは、世界に対して関心をもち、そこで自らの可能性を追究し、実現させるために企画し、実行していく主体的な力を意味する。ボーヴォワールの見解では、この主体性が人間の人間らしいあり方を支えている。老いはこの力を衰弱させる。したがって投企の力の衰弱は、人間らしさを失うことに等しいのだ。

　この衰えは、先ほど指摘したような視力が弱くなるとか、仕事を辞めて対人関係の領域が狭くなるといった具体的な事柄ができなくなることではない。個別具体的な「できなさ」は、場合によっては、道具などを介することによって「できる」に変えることができる。たとえば、眼鏡をかけたら小さな字を読むことができるようになるとか、退職後に趣味のサークルに入り新しい人とつながるといった場合である。ところがボーヴォワールのいう投企の衰えとは、眼鏡を買おうとか、外へ出ようといった意欲、あるいは実行力そのものが停滞することを指す。それは、世界に対してのより根源的な関心が薄まることといってもよい。この稀薄化によって世界がよそよそしくなってしまうこと、ここに暗い影の一因があるのかもしれない。

　若いうちは世界に対して関心が向けられている。あれが食べてみたい、あそこに行ってみたいなど好奇心はさまざまな活動を支えている。しかし老いは、世界への興味、好奇心を失わせ、無気力にさせる。好奇心をもって活動する人間は若く、これと対照的に、世界に対して無関心な人間は老いているという図式がここにはある。この図式に従えば、世界に対しての好奇心が失せ、世界に飽き飽きしている人間は、たとえ年を取っていなくても老いていることになる。これとは反対に、たとえ75歳以上（意識調査をもとにした老人の年齢のライン）であっても、目的をもち、それに向かっていくことができていれば、結果として自分が思い描いたものが実現しなかったとしても、その人は老いていないということになるだろう。つまり、人間の人間らしさを保持することができるわけである。

　ところが、こうした投企の力は肉体の衰えから完全に独立しているわけではない。肉体の衰えは、外に向かっていく力を阻む。これに加え、時間と過去が老いた人間の活動を無力化する。わけても、過去の重圧が投企を阻害するとボーヴォワールは

説明する。「前はできたのに」「これまではこうだったのに」といった形で捉えられた過去は、現在の自分自身がままならない状況になっていることに対する怨念を掻き立て、現在をさらにいっそう嘆かわしく思わせる役割を果たしてしまうのだ。残された時間の少なさに焦ることなく、かつ過去に引きずられず投企への情熱を持ち続けていなければ、老いていくことを止めることはできない。しかしこれはかなり難しいことでもある。

6　愛の喪失

　さらにボーヴォワールは、女性の老いについても考察した。ボーヴォワールによれば、女性は老いによって性的魅力が失われ男性から愛されなくなる。老いは愛の喪失に関わるのだ。

　老いが性的魅力を失わせるということについて、冒頭に引用した小説『レ・マンダラン』のひとつのシーンを見て確認してみよう。この小説の主人公の女性アンヌは、あるパーティに誘われた。アンヌはパーティーに着ていくためのブラウスを新調する。それは、かつて彼女を愛した男性が、彼女のためにプレゼントした想い出の布で作らせたものだった。出来上がったブラウスを試着すると若い日のことが思い出され、乗り気ではなかったはずのパーティーに向けてアンヌは少し浮きたった。ところが当日、パーティー会場に着くとアンヌは意気消沈してしまう。せっかくのダンスの誘いも断ってしまう。

　なぜ主人公はダンスの誘いを断ったのか。その理由をボーヴォワールは次のように描写する。

> ほんのちょっとの間、私をぼーっとさせた若さの幻は早くも消え去っていた。鏡はあまりにも寛大だ。しかし、真実の鏡は、年配のあの女たちの顔なのだ。あのたるんだ肌、ぼやけた目鼻立ち、崩れた口、コルセットの下でダボついた肉体、あの老いぼれた肌〔…〕そして、私もあの人たちの年齢なのだ。（ボーヴォワール, 1967: 322-323）

　試着室で感じた若さは幻だった。アンヌは鏡に映った自分の姿を見ていたにもかかわらず、自分の老いに気づくことができなかった。しかしパーティー会場で、同

世代の人々という鏡を通して、アンヌの本当の姿が映し出される。その姿は、たるんだ肌と脂肪がついた醜い肉体である。そしてアンヌは気づく。もう私は若く、愛される人間ではないと。そのような自分は、ダンスの相手にはふさわしくない。だから断るのである。

　この記述からすると、容姿の衰えが愛の喪失に直結しているとボーヴォワールはいっているように見える。もちろん容姿の衰えも要因としてはあるだろうが、実はそれ以上に、年を重ね、経験を積んだ中で身に着けた自立心こそが、愛の喪失に関わっているとボーヴォワールは見ているようだ。このことを『第二の性』の次の記述から確認してみよう。

　　老年にさしかかっている女は、自分が性愛の対象でなくなったのは、自分の肉
　　体が男に新鮮な富をもたらさなくなったからだけではないことを知っている。
　　というのも、彼女の過去、彼女の経験が否応なく彼女を一人の人間にするから
　　である。彼女は自分のために闘い、愛し、望み、苦しみ、喜んだ。こうした自
　　主性は男を怖気づかせる。（ボーヴォワール, 2001: 195）

　長く生きる中で培われる見識と自主性は、キケロにいわせれば老いの賜物である。ところが、ボーヴォワールにいわせれば、女性の場合には、男性を怯えさせ、男性からの愛が遠のくことでしかないのだ。

　老年の女性の自主性を嫌う社会の中では、老いた女性には二つの選択肢が示されるとボーヴォワールは見ている。まずは、男性に対して批判的な意見を述べたりせず、また自ら選択したり、決定したりせずに、自分の自主性を否定する方向である。代わりに無邪気なまなざしと子どもっぽい口調で相手の男を称賛し、笑い転げ、自分を色気と魅力のかたまりにする。女としての性的魅力を守るために必死に闘い、男性からの愛の対象としての自分を維持しようとするのである。これがひとつの選択肢である（ボーヴォワール, 2001: 195-205）。

　もう一つの道は、老いを認める方向である。若さを放棄したとき、日々自分を醜くしていくもの（つまり老い）との戦いに女性は終止符を打つことができる。こちらの道は、愛の未練をすべて断ち切る方向である。ただし老いを認めた後、もう一つの闘いが始まるとボーヴォワールはいう（ボーヴォワール, 2001: 205）。それはこの世界の中に、自分自身の力で自分の場所を作り出すという闘いである。

　果たして、この見解にどこまで私たちは納得できるだろうか。まさにボーヴォワ

ールのいう通りだと思っている人の他に、ある人はボーヴォワールの枠組みはあまりに二者択一的であり、自主性を確立しつつ、同時に愛を放棄しない道もあるのではないかと考えるかもしれない。そもそも男性から愛されることに大きな価値を置くことに疑問を抱く人もいるだろう。あるいは、女性以外の場合はどうだろうと考えている人もいるかもしれない。さらに考えていくためには、自分の老いの経験から考えてみる必要がある。

　自分の老いの経験を見つめるためには、老いと年齢を単純に同一視するのを控えるところから始めた方がよさそうだ。その代わり、できなさの経験を老いと考えてみるのが一つの手立てである。ただし、できなさは自分の肉体に由来するばかりではない。人は「どこかの誰か」として、ある状況の中で生きているのだから、人は「どこかの誰か」として、状況の中でできなくなっていく。だから自分が生きて活動している状況全体を見渡して、そこからどのようなできなさが生まれてくるのかを考えていく必要があるのだ。人はみな日々老いていく。老いは他人事ではない。

●引用文献

上野千鶴子（1986),「老人問題と老後問題の落差」伊東光晴・河合隼雄・副田義也・鶴見俊輔・日野原重明［編］『老いの発見2——老いのパラダイム』岩波書店, 111–138 頁.

キケロー（2004), 中務哲郎［訳］『老年について』岩波書店.

フォースター, E. M.（2002), 小野寺健［編］『老年について』みすず書房.

ボーヴォワール, S. de（1967), 朝吹三吉［訳］『レ・マンダランⅡ』ボーヴォワール著作集第 8 巻, 人文書院.

ボーヴォワール, S. de（2013a), 朝吹三吉［訳］『老い（上）』人文書院.

ボーヴォワール, S. de（2013b), 朝吹三吉［訳］『老い（下）』人文書院.

ボーヴォワール, S. de（2001),『第二の性』を原文で読み直す会［訳］『［決定版］第二の性Ⅱ——体験（下）』新潮社.

文献案内

　本書を読んで、フェミニスト現象学に興味をもっていただけたら幸いである。ここでは、本書から一歩先、二歩先へと進みたい読者のために、フェミニスト現象学に関連する文献を紹介していく。

■ 1　特に重要な著作

　フェミニスト現象学の代表的な著作として、ボーヴォワールの『第二の性』とヤングの『女性の身体経験について』が挙げられる。『第二の性』の邦訳は文庫で読めるが、現在はやや入手しにくくなっている（シモーヌ・ド・ボーヴォワール（2001）,『第二の性』を原文で読み直す会［訳］『［決定版］第二の性』新潮社, 2001 年, 全 3 巻）。ヤングの著作は今のところ英語で読んでいただくしかない（Iris Marion Young（2005）, *On Female Body Experience: "Throwing Like a Girl" and Other Essays*, Oxford University Press）。

　『女性の身体経験について』は論文集である。そのうち、「生きられた身体 vs. ジェンダー──社会構造と主体性についての反省」が本書第 1 章に、「女の子みたいに投げる──女性身体の行動、運動性、空間性の現象学」が第 2 章に、「妊娠の身体性──主体性と疎外」が第 3 章に、「月経的省察」が第 4 章に、「ハウスとホーム──ある主題についてのフェミニズム的変奏」が第 7 章に、それぞれ深く関連している。衣服を修繕する経験や乳房のある身体の経験に関する論考も収められている。

　トランスジェンダー現象学については、サラモンの『身体を引き受ける』が代表的な研究である（ゲイル・サラモン（2019）, 藤高和輝［訳］『身体を引き受ける──トランスジェンダーと物質性のレトリック』以文社）。人種の現象学においては、ファノンの『黒い皮膚・白い仮面』が古典としてしばしば参照される（フランツ・ファノン（1998）, 海老坂武・加藤晴久［訳］『黒い皮膚・白い仮面』みすず書房）。メルロ＝ポンティの身体論もこれらの研究において頻繁に援用されている（モーリス・メルロ＝ポンティ（1967）, 竹内芳郎・小木貞孝［訳］『知覚の現象学 1』みすず書房; 同（1974）, 竹内芳郎・木田元・宮本忠雄［訳］『知覚の現象学 2』みすず書房; 同（2015）, 中島盛夫［訳］『知覚の現象学〈改装版〉』法政大学出版局）。

　第 1 章で述べたように、バトラーによる現象学的身体論への批判もフェミニスト現象学にとって重要な存在である（ジュディス・バトラー（1999）, 竹村和子［訳］『ジェンダー・トラブル──フェミニズムとアイデンティティの攪乱』青土社）。バトラーは未邦訳論文でも現象学に取り組んでいるが、この点については藤高の『ジュディス・バトラー』が明らかにしている（藤高和輝（2018）,『ジュディス・バトラー──生と哲学を賭けた闘い』以文社, 第 4 章）。

■2 フェミニスト現象学一般に関する重要著作と雑誌特集号

フェミニスト現象学の代表的な論文集として、以下の4冊が挙げられる。

Fielding, H. A. and Olkowski, D. E.（eds.）（2017）, *Feminist Phenomenology Futures*, Indiana University Press.

Fisher, L. and Embree, L.（eds.）（2000）, *Feminist Phenomenology*, Kluwer.

Shabot, S. C. and Landry, C.（eds.）（2018）, *Rethinking Feminist Phenomenology: Theoretical and Applied Perspectives*, Rowman & Littlefield.

Stoller, S. and Vetter, H.（eds.）（1997）, *Phänomenologie und Geschlechterdifferenz*, WUV-Universitätsverlag.

次の著作では、フェミニスト現象学や人種の現象学などの重要概念を解説している。

Weiss, G., Murphy, A. V. and Salamon, G.（2019）, *50 Concepts for a Critical Phenomenology*, Northwestern University Press.

フェミニスト現象学に関する英文雑誌の特集号として以下がある。

Continental Philosophy Review, 43(1), 2010.

International Journal of Feminist Approaches to Bioethics, 11(2), 2018.

Janus Head, 13(1), 2014.

特集などのためにフェミニスト現象学に関する日本語論文が複数掲載された雑誌に以下がある。『メルロ＝ポンティ研究』第14号（2010）、同誌第20号（2016）、『UTCP Uehiro Booklet』第2号（2013）、同誌第12号（2016）、『理想』第695号（2015）、『立命館大学人文科学研究所紀要』第120号（2019）。また、日本現象学会で行われたフェミニスト現象学に関連するワークショップの報告が『現象学年報』第28号（2012）、第31号（2015）、第33号（2017）、第35号（2019）、第37号（2021）に掲載されている。

■3 本書の各章に関連する論文・著作

フェミニスト現象学を主題とした日本語の著作は今のところ本書だけであるため、日本語の文献としては主に論文を紹介していく。ただし、小手川の『現実を解きほぐすための哲学』は、性差、男性性、人種といった問題を現象学的に考察しているので、本書の姉妹本として併読されたい（小手川正二郎（2020）,『現実を解きほぐすための哲学』トランスビュー）。日本でフェミニスト現象学に携わっている研究者は少ないため、どうしても本書の執筆者による論文が多くなってしまうことをお断りしておく。また、英語論文は多数にのぼるため割愛し、書籍のみ紹介する。

第1章「フェミニスト現象学とは何か？」

河野哲也（2010）,「メルロ＝ポンティの拡がり──科学、フェミニズム、介護、政治」『メ

　　ルロ゠ポンティ——哲学のはじまり／はじまりの哲学』河出書房新社, 96–105 頁.
河野哲也（2015）,「母性保護論争のフェミニスト現象学からの解釈（1）」『日本哲学史研究』
　　12: 42–68.
齋藤　瞳（2010）,「自然としての身体、文化としての身体」『メルロ゠ポンティ研究』14: 84–98.
齋藤　瞳（2015）,「フェミニスト現象学から考える男女共同参画」『理想』695: 133–145.
酒井麻依子（2020）,『メルロ゠ポンティ 現れる他者／消える他者——「子どもの心理学・
　　教育学」講義から』晃洋書房.
中村　彩（2020）,「ボーヴォワールから見るフェミニスト現象学」『現代思想』48（4）: 264–
　　271.
羽生有希（2019）,「来たりし、来たるべきフェミニスト哲学——フェミニスト現象学とジ
　　ェンダー・パフォーマティヴィティ」『現代思想』47（3）: 130–144.
Moi, T.（1999）, *What is a Woman?: And Other Essays*, Oxford University Press.

第 2 章「女の子らしい身振りとは何か？」

小手川正二郎（2016）,「「女性的な」身体と「男性的な」身体——メルロ゠ポンティとレヴ
　　ィナスからフェミニスト現象学を再考する」『メルロ゠ポンティ研究』20: 16–27.
中澤　瞳（2015）,「「女性」の身体経験についての現象学」『精神科学』53: 73–90.
中澤　瞳（2018）,「フェミニズムとメルロ゠ポンティ——規範を生きる身体の経験」松葉祥
　　一・本郷　均・廣瀬浩司［編］『メルロ゠ポンティ読本』法政大学出版局, 320–327 頁.

第 3 章「妊娠とは、お腹が大きくなることなのだろうか？」

桂ノ口結衣（2016）,「あんたも、母——フェミニスト現象学を手がかりとした「母」につ
　　いての考察」『メタフュシカ』47: 77–91.
齋藤　瞳（2013）,「私の身体はどこまで私のものか——代理出産をめぐる問題から考える
　　身体のあり方」『UTCP Uehiro Booklet』2: 43–57.
齋藤　瞳（2015）,「妊娠の身体性——フェミニスト現象学の観点から代理出産を考える」
　　金井淑子・竹内聖一［編］『ケアの始まる場所——哲学・倫理学・社会学・教育学か
　　らの 11 章』ナカニシヤ出版, 59–76 頁.
中　真生（2015）,「生殖の「身体性」の共有——男女の境界の曖昧さ」『理想』695: 103–119.
中　真生（2019）,「「母であること」（motherhood）を再考する——産むことからの分離と
　　「母」の拡大」『思想』1141: 140–159.
宮原　優（2016）,「不妊治療に見られる経験の構造——「期待」という人間の在り方」
　　『UTCP Uehiro Booklet』12: 101–115.

Adams, S. L. and Lundquist, C. R.（2013）, *Coming to Life: Philosophies of Pregnancy,
　　Childbirth and Mothering*, Fordham University Press.
Lymer, J.（2016）, *The Phenomenology of Gravidity: Reframing Pregnancy and the
　　Maternal through Merleau-Ponty, Levinas and Derrida*, Rowman & Littlefield.
Scuro, J.（2017）, *The Pregnancy ≠ Childbearing Project: A Phenomenology of Miscarriage*,

Rowman & Littlefield.

第4章「なぜ月経を隠さなくてはいけないのだろうか？」

宮原　優 (2013), 「アシュリー事件に見る他者知覚と同一化」『UTCP Uehiro Booklet』2: 27
　　-41.

宮原　優 (2015), 「月経について語ることの困難——身体についての通念が女性の社会参
　　画にもたらす問題点」『理想』695: 91-102.

第5章『外見を気にしてはいけないの？』

石田かおり (1995), 『現象学的化粧論——おしゃれの哲学』理想社.

磯野真穂 (2019), 『ダイエット幻想——やせること、愛されること』筑摩書房.

上谷香陽 (2009), 「化粧と性別——〈素肌〉を見る方法」酒井泰斗・浦野　茂・前田泰樹・
　　中村和生 [編] 『概念分析の社会学——社会的経験と人間の科学』ナカニシヤ出版,
　　163-187 頁.

佐藤　愛 (2016), 「変容を保証する身体——摂食障害をめぐる言葉を検討しながら」『論叢
　　——現代語・現代文化』17: 1-17.

佐藤　愛 (2017), 「規範とそのファントム——身体図式から考察する摂食障害の身体」
　　『Fashion talks...』6: 24-31.

谷口純子 (2010), 「アディクションと社会」『メルロ＝ポンティ研究』14: 71-83.

宮原　優 (2010), 「見られるということ——女性の身体から考える「見られ」の問題」『メ
　　ルロ＝ポンティ研究』14: 99-115.

Dolezal, L. (2015), *The Body and Shame: Phenomenology, Feminism, and the Socially
　　Shaped Body*, Rowman & Littlefield.

Weiss, G. (1999), *Body Images: Embodiment as Intercorporeality*, Routledge.

第6章「どこまでがセクシュアル・ハラスメント？」

池田　喬 (2018), 「ただの言葉がなぜ傷つけるのか——ハラスメント発言の言語行為論的
　　探究」『哲学』69: 9-20.

小宮友根 (2011), 『実践の中のジェンダー——法システムの社会学的記述』新曜社.

山本千晶 (2017), 「「ババァ発言」訴訟と差別の経験」『ジェンダーと法』14: 176-192.

第7章「一人暮らししなければ一人前じゃないのか？」

岡野八代 (2012), 『フェミニズムの政治学——ケアの倫理をグローバル社会へ』みすず書房.

河野哲也 (2014), 『境界の現象学——始原の海から流体の存在論へ』筑摩書房.

シェル, L. F. (2014), 高山佳子・浜渦辰二 [訳] 「位置づけられた身体をもつことと家（ホ
　　ーム）がもつ意味——フェミニスト現象学の視点から」『臨床哲学』15(2): 74-95.

第 8 章「なぜ今、フェミニスト現象学なのか？」

池田　喬 (2018),「政治哲学化する現象学——ニューヨーク～コペンハーゲン研究滞在報告」『現象学年報』34: 217–221.

池田　喬・長門裕介 (2019),「応用倫理学のメソドロジーを求めて」『現代思想』47(12): 86–98.

石原孝二 ［編］ (2013),『当事者研究の研究』医学書院.

稲原美苗 (2015),「フェミニスト現象学とその応用——つながりの「知」への展開」『理想』695: 120–132.

川崎唯史 (2019),「傷つきやすさと実効的自由——メルロ＝ポンティ的アプローチ」『臨床哲学』20: 68–82.

小宮友根 (2020),「ウーマンリブ・三里塚闘争・有機農業」『思想』1152: 103–121.

福士侑生 (2010),「フェミニズム教育学にむけた身体性——Gail Weiss の身体的命法について」『メルロ＝ポンティ研究』14: 5–19.

藤高和輝 (2020),「インターセクショナル・フェミニズムから／へ」『現代思想』48(4): 34–47.

第 9 章「なぜ自分のセクシュアリティを口に出すのか？」・第 10 章 「「性別違和」とは何か？」

古怒田望人 (2018),「トランスジェンダー理解における現象学の必要性」『立正大学哲学会紀要』13: 43–59.

古怒田望人 (2019),「「性同一性障害特例法」における「セクシュアリティ」の問題」『年報人間科学』40: 21–39.

古怒田望人 (2019),「トランスジェンダーの未来＝ユートピア——生殖規範そして「未来」の否定に抗して」『現代思想』47(14): 198–208.

鶴田幸恵 (2009),『性同一性障害のエスノグラフィ——性現象の社会学』ハーベスト社.

藤高和輝 (2019),「身体を書き直す——トランスジェンダー理論としての『ジェンダー・トラブル』」『現代思想』47(3): 176–190.

藤高和輝 (2019),「感じられた身体——トランスジェンダーと『知覚の現象学』」『立命館大学人文科学研究所紀要』120: 217–231.

藤高和輝 (2019),「「曖昧なジェンダー」の承認に向けて——ボーヴォワール『第二の性』におけるジェンダーの「両義性＝曖昧性」」『女性空間』36: 81–92.

藤高和輝 (2019),「「なる」ものとしてのジェンダー」『シモーヌ Vol. 1』現代書館, 46–53 頁.

堀江有里 (2015),『レズビアン・アイデンティティーズ』洛北出版.

Ahmed, S. (2006), *Queer Phenomenology: Orientations, Objects, Others*, Duke University Press.

Feder, E. K. (2014), *Making Sense of Intersex: Changing Ethical Perspectives in Biomedicine*, Indiana University Press.

Ferrarello, S. (2019), *The Phenomenology of Sex, Love, and Intimacy*, Routledge.

Janssen, E. D. (2017), *Phenomenal Gender: What Transgender Experience Discloses*,

Indiana University Press.

Rubin, H.（2003）, *Self-Made Men: Identity and Embodiment among Transsexual Men*, Vanderbilt University Press.

Salamon, G.（2018）, *The Life and Death of Latisha King: A Critical Phenomenology of Transphobia*, New York University Press.

第 11 章「男だってつらい？」

居永正宏（2015）,「フェミニスト現象学における「産み」をめぐって――男性学的「産み」論の可能性」『女性学研究』22: 99–126.

川崎唯史（2016）,「英雄と逃走――メルロ゠ポンティにおける二つの自由」『メルロ゠ポンティ研究』20: 3–15.

小手川正二郎（2015）,「男女共同参画と若手研究者支援――男性研究者の視点から」『理想』695: 52–63.

小手川正二郎（2018）,「「男らしさ」（masculinities）の現象学試論――「男らしさ」の現象学はフェミニズムに寄与しうるのか？」『國學院雑誌』119（12）: 1–14.

小手川正二郎（2019）,「「男性的」自己欺瞞とフェミニズム的「男らしさ」――男性性の現象学」『立命館大学人文科学研究所紀要』120: 169–197.

藤高和輝（2019）,「とり乱しを引き受けること――男性アイデンティティとトランスジェンダー・アイデンティティのあいだで」『現代思想』47（2）: 127–138.

Grosz, E.（1994）, *Volatile Bodies: Toward a Corporeal Feminism*, Indiana University Press.

Tuana, N., Cowling, W., Hamington, M., Johnson, G. and MacMullan, T.（eds.）（2002）, *Revealing Male Bodies*, Indiana University Press.

第 12 章「人種は存在するのか？」

池田　喬（2019）,「アイデンティティ・ポリティクスの再考――米国のカラーフェミニズムと近現代ドイツ哲学の遺産」『ヘーゲル哲学研究』25: 69–81.

池田　喬（2019）,「提題　差別的偏見――現象学的倫理学のアプローチ」『倫理学年報』68: 93–96.

髙谷　幸（2017）,『追放と抵抗のポリティクス――戦後日本の境界と非正規移民』ナカニシヤ出版.

Alcoff, L. M.（2006）, *Visible Identities: Race, Gender, and the Self*, Oxford University Press.

Lee, E. S.（ed.）（2014）, *Living Alterities: Phenomenology, Embodiment, and Race*, State University of New York Press.

Lee, E. S.（ed.）（2019）, *Race as Phenomena: Between Phenomenology and Philosophy of Race*, Rowman & Littlefield.

Ngo, H.（2017）, *The Habits of Racism: A Phenomenology of Racism and Racialized*

Embodiment, Lexington Books.

Ortega, M.（2016），*In-between: Latina Feminist Phenomenology, Multiplicity and the Self*, State University of New York Press.

Yancy, G.（2017），*Black Bodies, White Gazes: The Continuing Significance of Race in America*, 2nd Edition, Rowman & Littlefield.

第13章「障害はどのような経験なのか？」

池田　喬（2016），「能力と無力感のあいだで——アビリティの現象学序説」『UTCP Uehiro Booklet』12: 9–28.

石原孝二（2018），『精神障害を哲学する——分類から対話へ』東京大学出版会.

稲原美苗（2011），「痛みの表現——身体化された主観性とコミュニケーション」『現代思想』39（11）: 80–95.

稲原美苗（2013），「障害とアブジェクシオン——「受容」と「拒絶」の狭間」『UTCP Uehiro Booklet』2: 11–25.

稲原美苗（2015），「フェミニスト現象学における障害の身体論の展開——哲学的当事者研究の可能性」『大阪大学大学院文学研究科紀要』55: 1–18.

稲原美苗（2017），「障害とスティグマ——嫌悪感から人間愛へ」『思想』1118: 42–54.

河野哲也（2015），『現象学的身体論と特別支援教育——インクルーシブ社会の哲学的探究』北大路書房.

コール, J.（2013），河野哲也・松葉祥一［監訳］『スティル・ライヴズ——脊髄損傷と共に生きる人々の物語』法政大学出版局.

宮原克典（2016），「痒みの現象学試論——アトピー性皮膚炎の当事者研究の試み」『UTCP Uehiro Booklet』12: 143–154.

第14章「年を取ることと、老いることは同じなのか？」

稲原美苗・小西真理子・川崎唯史・中澤　瞳（2019），「男女共同参画・若手研究者支援ワークショップ報告「家族におけるケアと依存」」『現象学年報』35: 23–29.

シェル, L. F.（2015），青木健太・浜渦辰二［訳］「単なる喪失ではない——加齢に伴う認知症における自己のあり方」『臨床哲学』16: 82–109.

シェル, L. F.（2018），浜渦辰二・青木健太［訳］「間身体的表現と認知症の主観性」『臨床哲学』19: 173–205.

ヘイナマー, S.（2016），高原耕平・浜渦辰二［訳］「老いの変容——自己性、標準性、時間」『臨床哲学』17: 77–93.

ワイス, G.（2008），河野哲也・福士侑生［訳］「障害と加齢の「正常な異常性」」——メルロ＝ポンティとボーヴォワール」『現代思想』36(16): 312–321.

Stoller, S.（ed.）（2014），*Simone de Beauvoir's Philosophy of Age: Gender, Ethics, Time*, De Gruyter.

■ 4 その他の重要な著作

フェミニスト現象学の中で時間と医療の問題に特化した論文集として以下がある。

Schües, C., Olkowski, D. E. and Fielding, H. A. (eds.) (2011), *Time in Feminist Phenomenology*, Indiana University Press.

Zeiler, K. and Käll, L. F. (eds.) (2014), *Feminist Phenomenology and Medicine*, State University of New York Press.

その他、フェミニスト現象学に関連する著作を挙げる。

Allen, J. and Young, I. M. (eds.) (1998), *The Thinking Muse: Feminism and Modern French Philosophy*, Indiana University Press.

Bartky, S. L. (1990), *Femininity and Domination: Studies in the Phenomenology of Oppression*, Routledge.

Fischer, C. and Dolezal, L. (eds.) (2018), *New Feminist Perspectives on Embodiment*, Springer.

Ferguson, A. and Nagel, M. (2009), *Dancing with Iris: The Philosophy of Iris Marion Young*, Oxford University Press.

Kruks, S. (2001), *Retrieving Experience: Subjectivity and Recognition in Feminist Politics*, Cornell University Press.

Lennon, K. and Alsop, R. (2020), *Gender Theory in Troubled Times*, Polity.

Oksala, J. (2016), *Feminist Experiences: Foucauldian and Phenomenological Investigations*, Northwestern University Press.

Stoller, S., Vasterling, V. and Fisher, L. (eds.) (2005), *Feministische Phänomenologie und Hermeneutik*, Königshausen & Neumann.

Weiss, G. (2008), *Refiguring the Ordinary*, Indiana University Press.

■ 5 現象学のフェミニズム的解釈

フェミニズムの観点から現象学的な哲学書を解釈した著作として以下がある。

Chanter, T. (ed.) (2001), *Feminist Interpretations of Emmanuel Levinas*, The Pennsylvania State University Press.

Heinämaa, S. (2003), *Toward a Phenomenology of Sexual Difference: Husserl, Merleau-Ponty, Beauvoir*, Rowman & Littlefield.

Holland, N. J. and Huntington, P. (eds.) (2001), *Feminist Interpretations of Martin Heidegger*, The Pennsylvania State University Press.

Kruks, S. (2012), *Simone de Beauvoir and the Politics of Ambiguity*, Oxford University Press.

Murphy, J. S. (ed.) (1999), *Feminist Interpretations of Jean-Paul Sartre*, The Pennsylvania State University Press.

O'Brien, W. and Embree, L. (eds.) (2001), *The Existential Phenomenology of Simone de*

Beauvoir, Kluwer.

Olkowski, D.（ed.）（2000），*Resistance, Flight, Creation: Feminist Enactments of French Philosophy*, Cornell University Press.

Olkowski, D. and Weiss, G.（ed.）（2006），*Feminist Interpretations of Maurice Merleau-Ponty*, The Pennsylvania State University Press.

Simons, M. A.（ed.）（1995），*Feminist Interpretations of Simone de Beauvoir*, The Pennsylvania State University Press.

Simons, M. A.（ed.）（2006），*The Philosophy of Simone de Beauvoir: Critical Essays*, Indiana University Press.

■ 6 関連する入門書

最後に、本書を読んで現象学やフェミニズム、ジェンダー論、クィア・スタディーズに興味をもった読者のために、入門的な書籍を近年出版されたものの中からいくつか紹介する。

『現象学という思考』は、専門用語を多用せずに著者自身の思考を通して現象学的な発想を分かりやすく伝える（田口茂（2014），『現象学という思考――〈自明なもの〉の知へ』筑摩書房）。『現代現象学』は、真理や存在といった哲学の伝統的な諸問題への現象学的なアプローチを平易に示している（植村玄輝・八重樫徹・吉川孝［編著］（2017），『現代現象学――経験から始める哲学入門』新曜社）。『現象学入門』は、フッサール、ハイデガー、メルロ＝ポンティらの思想を、現代の心理学や認知科学にとっての意義という観点から解説している（コイファー，S.・チェメロ，A.（2018），田中彰吾・宮原克典［訳］『現象学入門――新しい心の科学と哲学のために』勁草書房）。『医療ケアを問いなおす』は、病い、医療、ケアに関する現象学の入門書である（榊原哲也（2018），『医療ケアを問いなおす――患者をトータルにみることの現象学』筑摩書房）。

『フェミニズム』は、1990年代までのフェミニズムの多様な展開を整理して伝える（江原由美子・金井淑子［編］（1997），『フェミニズム』新曜社）。『ジェンダーについて大学生が真剣に考えてみた』は、タイトル通り大学生の視点からよくある質問に3段階で答える入門書（佐藤文香［監修］（2019），『ジェンダーについて大学生が真剣に考えてみた――あなたがあなたらしくいられるための29問』明石書店）。より学術的なジェンダー論の入門書としては、『はじめてのジェンダー論』や『よくわかるジェンダー・スタディーズ』などがある（加藤秀一（2017），『はじめてのジェンダー論』有斐閣; 木村涼子・伊田久美子・熊安貴美江［編著］（2013），『よくわかるジェンダー・スタディーズ――人文社会科学から自然科学まで』ミネルヴァ書房）。クィア・スタディーズについては、『LGBTを読みとく』や『教養のためのセクシュアリティ・スタディーズ』に加えて（森山至貴（2017），『LGBTを読みとく――クィア・スタディーズ入門』筑摩書房; 風間孝・河口和也・守如子・赤枝香奈子（2018），『教養のためのセクシュアリティ・スタディーズ』法律文化社）、『クィア・スタディーズをひらく』シリーズ（菊地夏野・堀江有里・飯野由里子［編著］，晃洋書房）が公刊中である。

おわりに

　10年以上前、立教大学の河野哲也先生のもと、たった数人でひっそりと、そして楽しく研究会を始めた。何を研究したいのか、何を問いたいのかわからないまま、それでも、何か哲学史の中で見落とされてきたものがあるような、語られなければならないことがまだ語られていないようなもやもやする気持ちに駆られて、手探りですすめていった研究会だった。やがて研究会に顔を出してくれる人が増えていき、さまざまな出会いや発見の機会を与えていただいた。その途上で私たちは哲学、とりわけ現象学が、日常の摩擦や葛藤、そして何でもなく当たり前に過ごされている日々の中にこそ宿っているのだという確信をますます強め、語られていない日常のその豊かさに魅入られていった。

　そうした中、普段「当たり前」「普通」などの思い込みの中ではなかなか光が当てられることのない経験について、自分の言葉で、わかりやすく考えさせるような本があればよいと考えるようになっていった。思い込みの中にもやもやと沈み込んでしまっている経験こそ、その「思い込み」を検証する機会を与えてくれる。

　日常生活を営む上で「普通はこうだよね」「〜はよいこと」「〜はいけないこと」といった「思い込み」はある程度必要なものである。けれどそうした「思い込み」は必要なものである一方、生きづらさをもたらすものである。またいうまでもなくそうした思い込みは絶対的に正しいものではないので、絶えず検証され、考察されなければならない。

　この本では、何か手近でつかみやすいような「答え」を与えるのではなく、読む人がじっくりと自分自身について考え、模索できるような機会を作りたいと考えた。言い換えるなら自分がどんな未来を望むのか、どんな社会で生きていきたいのかを考える機会を作りたかった。そのために、学術的な整合性や新しい知識を提示するスタイルではなく、誰もが自分自身の経験に思いをはせることのできるようなリアリティを大切にした。

　日常の摩擦や葛藤、何でもない当たり前さをあえて言語化するこの本の出版の機会を与えてくださり、私たちの思いを真摯に受け止めてくださったナカニシヤ出版の由浅啓吾さんに深く感謝する。そしてお忙しい中本書にご協力いただいた執筆者のみなさん、特にご担当以外の箇所や本書の構成に関して率直かつ親切なコメント

をくださった池田喬さん、小手川正二郎さん、古怒田望人さん、藤高和輝さんに感謝の言葉を伝えたい。

　また、私たちの研究を広げ、豊かなものにしてくださった多くの先生方からのご助言に心よりお礼を申し上げたい。一人一人お名前を挙げる紙幅が残念ながらないのだが、飯田隆先生、石原孝二先生、加國尚志先生、浜渦辰二先生、とりわけ私たちの研究を最初からあたたかく見守ってくださった河野哲也先生にこの場を借りてお礼を申し上げたい。

　はじめに書かれているように、この入門書を読んで、思うところはそれぞれ異なるだろう。「そうなのか」あるいは「そうだな」と思う人もいるだろうし、「私は違う」と思う人もいるだろう。この入門書では語られていない何かを思い起こした人もいるかもしれない。この入門書は問題視されうる多くの経験のほんの一角に光をあてたにすぎない。またそれらの問題に何も解決を与えないし、そう願って書かれたものでもない。ただこれを読んだあなたが、あなた自身のこと、家族や友人のことを思い起こし、考える時間が作られたのならば幸いだ。「私はどうなのか」「こんなケースもあるのではないか」「このようにも言えるのではないか」そのように考え、問いかけの形であっても、正解に近づくためでなくても、もやもやするものを考えられたら、そしてそれをどんなに短いものであっても何かの言葉にできたなら、編者一同、この入門書の役割は果たせていると考える。

　最後に、この本の装丁のためにすばらしい作品を提供してくださった浦郷仁子さま、心よりお礼申し上げます。

編者を代表して　宮原　優

事項索引

IIIIIIIIIIIIIIIIIIIIIIIIIIIIIIIIIIIIIIIIIIIIIIIIIIIIIIIIIIIIIIIIIIIIIIIIIIIIIIIIIIIIIIIIIIIIIII

190

人名索引

194

執筆者紹介（執筆順、編者は *）

川崎唯史（かわさき・ただし）*
担当：はじめに、Column 1、11 章、文献案内
東北大学病院臨床研究監理センター特任講師。
専門は、メルロ＝ポンティ、現象学、医療倫理。
主著に『メルロ＝ポンティの倫理学──誕生・自由・責任』（ナカニシヤ出版、2022 年）、「メルロ＝ポンティから現象学的倫理学へ」（『倫理学研究』53, 2023 年）、「フェムテックと「女性の健康」──誰のための研究開発か」（『現代思想』51(6), 2023 年）など。

中澤　瞳（なかざわ・ひとみ）*
担当：1 章、2 章、14 章
日本大学通信教育部准教授。
専門は哲学。
主著に「フェミニスト現象学から考える男女共同参画」（『理想』695, 2015 年）、「フェミニズムとメルロ＝ポンティ──規範を生きる身体の経験」（松葉祥一・本郷均・廣瀬浩司編『メルロ＝ポンティ読本』、法政大学出版局, 2018 年）、「山戸作品における身体──メルロ＝ポンティの哲学を糸口に」（『ユリイカ』51(12), 2019 年）。

宮原　優（みやはら・ゆう）*
担当：3 章、4 章、おわりに
立命館大学客員研究員・非常勤講師。
専門は現象学、哲学。
主著に「月経について語ることの困難──身体についての通念が女性の社会参画にもたらす問題点」（『理想』695, 2015 年）、「不妊治療に見られる経験の構造──「期待」という人間の在り方」（『UTCP Uehiro Bokklet』12, 2017 年）、「見られるものとしての身体──サルトルの現実とメルロ＝ポンティの希望」（『現象学年報』27, 2011 年）。

稲原美苗（いなはら・みなえ）*
担当：Column1、8 章、13 章
神戸大学大学院人間発達環境学研究科准教授。
専門は現象学、ジェンダー論、臨床哲学。
主著に "Disability and Ambiguities: Technological Support in a Disaster Context" (Galvin, K. T. (ed.) *Routledge Handbook of Well-Being*, Routledge, 2018)、「障害とスティグマ──嫌悪感から人間愛へ」（『思想』1118, 2017 年）、*Abject Love: Undoing the Boundaries of Physical Disability*（VDM Verlag, 2009）など。

佐藤　愛（さとう・あい）
担当：5 章
立命館大学客員協力研究員、早稲田大学招聘研究員、立正大学非常勤講師。
専門はフランス思想と精神医学史。
主著に「ウジェーヌ・ミンコフスキーの tonalité──アンリ、ハイデガーを手がかりに」（『ミシェル・アンリ研究』9, 2019 年）、「規範とそのファントム──身体図式から考察する摂食障害の身体」（『Fashion Talks…』6, 2017 年）、「ウジェーヌ・ミンコフスキーにおける浸透あるいは分有の原理」（『フランス哲学・思想研究』20, 2015 年）など。

山本千晶（やまもと・ちあき）
担当：6 章
フェリス女学院大学国際交流学部准教授。
専門はジェンダー法学。
主著に「ドメスティック・バイオレンス」（広岡守穂編『社会が変わるとはどういうことか？』有信堂高文社, 2019 年）、「「ババア発言」訴訟と差別の経験」（『ジェンダーと法』14, 2017 年）。

酒井麻依子 (さかい・まいこ)
担当：Column 2
立命館大学衣笠総合研究機構専門研究員。
専門は、メルロ＝ポンティ、現象学、フランス近現代思想。
主著に『メルロ＝ポンティ　現れる他者／消える他者──「子どもの心理学・教育学」講義から』（晃洋書房, 2020 年）。

池田　喬 (いけだ・たかし)
担当：7 章、12 章
明治大学文学部教授。
専門はハイデガー、現象学、現代倫理学。
主著に『ハイデガー 存在と行為──『存在と時間』の解釈と展開』（創文社, 2011年）、『生きることに責任はあるのか──現象学的倫理学への試み』（共編著, 弘前大学出版会, 2012年）、『映画で考える生命環境倫理学』（共編著, 勁草書房, 2019年）。

佐藤　靜 (さとう・さやか)
担当：Column 3
大阪樟蔭女子大学学芸学部准教授。
専門は倫理学。
論文に「ケアワークと性差別──性別役割分業・人種間分業・グローバリゼーション」（『唯物論研究年誌』22, 2017年）。「ケアする責務と応答責任──プラグマティックな当為の位置付けをめぐって」（『倫理学年報』64, 2015年）。著書に「内発的義務論における経験の直接性と〈場〉」（金井淑子・竹内聖一編『ケアの始まる場所──哲学・倫理学・社会学・教育学からの11 章』ナカニシヤ出版, 2015年）。

フィリップ・ヒューズ
担当：9 章
兵庫県立大学国際交流機構客員教員。
専門はセクシュリティ、ジェンダー、クィア理論。
主な論文に "Towards Multilayered Positional Research: Introducing Tojisha-kenkyu and "Stronger" Standpoint Theory" (*Social Theory and Dynamics* (3), 2022)。

古怒田望人 (こぬた・あさひ)
担当：Column 4
大阪大学人間科学研究科博士後期課程。
専門は現象学、フランス現代思想、クィア理論、トランスジェンダー・スタディーズ。
主な論文に「トランスジェンダーの未来＝ユートピア──生殖規範そして「未来」の否定に抗して」（『現代思想』47(14), 2019 年）、「「性同一性障害特例法」における「セクシュアリティ」の問題」（『年報人間科学』40, 2019 年）。

藤高和輝 (ふじたか・かずき)
担当：10 章、Column 5、Column 6
京都産業大学文化学部准教授。
専門はフェミニスト哲学、クィア理論、トランスジェンダー・スタディーズ。
主著に『ジュディス・バトラー──生と哲学を賭けた闘い』（以文社, 2018 年）、翻訳書にゲイル・サラモン『身体を引き受ける──トランスジェンダーと物質性のレトリック』（以文社, 2019 年）。

小手川正二郎 (こてがわ・しょうじろう)
担当：11 章、12 章
國學院大學文学部准教授。
専門はレヴィナス、現象学・フランス哲学。
主著に『現実を解きほぐすための哲学』（トランスビュー, 2020 年）、『甦るレヴィナス──『全体性と無限』読解』（水声社, 2015 年）、"Truth and Sincerity: The Concept of Truth in Levinas' Philosophy" (Warren, N. de and Taguchi, S. (eds.) *New Phenomenological Studies in Japan*, Springer, 2019)。

本書をご購入いただいた方で、視覚障害、肢体不自由などの理由で本書のテキストデータを必要とされる方は order@nakanishiya.co.jp までお問い合わせください。

フェミニスト現象学入門

経験から「普通」を問い直す

| 2020 年 6 月 1 日 | 初版第 1 刷発行 |
| 2023 年 11 月 1 日 | 初版第 5 刷発行 |

編　者	稲原美苗
	川崎唯史
	中澤　瞳
	宮原　優
発行者	中西　良
発行所	株式会社ナカニシヤ出版

〒606-8161　京都市左京区一乗寺木ノ本町 15 番地

	Telephone	075-723-0111
	Facsimile	075-723-0095
Website	http://www.nakanishiya.co.jp/
Email	iihon-ippai@nakanishiya.co.jp
	郵便振替	01030-0-13128

印刷・製本＝亜細亜印刷／装幀＝南　琢也
装画＝浦郷仁子 Hitoko Urago
　　　Courtesy of the artist and Mori Yu Gallery
Copyright © 2020 by M. Inahara, T. Kawasaki, H. Nakazawa, &
　　　Y. Miyahara
Printed in Japan.
ISBN978-4-7795-1426-5